本书系广西人文社会科学重点研究基地
“广西地方法治与地方治理研究中心”学术著作资助出版项目成果，
并受到广西特聘教授资助项目的支持。

广西师范大学法学院“地方法治与地方治理研究”丛书

丛书主编　陈宗波

社会主义法治观念教育与人的全面发展研究

刘琳　著

中国政法大学出版社

2019 · 北京

图书在版编目（CIP）数据

社会主义法治观念教育与人的全面发展研究/刘琳著.—北京：中国政法大学出版社，2019.12
ISBN 978-7-5620-9416-6

Ⅰ.①社…　Ⅱ.①刘…　Ⅲ.①社会主义法制－法制教育－研究－中国②全面发展(教育)－研究－中国　Ⅳ.①D920.4②G40-012

中国版本图书馆CIP数据核字(2020)第007511号

出版者	中国政法大学出版社
地　址	北京市海淀区西土城路25号
邮寄地址	北京100088信箱8034分箱　邮编100088
网　址	http://www.cuplpress.com (网络实名：中国政法大学出版社)
电　话	010-58908289(编辑部) 58908334(邮购部)
承　印	固安华明印业有限公司
开　本	650mm×960mm　1/16
印　张	14.25
字　数	195千字
版　次	2019年12月第1版
印　次	2019年12月第1次印刷
定　价	52.00元

总序

GENERAL PREFACE

“地方”本来只是一个地理空间概念，自从出现了国家这一政治组织形式之后，“地方”一词又增添了新的含义，从政治地理学的角度理解，它指的是中央治下的行政区划。既然有了“地方”，就必然有“地方治理”。地方治理既是国家行使权力的重要标志，也是行政治理科学化的重要措施，古今中外，概不例外。

法治，已然成为现代国家治理的重要特征和必备工具。有学者指出，现代国家治理必备两个系统，即动力系统和稳定系统。动力系统主要来自于地方及其个体的利益追求，并付诸行动，推动国家的发展变化；稳定系统由规则体系构成，主要载体是宪法、法律和制度，它们为动力系统提供稳定的运行轨道和程序。法治是由国家整体法治与地方法治构成的内在联系的严密整体。所谓地方法治，一般认为是地方在国家法制统一的前提下，落实依法治国方略、执行国家法律并在宪法、法律规定的权限内创制和实施地方性法规和规章的法治建设活动和达到的法治状态。地方治理法治化就是将地方治理各方主体的地位职能、行动规则、相互关系逐步规范化，并在治理过程中予以严格贯彻实施的动态过程。地方法治建设是国家整体法治建设的重要组成部分，是我国全面落实依法治国基本方略、建设社会主义法治国家的有效路径，是自下而上推进法治建设的重要切入点。

在世界多元化的发展格局中，各国治理模式的选择自有其现实依据和发展需要。当下的中国，“地方法治”无论是作为一个学术话语还是一个实践命题，其兴起的根本原因是对经济社会快速发展的现实回应。从经济社会发展需要看，经济越发达，市场主体之间的竞争越激烈，民事主体的纠纷越频繁，财产保护的愿望越强烈，治理法治化的要求越迫切。当国家平均法治化水平无法达到某一先进地区社会关系所要求的调整水平的时候，这些区域就可能率先在法律的框架内寻求适合自身发展的治理规范。在我国，一个有力的证据就是东部发达省份，如江苏、浙江、上海、广东较早探索地方法治与地方治理路径。它们根据经济社会发展的现状，率先提出了“建成全国法治建设先导区”，意指在其经济与社会“先发”的基础上，在国家法制统一的原则下率先推进区域治理法治化，即“地方法治”。

完善和发展中国特色社会主义制度，推进国家治理体系和治理能力现代化是我国全面深化改革的总目标。应该说，上述这些有益的实践探索契合了我国国家治理的现实需要和理想追求。实践探索往往能够引领理论的创新，时至今日，“地方法治”早已超出最初“全国法治建设先导区”含义，而成为地方治理的应有之义，进而成为推进法治中国建设的有效路径。十八届三中全会《中共中央关于全面深化改革若干重大问题的决定》提出，“直接面向基层、量大面广、由地方管理更方便有效的经济社会事项，一律下放地方和基层管理”，“加强地方政府公共服务、市场监管、社会管理、环境保护等职责”。法治是国家治理体系和治理能力现代化的重要体现和保障。十八届四中全会《中共中央关于全面推进依法治国若干重大问题的决定》提出，“推进各级政府事权规范化、法律化，完善不同层级政府特别是中央和地方政府事权法律制度，强化中央政府宏观管理、制度设定职责和必要的执法权，强化省级政府统筹推进区域内基本公共服务均等化职责，强化市县政府执行职责”，“明确地方立法权限和范围，依法赋予设区的市地方立法权”。随后《中华人民共和国立法法》对此及时作出了回应，在原有相关规定的基础上，地方立法权扩至所有设区的市。十九届四中全会《中共中央关于坚持和完善中国特色社会主义制度 推进国家治理体系和治理能力现代化若干重大问题的决定》提出，“健全充分发挥中央和地方两个积极性的体制机制”，“理顺中央和地方权责关系”，“赋予地方更多自主权，支持地方创造性开展工作”，“构建从中央到地方权责清晰、运行顺畅、充满活力的工作体系”。这些目标和举措彰显了中国在国家治理体系和治理能力方面的灵活、务实态度和改革、创新精神。这意味着地方法治在中国地方社会秩序的建立和维护过程中将发挥越来越重要的作用，并且深刻地影响着国家法的实际运行。我国属于单一制国家，有统一的法律体系，在国家治理结构中，各地方的自治单位或行政单位受中央统一领导。但是我国幅员广大，不同地方区域的现实状况差别较大。正如孟德斯鸠所说的，法律和地质、气候、人种、风俗、习惯、宗教信仰、人口、商业等因素都有关系。因此，法治建设需要因地制宜，体现地方治理的个性要求，政治、经济、文化和社会发展的不同特点。地方在社会经济发展中形成的法律制度，也应针对实际情况、体现地方特色。可见，地方法治建设要体现地方特色也是法治中国的应有内涵。因此，根据目前我国地方法律制度的特点，着力解决法治中国建设在地方法治建设中所遇到的独特问题，对于推进法治中国建设具有重要现实意义。广西壮族自治区是少数民族地区，边疆地区，“一带一路”重要门户，华南经济圈、西南经济圈与东盟经济圈的结合部，社会关系较为敏感而复杂，在社会主义法治国家建设实践中有其自身的特点和情况。在这样的背景下，2013 年 4 月，广西师范大学以法学院为主体单位，依托广西重点学科法学理论学科，整合区内外专家学者力量，联合自治区立法、司法和政府法制部门，组建“广西地方法制建设协同创新中心”。2014 年 7 月，根据广西地方法治与地方治理理论和实践需要，在“广西地方法制建设协同创新中心”的基础上，进一步加强力量，组建“广西地方法治与地方治理研究中心”，申报广西高校人文社会科学重点研究基地并被确认。2019 年，在前一阶段工作成绩获得自治区教育厅考评结果优秀等次的基础上，又跻身广西高校人文社会科学研究基地A类。

中心致力于建设地方法治与地方治理高端研究平台，在较短的时间内，加强软硬环境建设，创新管理体制机制，汇聚学者队伍，构筑学术高地，服务地方社会经济，经过五年多的建设，初见成效：

大力汇聚专家学者。中心积极建立健全专家库，在加强校内多学科专家集聚的同时，拓宽人才引进模式，利用灵活、开放的政策，吸引学术影响大的学者和学术潜力强的中青年人才加盟团队。目前中心研究人员近60名，其中主体单位广西师范大学主要学术骨干42人，绝大部分具有高级职称和博士学位，多人具有省级以上人才称号。目前，设立了地方法治基础理论、广西民族法治与社会治理、广西地方立法、广西地方经济法治、广西地方政府法治、广西地方生态法治6个研究团队。

深入开展地方法治与地方治理学术研究。科研成果是衡量科研人员社会贡献大小的重要标志。中心精心策划，合理配置研究资源，开展了一系列科研活动。一是冲击高端研究课题。自中心成立以来获省部级以上科研项目36项，研究经费突破600万元，其中包括国家社科基金一般项目17项及国家社科基金重大项目1项。该重大项目"全面推进依法治国与促进西南民族地区治理体系和治理能力现代化研究"准确回应了中央精神，是西部地区法学领域为数不多的国家社科基金重大项目之一。二是设立研究课题。中心每年安排30万元左右，吸收广西内外学人积极开展地方法治与地方治理研究，年资助课题10余项，包括重点课题。三是资助出版理论研究成果。中心已资助《民族法治论》《民族习惯法在西南民族地区司法审判中的适用研究》等近20部专著出版发行，本系列丛书就属于中心资助出版理论研究成果的一部分。同时中心不限数量资助研究人员发表高水平学术论文。四是组织申报高级别科研奖。2014年以来，中心研究人员获得省部级成果奖20多项，其中广西社科优秀成果奖一等奖2项。

当好"智囊"，服务经济社会实践。中心在培育高端服务平台、提供政策咨询服务、参与地方立法等方面已初见成效。目前已经孵化出多个省市级的法律服务平台，如“广西地方立法研究评估与咨询服务基地”“广西法治政府研究基地”和“广西知识产权教育与培训基地”等，并成为广西特色新型智库联盟成员，从而为地方经济社会发展发挥出更大的整体效用。中心应要求组织专家参与了《中华人民共和国民法总则（草案）》《中华人民共和国国家安全法（草案）》《中华人民共和国境外非政府组织管理法（草案）》修改意见征求工作，以及《广西壮族自治区环境保护条例（修订草案）》《广西壮族自治区饮用水水源保护条例（草案）》等80余部国家法律和地方性法规、规章的起草、修改、评估和论证工作。上级有关领导和专家到立法基地视察和调研后，对中心在地方立法工作所作的努力和取得的成绩给予了充分肯定。

可以说，短短五年多时间，广西地方法治与地方治理研究中心的建设取得了可喜的进步，也为广西师范大学法学院法学专业2019年底获得国家首批一流本科专业建设点做出了贡献。目前，中央和地方高度重视地方法治建设，我们的工作迎来了机遇，同时也面临着更高的要求。广西地方法治与地方治理研究中心将坚持围绕广西地方法治基础理论与民族法治建设经验、广西地方经济法治理论与实践、东盟的法律和政策等方面的相关重大问题开展深入、系统地研究，推出一批在区域有一定影响的成果，并以此大力推动广西法学及相关学科的发展，培育本土学术人才和实务专家，在区域社会经济发展和地方治理现代化目标的实现上发挥更多积极作用。

陈宗波

2019年11月

前 言

PREFACE

人的全面发展思想在马克思主义理论中占据着核心地位，是马克思主义追求的终极价值。人的全面发展也是社会主义新社会的本质要求，这充分彰显了人的全面发展问题的现实意义。社会主义法治观念教育是实现人的全面发展的重要途径，它使人获得先进法治观念，解放思想，丰富精神世界，获得强大精神动力，从而不断发展自己的能力，占有自己的本质，提升自我价值，实现全面发展。本书从社会主义法治观念教育和人的全面发展的内涵入手，充分运用本质分析法、系统分析法、理论联系实际法等多种研究方法，着重分析了社会主义法治观念教育实现人的全面发展的积极功能和实现机制，探讨了存在的问题和改进措施。全文包括导论和正文五章的内容。

导论部分主要阐释了选题的根据和意义，厘清与总结了人的全面发展和法治（法制）教育的研究现状和不足，说明了研究思路和研究方法，指出了本研究的创新点。

第一章考察了社会主义法治观念教育与人的全面发展的基本内涵。首先，从“法制”与“法治”、“意识”与“观念”的区别入手，界定了法治观念的概念，从主体、客体、主观、客观四个方面分析了社会主义法治观念的含义，揭示了社会主义法治观念教育的概念、特点和内容。其次，考察了马克思主义人的全面发展思想，并从“人”“全面”和“发展”三个方面阐释了人的全面发展的科学内涵，指出它是全面与自由的统一、理想与现实的统一、物质生活与精神生活的统一。

第二章论述了社会主义法治观念教育实现人的全面发展的理论基础和知识借鉴。马克思主义主体性理论、人的社会化理论和精神动力理论是社会主义法治观念教育实现人的全面发展的理论依据，同时西方人本主义思潮和协同理论也对本研究提供了重要的理论借鉴。

第三章分析了社会主义法治观念教育实现人的全面发展的积极功能。从静态的角度先总体分析了社会主义法治观念教育在人的活动能力、社会关系、个性和需要方面的积极功能，接着详细分析了社会主义法治观念教育具体形式在人的全面发展中的作用；从动态的角度分析了功能发挥的过程，包括四个阶段：功能取向的确立阶段、功能行为的发生阶段、初级功能结果的产生阶段、次级功能结果的实现阶段。

第四章探讨了社会主义法治观念教育实现人的全面发展的基本机制。一是动力机制，它由动力主体、动力源、动力传递媒介和动力方向四个要素构成；二是整合机制，它包括内部整合机制和外部整合机制两个方面；三是内化外化机制，它由观念内化机制和行为外化机制两个层次组成；四是评价机制，它以个体是否提高主体意识、获得先进文化和成为自由自觉的人为具体判断标准。

第五章论述了社会主义法治观念教育存在的问题和完善措施。本书指出社会主义法治观念教育在实践中还存在一些问题，它制约着人的发展，并提出了完善的措施：在以人为本中完善教育内容；在开拓创新中构建多元化路径。

本研究的创新点：在研究视角方面，本书旨在以人的全面发展为视角来研究社会主义法治观念教育，重塑了社会主义法治观念教育的价值和功能，开拓了研究视角，深化了人们对社会主义法治观念教育内在本质和客观规律的认识。在研究观点方面，一是从主体、客体、主观、客观四个方面界定了社会主义法治观念的内涵，进而提出了当代社会主义法治观念教育的主要内容，分为三个层次、七种观念；二是从静态的角度分析了社会主义法治观念教育实现人的全面发展的整体功能；三是从动态的角度分析了功能发挥的过程，这一过程共经历了四次转化，形成了四个阶段；四是提出了社会主义法治观念教育实现人的全面发展的四项基本机制，包括动力机制、整合机制、内化外化机制和评价机制，有效探索了社会主义法治观念教育实现人的全面发展的规律和基本机理。

目录

CONTENTS

INTRODUCTION 导　论

一、问题的提出

人类的历史就是人类不断认识世界和改造世界的过程，在这一过程中人类获得了一切形式的社会文明成果，包括物质文明、精神文明和政治文明，这些成果的文明程度标志了人类社会生活的进步状态。人类社会文明进步的过程，同时也是人类自身进步发展的过程，而且社会文明进步的最终目的就是促进人类自身的发展——人的全面发展。因此，一直以来，人的全面发展始终是一个重大的理论和现实问题。在理论层面上，不同历史时期的思想家对人的全面发展问题都给予了深切的关注。中国传统哲学以“仁、智、勇、德”为核心提出了理想人格的标准。西方古希腊时期就有圣哲提出了“人是万物的尺度”的思想。近代西方主张“解放人、开发人”，提倡张扬人性、重视人权，第一次使人类从对“神”的崇敬转向对“人”的关注。马克思在辩证唯物主义和历史唯物主义的基础上，厘清了过去各种抽象的、机械的人道主义、人本主义、人文主义学说，建立起了人的解放学说——人的全面发展理论。因此，“马克思主义是无产阶级和全人类解放的科学，即人的解放学。”[1]马克思早在1848年《共产党宣言》中明确指出了：未来共产主义社会是以每个

---

〔1〕 高放：《加强对马克思主义科学的整体研究》，载《马克思主义与现实》2005年第2期，第6页。

人的全面而自由的发展为基本原则的社会形式[1]，人的全面发展是马克思主义理论体系的核心内容，是马克思主义理论追求的终极目标和根本价值。由此可见，人的全面发展理论一直是中外思想家研究的重要内容，是国内外学说界普遍重视的理论问题，这是其成为研究热点的重要原因。在现实层面上，人的全面发展是我国社会主义现阶段的客观要求和价值取向。习近平总书记在十八大提出我国已经进入了全面建成小康社会、实现社会主义现代化和中华民族伟大复兴的伟大历史时期，要求建设五位一体的中国特色社会主义，即经济建设、政治建设、文化建设、社会建设、生态文明建设。党的十八届四中全会上又指出：全面建成小康社会、实现中华民族伟大复兴的中国梦，全面深化改革、完善和发展中国特色社会主义制度，提高党的执政能力和执政水平，必须全面推进依法治国，坚持法治国家、法治政府、法治社会一体建设。在这伟大的社会主义建设中，人是承担者、建设者、创造者和享受者，因此，必须首先依靠人和认识人，人的问题必然凸显出来。人的全面发展作为社会主义新社会的本质要求，充分彰显了人的全面发展问题的重要现实意义。

在现实社会中，社会主义法治观念教育是实现人的全面发展的重要途径。坚持马克思主义理论指导，探讨社会主义法治观念教育在实现人的全面发展过程中的重要地位和作用问题，具有鲜明的时代价值。社会主义法治观念教育对人的全面发展具有内在的推动力，在一定程度上可以促进人的全面发展。社会主义法治观念教育就是要解决人的思想观念问题，解放人们的思想，逐步提高人们对社会主义法治的认识。社会主义法治观念是先进的、科学的法治观念文化，是社会主义先进文化的重要组成部分，它与人的发展内在地联系在一起，法律权威观念、权利观念、公平正义观念、平等观念、人民民主观念、党的领导观念、服务大局观念等基本法治观念的培

[1] 《马克思恩格斯选集》（第1卷），人民出版社1995年版，第294页。

养，使人解放了思想，丰富了精神世界，获得了强大精神动力，从而不断发展自己的能力，占有自己的本质，提升自我价值，促进全面发展。社会主义法治观念教育一方面实现了个体的社会化，另一方面促进了个体的个性化，两者相互促进，共同推动人的全面发展。在个体社会化方面，通过社会主义法治观念教育，个体学习、接受、认同、内化了社会主义法治观念，实现了个体法治观念的社会化，为培养个体法律角色意识奠定了观念基础，从而促使其成为一个能够在法律范围内自由行为的人。在个体个性化方面，个体从自然人成长为法律人的社会化过程也是个体独特个性即主体性形成的过程，即只有充分了解社会主义法治观念，才能更好地把握我国各种法律规范和法律制度，才能自由地设立、变更和消灭各种法律关系，从而提高主体的自觉能动性。

所以，本书试图把社会主义法治观念教育和人的全面发展结合起来，在两者间寻求契合点，将人的全面发展理论和社会主义法治观念教育实践融合为一体，使社会主义法治观念教育具有深厚的哲学底蕴，人的全面发展理论具有丰富的现实意义。本书的主旨在于研究社会主义法治观念教育实现人的全面发展的积极功能和基本机制，力图站在人的全面发展的角度，既从静态的角度分析社会主义法治观念教育实现人的全面发展的积极功能，又从动态的角度探讨社会主义法治观念教育实现人的全面发展功能的发挥过程和基本机制，以期为人的全面发展理论和社会主义法治观念教育的发展和创新提供新的视阈。

二、问题研究的意义

研究人的全面发展和社会主义法治观念教育的契合点，为人的全面发展理论研究提供了新的视角，也为法治教育理论研究提供了新的生长点，还为人的素质的提高提供了新的发展平台，具有重大的理论价值和现实意义：

理论价值：有利于丰富法学教育理论。社会主义法治观念教育是法学教育的具体化，加强对它的研究是法学教育研究深化和细化的表现，它丰富了法学教育研究的内容和范围，增强了法学教育研究的开放性和科学性。本书以人的全面发展为视角来研究社会主义法治观念教育，是马克思主义关于人的全面发展理论在社会主义法治观念教育领域的具体运用，探索了社会主义法治观念教育的价值意义，开拓了社会主义法治观念教育的研究视角，深化了对社会主义法治观念教育内在本质和客观规律的认识。

现实意义：有助于促进法学教学发展。社会主义法治观念教育有利于提高人们的法治观念，增强人们的法律素质，使人成为有纪律的人，这是法学教学的重要目标。

三、问题研究的现状

（一）研究现状

有关“社会主义法治观念教育与人的全面发展”研究，主要体现在两个方面，一是有关人的全面发展的研究，已经有一批学者对此问题展开了多角度的探讨；二是与社会主义法治观念教育相关的研究，如法治教育，由于几乎没有以“社会主义法治观念教育”为题的论著，对其的研究多体现在法治教育的研究成果中。

1. 关于人的全面发展的研究

人的全面发展是马克思主义哲学的核心内容，一直是理论界关注的对象，尤其是江泽民在“七一”讲话提出“人的全面发展是社会主义新社会的本质要求”以后，这一理论更成为学术界研究的热点。在近二十年的时间里，形成了一系列的研究，代表性著作有：黄楠森的《人学原理》，陈志尚的《人学原理》和《人的自由全面发展论》，袁贵仁的《马克思的人学思想》，韩庆祥、亢安毅的《马克思开辟的道路——人的全面发展研究》，袁贵仁、韩庆祥的《论人的全面发展》，陈桂生的《人的全面发展理论与现时代》，等等；代表性论文有：韩庆祥的《关于马克思“人的全面发展”涵义的商榷》(《哲学研究》),陈学明的《马克思的人的全面发展理论与当代人的生活取向》[《复旦学报(社会科学版)》],孙正聿《人的解放的旨趣、历程和尺度》(《学术月刊》),李国华的《论“人的全面发展”的基本内涵》[《湘潭大学学报(哲学社会科学版)》],张力的《社会主义初级阶段人的全面发展与教育的使命》(《教育研究》),等等。这些成果对人的全面发展等相关理论和现实问题的研究取得了较大的进展。主要表现在以下几个方面:

(1)对马克思主义经典作家有关论述的解读。

我国学术界在研究人的全面发展问题方面坚持以马克思主义人的全面发展理论为指导,所以解读马克思主义经典作家的有关论述,对我们进一步研究具有重要的理论意义。学者们对马克思有关人的全面发展思想进行了深入研究,认为马克思对人的全面发展的内涵、资本主义社会人的发展的评价、未来社会人的全面自由发展的理想以及人的生产能力的发展、自由时间等重要问题进行了深入探讨,具体表现在:陈桂生〔1〕梳理了马克思人的全面发展理论形成和发展的过程,提出了马克思人的全面发展问题的理论基础是由劳动异化到社会分工再到剩余价值的层层深入,最终把人的全面发展从空想变为科学;袁贵仁、韩庆祥〔2〕认为,马克思人的全面发展实质就是人占有物,人占有物主要是指人的类特性的应有发展,即通过人的自由自觉的创造性活动的逐渐丰富来实现。毛泽东、邓小平、江泽民继承和发展了马克思人的全面发展思想,把这一理论与中国的具体实际相结合,形成了具有中国特色的人的全面发展理论。王明东〔3〕认为,毛泽东、邓小平、江泽民关于人的全面发展思想具有强调人及人才的关键性、突出德育的重要性、重视实践的基础性的共同特点,都与中国的具体实际相结合,提出符合中国国情的人的全面发

〔1〕 陈桂生:《人的全面发展理论与现时代》,上海教育出版社1988年版。

〔2〕 袁贵仁、韩庆祥:《论人的全面发展》,广西人民出版社2003年版。

〔3〕 王明东、张首先:《毛泽东、邓小平、江泽民人的全面发展思想之比较》,载《探索》2003年第5期。

展的目标：从“三育并重”到“四有”新人再到人民素质的全面提高。

(2) 关于人的全面发展内涵的界定。

关于人的全面发展内涵的观点比较多，学者们从不同的视角出发，阐述了对人的全面发展的不同理解。第一，一要素说，认为在人的全面发展的所有内容中，马克思最关注的是能力的全面发展。[1]第二，二要素说，认为人的全面发展是个人能力和社会关系的普遍性和全面性。[2]第三，三要素说，认为人的全面发展是人的类特性、社会特性和个性方面的发展，其中类特性的发展是自由自觉的创造性活动的发展，社会特性的发展是社会关系的普遍发展及对其的共同控制，个性的发展是个人自然潜力、肉体和心理、个人需要、感觉、精神道德观念和自我意识的全面性、个性的自由发挥。[3]第四，四要素说，认为人的全面发展是人的关系、人的素质、人的能力和人的个性的全面发展。[4]第五，五要素说，认为人的全面发展的内容包括人的需要、人的活动及能力、人的社会关系、人的个性以及历史发展过程。[5]

(3) 关于人的全面发展的实现条件和途径的研究。

人的全面发展是一个历史过程，既是现实的，也是理想的，具有双重含义，所以人的全面发展的实现条件和途径也因对其内涵理解的不同而有所不同。关于理想社会中人的全面发展，陈志尚认为，实现的前提是消灭阶级、消灭分工和私有制，实现的基础是生产力的巨大增长和高度发展、社会交往的普遍发展、真实集体中的个人

---

〔1〕 韩庆祥、张金虎：《对马克思“人的全面发展”思想的再认识》，载《中国青年政治学院学报》1994年第1期。

〔2〕 王友洛：《不能以“人的全面发展”替代“个人全面而自由的发展”》，载《哲学研究》1993年第8期。

〔3〕 韩庆祥、亢安毅：《马克思人的全面发展思想及其当代意义》，载《中共杭州市委党校学报》2002年第4期。

〔4〕 陈志尚主编：《人的自由全面发展论》，中国人民大学出版社2004年版。

〔5〕 韩庆祥、亢安毅：《马克思开辟的道路——人的全面发展研究》，人民出版社2005年版。

联合，实现的途径是教育及其与生产等社会实践的结合。[1]关于现实社会中人的全面发展，成长春认为，在建设有中国特色社会主义阶段，建设有中国特色的社会主义经济是推进人的全面发展的基础、建设有中国特色的社会主义民主政治是推进人的全面发展的条件、建设有中国特色的社会主义文化是推进人的全面发展的导向、建设有中国特色的生态伦理是人的全面发展的保证，人的全面发展必须同经济、文化发展结合起来。[2]

（4）关于教育与人的全面发展关系的探讨。

关于人的全面发展与教育关系的问题，马克思在《资本论》中明确指出："未来的教育对所有已满一定年龄的儿童来说，就是生产劳动同智育和体育相结合，它不仅是提高生产的一种方法，而且是造就全面发展的人的唯一方法"[3]。这一思想成为我国教育理论界占主导地位的观点。因此，多数学者将两者的关系总结为：人的全面发展是教育的终极目的；教育是造就全面发展的人的重要途径，在促进人的全面发展中发挥重要作用。"教育促进人的全面发展，不仅要注重智力和体力的发展，而且要关怀人的精神世界，帮助受教育者确立崇高的理想和信念，提高受教育者的道德水平和审美情趣，还要努力创造良好的发展环境和制度保障，充分发挥每个人的主动性和创造性，使人的主体性得以充分的弘扬……成为有理想、有道德、有文化、有纪律的社会主义建设者和接班人。"[4]

总的来说，上述研究在人的全面发展的科学内涵、可能性和必然性、实现条件、历史过程和规律等方面取得了不少的理论成果，但仍然存在着一些不足：一是过多关注于理论研究，对人的全面发展的现实问题和实际运用思考不充分；二是过多侧重于基本内涵的阐释和经典作家有关人的全面发展的论述，对人的全面发展理论在

---

〔1〕 陈志尚主编：《人的自由全面发展论》，中国人民大学出版社 2004 年版。

〔2〕 成长春：《人的全面发展是目标和过程的统一》，载《马克思主义与现实》2002 年第 3 期。

〔3〕《马克思恩格斯全集》（第 23 卷），人民出版社 1972 年版，第 530 页。

〔4〕 顾相伟：《论教育发展与人的全面发展》，载《教育探索》2010 年第 6 期。

中国古代和西方的演进过程考察得较少；三是对人的全面发展与相关问题的研究已有了一些进展，但是研究的深度和广度不够。

2. 关于法治教育的研究

“法治教育”的概念是随着法制现代化的发展而提出的，法制现代化的最终目标就是实现法治，所以法制现代化的不断推进必然引起“法制教育”向“法治教育”的转变。目前学界对法治教育的研究不多，主要的研究成果集中在两个方面：

第一，在理论层面注重对法治教育内涵的解析。这个问题主要是针对传统的法制教育提出来的，通过分析法制与法治的本质区别，进而提出法制教育应向法治教育转变的观点。提倡法治教育的学者〔1〕认为，法制与法治虽然只有一字之差但是两者在观念上有重大的差别：法制是指法律制度，而法治则指法律运行的状态；法制不具有价值取向，而法治则具有特定的价值内涵（民主、自由、平等、权利等）；法制并不必然与人治对立，而法治则必然与人治相对；法制可以建立在各类经济、政治制度基础上，而法治必然是以市场经济和民主政治为基础的。因此，随着法学学科研究从法制到法治的转变，法学教育研究也随之转变，这个转变就是从法制教育向法治教育的转变。传统的法制教育主要是传授法律知识，而法治教育不仅仅是法律知识的教育，更重要的是通过教育达到人们对法治精神、理念、价值的认同、接受和信仰。如陶爱萍〔2〕认为“应该改革和调整法治教育，重视和强化公民法治精神的培育”“法治精神才是法治得以实现的关键和核心”。张德广〔3〕认为“法治教育应注重法治型人格的培养，通过将法律知识内化为法律意识并外化为法律行为

〔1〕 樊丽君：《现代公民法治教育》，首都师范大学 2001 年硕士学位论文。

〔2〕 陶爱萍：《论我国法治教育的改革与调整基于公民法治精神培养的思考》，载《山西高等学校社会科学学报》2006 年第 6 期。

〔3〕 张德广：《法治教育中法治型人格的培养》，载《广西社会科学》2001 年第 4 期。

来塑造法治型人格。”郑晓红[1]认为“法治教育以现代法律蕴含的法治精神的教育为核心，虽然也包括对法律知识、法律原则及法律制度教育，但更强调现代法律理念的培育。”

第二，在现实层面关注不同对象的法治教育研究，尤其是大学生法治教育的研究。这些研究成果针对不同教育对象进行了分析，包括中小学生、大学生、未成年人、青年人、成年人，甚至对职工、党员。研究的内容主要是对法治教育现状、原因和对策的分析。如郭尚花[2]从法律意识、法律知识、犯罪率等方面分析了大学生法治教育方面存在的问题。任学强[3]认为“从法治教育的理念上看，以法律价值教育为重点；从法治教育的内容上看，以程序法教育为重点；从法治教育的方法上看，以案例教学法为重点”。宋立娥、江淑丽[4]从教育主体、教育内容、教育方法、教育环境方面探讨了提高大学生法治教育的有效途径。

总的来说，有关法治教育的研究非常不足，还仅仅停留在“法制教育”与“法治教育”的概念区别以及对“法治教育”实现途径的简单分析上，还没有对法治教育的本质、特征、价值、功能、社会基础、方法论等理论问题进行深入分析，没有把握法治教育的实质，所以对法治教育实现途径的探讨体现不出与传统法制教育的区别。

（二）存在的不足

综上所述，这些研究仍然存在着一些不足：第一，在法治教育研究中过多注重于法律规范教育，而忽视法治观念教育，尤其对当代社会主义法治观念教育的探讨十分有限；第二，在法治教育与人

---

〔1〕 郑晓红：《法治教育应注重信仰教育》，载《山西财政税务专科学校学报》2002年第6期。

〔2〕 郭尚花：《谈加强大学生的法治教育》，载《中国高教研究》1999年第3期。

〔3〕 任学强：《论成人学生法治教育的侧重点》，载《成人教育》2006年第2期。

〔4〕 宋立娥、江淑丽：《浅谈加强大学生法治教育》，载《中国成人教育》2004年第11期。

的全面发展研究中只是一般论述法治教育与人的全面发展之间的关系，没有把握两者之间的内在规律和作用机理。因此，有必要将社会主义法治观念教育与人的全面发展结合起来，这样既可以加强法治观念教育的研究，也为人的全面发展理论研究提供了新的视角，同时侧重于探讨社会主义法治观念教育实现人的全面发展的积极功能和基本机制，这样有利于揭示社会主义法治观念教育促进人的全面发展的本质规律和内在机理。

四、本研究的思路与方法

（一）研究思路

本书从社会主义法治观念教育和人的全面发展的概念入手，从两个层面论述了社会主义法治观念教育实现人的全面发展的基本理论问题：从宏观的层面分析了社会主义法治观念教育实现人的全面发展的理论基础和知识借鉴；从微观的层面既剖析了社会主义法治观念教育对人的全面发展实现的积极功能，又探讨了社会主义法治观念教育对人的全面发展实现的基本机理。最后回归现实，从实践的角度考察了社会主义法治观念教育存在的问题及对人发展的制约，并提出了相应的对策：完善教育内容和构建教育途径。其基本思路如下图：

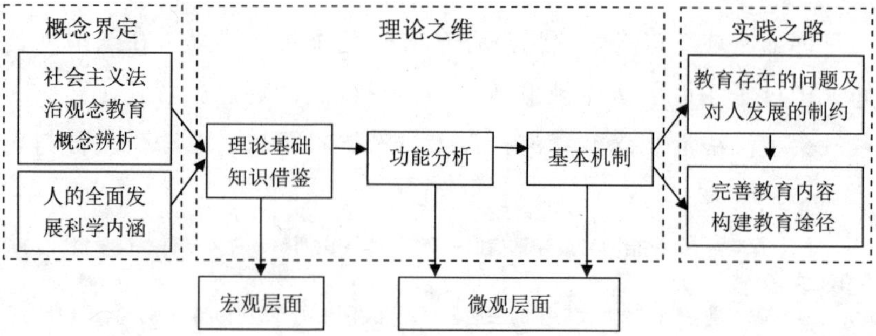

（二）研究方法

1. 本质分析法

本质是事物的根本特征，是同类现象中一般的或共同的东西，而现象是事物本质的外部表现，是局部的、个别的。世界上的任何事物都是本质和现象的对立统一，透过现象看本质是马克思主义者考察各种事物的基本立场。所以，研究社会主义法治观念教育实现人的全面发展，应该抓住社会主义法治观念教育的本质，从教育的根本特征把握人的全面发展的实质。

2. 系统分析法

系统分析法是指应该把社会现象看成一个有机整体进行系统分析，系统中的每一个具体问题，都是相互联系而不是孤立的。因此，在研究时切忌割裂事物之间的联系，应放在整个体系中进行考察。我们在研究社会主义法治观念教育实现人的全面发展时，不能割裂教育系统内部资源和外部资源的关系，应注意全面整合各种资源，以最大限度发挥教育功能。

3. 理论联系实际法

理论联系实际是指理论要联系实际中的事实和现实中的各种问题，参与和服务实践是进行学术研究的生命和价值所在。因此，我们既要从理论上分析社会主义法治观念教育实现人的全面发展的重大问题，也要从实际出发，发现它在促进人的全面发展过程中存在的“真”问题。只有从理论出发联系实际，我们才有可能提出解决问题的有效办法。

五、本研究的创新点

（一）研究视角的创新

本书旨在以人的全面发展为视角来研究社会主义法治观念教育，重塑社会主义法治观念教育的价值和功能，这是马克思主义关于人的全面发展理论在社会主义法治观念教育领域的具体运用，它深化了人们对社会主义法治观念教育内在本质和客观规律的认识，开拓了研究视角。

（二）研究观点的创新

本书对社会主义法治观念教育实现人的全面发展的基本理论问题进行了探索性的思考，提出了一些自己的观点，主要体现在：

（1）从主体、客体、主观、客观四个方面界定了社会主义法治观念的内涵，进而提出了当代社会主义法治观念教育的主要内容，分为三个层次、七种观念。

（2）从静态的角度分析了社会主义法治观念教育实现人的全面发展的整体功能：提升了人的活动能力、促进了人的社会关系的和谐发展、解放了人的个性以及满足了人的生存、发展和享用需要。

（3）从动态的角度分析了功能发挥的过程，这一过程共经历了四次转化：统治阶级功能期待向教育系统功能取向的转化、功能取向向功能（教育）行为的转化、功能（教育）行为向个体观念的转化、个体观念向个体行为的转化，从而形成了四个阶段：功能取向的确立阶段、功能行为的发生阶段、初级功能结果的产生阶段（个体观念的解放）和次级功能结果的实现阶段（人的活动能力、社会关系、个性和需要的发展）。

（4）探索了社会主义法治观念教育实现人的全面发展的基本机理，提出了四项基本机制：从动力机制开始，经整合机制释放，由内化外化机制实现，最后由评价机制检验，形成了一个连续完整的过程。

CHAPTER1 第一章

社会主义法治观念教育与人的全面发展的概念界定

社会主义法治观念教育和人的全面发展是本书探讨的理论出发点，这就需要在梳理研究现状的基础上，进一步揭示社会主义法治观念教育和人的全面发展的科学内涵，为下文社会主义法治观念教育介入人的全面发展过程作理论铺垫，也凸显出人的全面发展的重要性和社会主义法治观念教育存在的必要性。

第一节　社会主义法治观念教育及相关概念辨析

一、法治观念的基本内涵

（一）观念的界定

观念是一个涉及多学科的概念，如哲学、心理学，也是一个有多种含义的范畴，在不同的历史时期不同的学者对之有不同的界定和论述，目前我国理论界关于观念的界定主要有以下三种观点：

第一种观点认为观念是人们对客观事物的主观映象，与意识同义语。如《马克思主义哲学大辞典》将观念解释为“客观事物在人脑中的一种能动反映形式”[1]。“观念的东西不外是移入人的头脑

---

〔1〕 金炳华主编：《马克思主义哲学大辞典》，上海辞书出版社2003年版，第216页。

并在人的头脑中改造过的物质的东西而已。"[1]马克思在其著作中也多处在这一意义上使用"观念"，如《德意志意识形态》和《共产党宣言》中有这样论述："思想、观念、意识的生产最初是直接与人们的物质活动，与人们的物质交往，与现实生活的语言交织在一起的。"[2]"人们的观念、观点和概念，一句话，人们的意识，随着人们的生活条件、人们的社会关系、人们的社会存在的改变而改变。"[3]在这里"观念"是与物质相对立的东西，是人们对客观事物的一种能动反映形式，然而"观念"与"意识"是否是同义语是值得我们商榷的。这一界定将"观念"与"意识"等同，认为"观念"与"意识"都是主体对客体的能动反映形式，但它只表明了"观念"的一般特性，没有揭示出"观念"的特殊内涵，究竟"观念"是一种什么性质的能动反映形式，是人们的感性反映形式还是理性反映形式，抑或两者兼有?

第二种观点主张观念是人们对客观事物的直接感官认识，即表象或印象。如《新华汉语词典》将观念界定为"客观事物在大脑中留下的大概的形象，有时指表象"[4]。马克思说："劳动过程结束时得到的结果，在这个过程开始时就已经在劳动者的表象中存在着，即已经观念地存在着。"[5]马克思认为劳动结果是预先在劳动者的"表象中存在"即"观念地存在"着，就是在这个意义上使用"观念"。此种观点中的"观念"倾向于是一种感性的反映形式，是一种不系统的、不定型的、自发的表象或印象。如果"观念"仅仅限于感性认识，还不足以表达其应该有的更深刻的内涵。

第三种观点认为观念是人们对客观事物相对稳定和定型的看法和观点，是一种理性认识形式。如《简明自然辩证法词典》中指出

---

〔1〕《马克思恩格斯选集》（第2卷），人民出版社1995年版，第112页。

〔2〕《马克思恩格斯选集》（第1卷），人民出版社1995年版，第72页。

〔3〕《马克思恩格斯选集》（第1卷），人民出版社1995年版，第291页。

〔4〕《新华汉语词典》编委会编：《新华汉语词典》，商务印书馆国际有限公司2004年版，第362页。

〔5〕《马克思恩格斯全集》（第23卷），人民出版社1972年版，第202页。

“辩证唯物主义认为，观念即思想，是人们在实践的基础上思维活动的结果，即它是从感性认识上升到理性认识而形成的对客观事物及其本质的反映，是概念、判断、推理的体系。”[1]又如毛泽东在《人的正确思想是从那里来的？》一文中指出：“无数客观外界的现象通过人的眼、耳、鼻、舌、身这五个官能反映到自己的头脑中来，开始是感性认识。这种感性认识的材料积累多了，就会产生一个飞跃，变成了理性认识，这就是思想。”[2]这里所说的“思想”即观念的意思。一般说来，观念是对客观事物或现象的—种概括的和相对稳定的基本看法，它一般和理性认识相联系，是思维活动的结果，表现为知识、理论、思想、观点等理性反映形式。

综上所述，笔者认为观念是人们对客观事物相对稳定和定型的看法和认识。一般来说，意识是客观世界在人脑中的主观映象，是人对客观存在的能动反映，这种能动反映包括了各种反映形式，既有感觉、知觉、表象等感性的反映形式，也有概念、判断、推理等理性的反映形式，是各种反映形式的总和，而不是单一的反映形式。观念虽然同样也是人们对客观事物的一种能动反映，但它只是稳定的、理性的反映形式，或者说它只是意识众多反映形式中的一种形式。所以意识与观念既有联系又有区别，两者是属种关系，意识包含观念，观念包含于意识，意识是属概念，观念是种概念，意识是主体对客观事物的主观认识，其范围涉及更广泛。表象或印象是指人们的感官受到客观事物的刺激而形成的认识，以感性认识为主，不是人的思维活动的结果，所以不会形成人们对事物的相对稳定的看法，因此观念区别于人们的表象或印象。

（二）法治观念的基本内涵

法治是一项复杂的社会系统工程，如果说法律规范、法律制度、法律机构、法律设施等是实现法治的“硬件”，那么法治意识尤其法

---

〔1〕 李庆臻主编：《简明自然辩证法词典》，山东人民出版社 1986 年版，第 322 页。
〔2〕 毛泽东：《人的正确思想是从那里来的?》，人民出版社 1964 年版，第 1~2 页。

治观念则是此过程中不可或缺的“软件”，是法治实现的主要标志之一。法治的“硬件”条件需要相应的思想观念的支撑，法治观念是一种意识、一种精神，它是整个法治大厦的润滑剂，对法治社会的生成与运转起到调和和催化作用。我们要认识法治观念，首先要了解什么是“法治”。

1. 法治界说

法治是现代政治文明的产物，中西方学者对法治的界定有各种不同的表述，其研究思路和侧重点有所不同，尚未形成对法治公认的定义。在西方，对法治的探究，最早见于亚里士多德在《政治学》中的论述：“制定的法律应该得到人们的普遍服从，而人们普遍服从的法律应该是良好的法律”〔1〕。这一定义为今后人们对法治的界定提供了两个最基本的标准，一是“法律至上”即法律在社会生活中具有最高的权威，所有的组织和个人都要遵守法律；二是“良法之治”即法律应该是具有道德意义的正义的、善良的法律。近现代学者对法治的认识都是在这一基础之上发展起来的。近现代意义的“法治”在内在道德性方面强调民主与法治的结合，民主是法治的基础，卢梭在《社会契约论》中提出了人民主权论，认为国家主权归全体人民所有，这是卢梭理论的最高成就，在此基础上他谈到了法律，认为“法律乃是公意的行为”〔2〕，“凡是实行法治的国家——无论它的行政形式如何——我就称之为共和国；因为唯有在这里才是公共利益在统治着”。〔3〕卢梭所指的共和国就是建立在他的人民主权理论基础上的民主共和国，所以他所指的民主共和国也就是法治国。除此之外，还有法律形式方面的发展，如富勒提出了法律的一般性原则、法律应该公布、法律应当适用于将来而非溯及既往、法律的明确性原则、避免法律中的自相矛盾、法律的可行性原则、

〔1〕［古希腊］亚里士多德：《政治学》，吴寿彭译，商务印书馆1965年版，第199页。

〔2〕［法］卢梭：《社会契约论》，何兆武译，商务印书馆1980年版，第51页。

〔3〕［法］卢梭：《社会契约论》，何兆武译，商务印书馆1980年版，第51页。

稳定性原则、官方行为与法律一致性原则等八大法治原则。在中国，“法治”思想起源于春秋战国时期的法家思想，法家主张以法治国，强调法律是治理国家的重要方式，反对儒家的“礼治”思想。法家的法治思想最早见于《管子》，如《管子·明法》中“以法治国，则举措而已”，《商君书·任法》中“任法而治国”。韩非子是法家思想中集大成者，他在《韩非子·六反》中指出“民主之治国也，……使民以法禁，而不以廉耻”。他总结了前人的法治理论和经验，系统地提出了法为本，“法、势、术”相结合的法治理论。由此可见，我国和西方的法治思想共同之处都是把法治作为一种社会调控方式和治国方略。综上所述，笔者认为，法治是指以民主为前提和目标，以法律至上为原则，以自由、平等、正义、权利为价值基础，以制约权力为关键的社会治理方式和社会秩序状态。但“法治”与“法制”是相区别的：第一，法制是指法律制度，是与一国经济基础相适应的法律上层建筑的重要组成部分，而法治强调的是法这种社会治理方式在诸多方式中具有最高的地位，要求依法办事，在这一意义上法制即法律制度是法治的基础和前提。第二，正如我们前面的分析，近现代意义的法治是与民主相结合的，是以民主为前提的，只有民主制国家才有真正的法治，而法制即法律制度则不仅仅局限于民主国家，专制国家也有法律制度即法制。第三，法治本身意味着一定的价值体系，法治中的“法”必然包含着自由、平等、正义、权利等价值理念，而法制中的“法”并不必然体现为正义的、善良的法律。

2. 法治观念的含义

人是意识存在物，意识是人区别于动物的重要特征。人的意识是客观世界在人脑中的主观映象，社会意识是人对社会存在的主观把握形式，包括政治意识、法治意识、道德意识等各种意识形式。法治意识是对法治这种特殊法律现象的主观把握形式，是伴随着法治的产生而历史的生成的。从人的认识过程分为感性认识和理性认识的角度，法治意识可分为法治心理和法治思想体系。法治心理是人们对法治和法治现象认识的感性阶段，是人们对法治现象的表面的、直观的、自发的认识，表现为认识、情感、意志等。法治思想体系是人们对法治和法治现象认识的理性阶段，是人们对法治现象的系统化、理论化的自觉反映，表现为思想、观点、学说等。法治思想体系根据理论化、体系化程度的不同又可进一步分为法治观念和法治理论体系。法治观念是人们对某一或某些重要的法治现象的相对稳定和定型的看法和认识，包括法治观点、思想和理念。法治理论体系是人们对法治和法治现象理论化了的、系统化了的认识。法治观念区别于法治心理，法治心理是对法治现象的感性认识，而法治观念是对法治现象的理性思考；法治观念也区别于法治理论体系，虽然两者都是理性认识，但法治观念不是对法治现象的整体的、体系化的理论把握，而是对某些重要的法治现象进行理性思考，并形成稳定的认识。因此，法治观念具有稳定性、指导性的特点，它的稳定性体现在法治观念是人们对法治现象的自觉反映，一旦形成就具有固定的看法，不容易轻易改变；它的指导性体现在法治观念是对某些重要法治现象的理性认识，其认识水平处于较高阶段，对法治心理的形成和发展具有引导作用。由此可见，法治观念是法治思想体系的表现形式之一，是对法治现象的一种理性认识，是人们的自觉反映，它不可能自发地形成，必须进行有意识地培养。

3. 法治观念与法治精神、法治理念的区别

前述的内容已经从法治意识与法治观念的种属关系中界定了法治观念的内涵，为了进一步解读该范畴，有必要从外延的角度来理清法治观念的界限，指出它和其他相关概念的差别，这样才可以全面地揭示出法治观念的质的规定性和本质属性。

（1）法治观念与法治精神的区别。

“精神”有广义和狭义之分，广义的“精神”与“意识”同语，是指与物质相对的范畴，而狭义的“精神”是指具有进步意义的意识，法治精神中的“精神”是在狭义意义上的使用。卓泽渊教授在《法治精神是法的价值》一文中指出：“法治精神是法治的思想内

核，是法的价值的体现，是法治思考凝聚而成的思想精华，是法治实践必须奉行的基本原则。”[1]“法治精神理当包含法的价值目标于其中，并将法的价值追求作为自己加以实现的理想。”[2]因此，法治精神是指人们对法治理想、价值目标以及实现良法善治的情感、意志、信仰等心理活动的总和。法治观念和法治精神同属于法治意识的范畴，都是对法治现象的主观映象，但二者是不同的，表现在：第一，法治观念是人们对法治现象的相对稳定和定型的看法和认识，属于法治意识中的理性认识；而法治精神具有较强的感情和价值色彩，强调对法治理想和价值的追求，侧重于人对法治的理想和价值的主观情感、意识和信仰，具有较强的感情成分。第二，法治观念在性质上有进步和落后之分，既包括那些被社会实践证明了的有利于人类社会发展的进步意识，也包括那些不利于人类社会发展的落后意识；而法治精神仅指具有进步性的法治意识，是被社会实践证明了的有利于人类社会发展的意识。

（2）法治观念与法治理念的区别。

“理念”一词，在西方哲学史上是指一种理想的、永恒的、精神的普遍范畴，在我国有学者认为：“法治理念是对法律本质及其发展规律的一种宏观的、整体的理性认知、把握和建构，是法律实践中对法律精神的理解和对法的价值的解读而形成的一种理性的观念模式。”[3]法治理念是对法治进行理性思考的产物，是一种理性化的法治意识。法治观念和法治理念都属于法治意识的理性认识范畴。但两者又存在着区别：第一，法治观念只是人们对某一或某些重要的法治现象的相对稳定和定型的看法和认识，并没有强调认识的对象必然是法的本质及其规律，而法治理念正是对法律本质及其发展规律的一种宏观的、整体的认识，是体现法治内在本质和根本要求

---

〔1〕 卓泽渊：《法治精神是法的价值》，载《法制日报》2007年8月31日，第3版。
〔2〕 卓泽渊：《法治精神是法的价值》，载《法制日报》2007年8月31日，第3版。
〔3〕 汪习根、桂晓伟：《论法治理念》，载《天津行政学院学报》2006年第3期，第69页。

的思想观念，它是法治观念的高级形态，比法治观念更能体现法治的内在精神和最高原理，此外，法治理念还蕴含着一定的价值追求，是对法治所应达到的最终目标在观念上的设想，法治观念并不包含此意。第二，法治理念体现了法治的精神实质和价值追求，是对法的正面的、积极的认识，正如新康德主义法学家鲁迈夫施塔姆勒所言“法律理念乃是正义的实现”〔1〕。而法治观念既包括正面的、积极的意识，也可能包括负面的、虚假的意识。

二、社会主义法治观念的内涵和基本特征

（一）社会主义法治观念的内涵

法治观念属于意识形态范畴，是社会主义法律上层建筑的重要组成部分，受制于经济基础，社会中占据主导地位的法治观念也有所不同。社会主义法治观念是社会主义社会占主导地位的法治观念，是广大人民在革命、建设和改革的过程中在马克思主义思想指导下对社会主义法治问题进行理性思考的结果，是社会主义法律制度得以正常运行的不可或缺的因素。它是由统治阶级倡导和传播的，在社会中占统治地位的，对其他各种法治观念起到主导、引领、规范作用的法治观念。具体来说，社会主义法治观念是以中国共产党为领导的以工人阶级为主体的广大人民在马克思主义指导下对社会主义法治及法治现象的相对稳定和定型的理性认识，具有积极的反作用。这种认识或反映是“在主体、客体、反映形式的相互作用过程中，客体的部分信息被主体接受，主体依据自己的反映形式对之进行加工的信息变形过程”〔2〕。这一过程体现在主体、客体、主观、客观四个方面。

---

〔1〕［美］E. 博登海默：《法理学：法哲学及其方法》，邓正来、姬敬武译，华夏出版社 1987 年版，第 163 页。

〔2〕陈志良、杨耕：《建构·反思·反映：关于马克思主义认识论的再思考》，载《天津社会科学》2000 年第 3 期，第 51 页。

1. 从主体方面看，社会主义法治观念的主体是以中国共产党为领导的以工人阶级为主体的广大人民

法治观念有占主导地位的法治观念和非主导地位的法治观念之分，在社会中占主导地位的法治观念通常表现为统治阶级的法治观念，在社会主义社会就是以中国共产党为领导的以工人阶级为主体的广大人民的法治观念。所以社会主义法治观念的主体是以中国共产党为领导的以工人阶级为主体的广大人民，具有最广泛的群众基础。它与具体的个人法治观念和群体法治观念相区别，因此它们之间并不是必然统一的，所以我们有必要使个人法治观念和群体法治观念同先进的社会主义法治观念保持一致。

2. 从客体方面看，社会主义法治观念的客体是社会主义法治

法治观念的客体是主体进行主观认识的活动中所指向的对象，社会主义法治观念的客体只能是社会主义法治。社会主义法治是区别于资本主义法治的一种新型法治，其最根本、最突出的特点是党的领导、人民民主和依法治国的高度统一，这是社会主义法治的核心，充分凸显了法治的社会主义性质：首先，党的领导和人民民主相统一。社会主义民主本质是人民当家作主，是最广泛的民主，社会主义民主制度的建设是在党的领导下有步骤、有秩序地进行的。而党执政的目的是“领导和支持人民掌握和行使管理国家的权力，实行民主选举、民主决策、民主管理、民主监督，保证人民依法享有广泛的权利和自由，尊重和保护人权”〔1〕。由此可见，社会主义民主是在党的领导下的民主，党的执政目的就是要实现人民当家作主，所以两者是统一的。其次，党的领导和依法治国相统一。中国共产党是中国特色社会主义事业的领导核心，其领导方式是将党的主张通过民主程序上升为国家意识，制定宪法和各种法律，以便全体人民遵守，党也必须在宪法和法律的范围内活动，实现依法领导。因此，党的领导和依法治国是统一的。最后，人民民主和依法治国

〔1〕 中共中央文献研究室：《江泽民论有中国特色社会主义》（专题摘编），中央文献出版社2002年版，第301~302页。

相统一。依法治国意味着法律在社会生活中的至上性，而人民民主意味着人民当家作主，进行自我统治和管理，其制定的法律必然体现全体人民的意志，依法治国实际上也就是依全体人民的意志来治国，服从法律也就是服从全体人民自己，因此两者也是统一的。总之，社会主义法治观念是建立在社会主义法治实践基础之上的，因此是具有鲜明社会主义特色的法治观念。社会主义法治观念是党领导广大人民在我国改革开放和现代化建设的实践中，在总结我国社会主义法治挫折并借鉴其他社会主义国家法治经验的基础上，在大力深化经济体制改革和政治体制改革的同时，逐渐形成和发展起来的，也是社会主义法治发展到一定阶段的产物，并会随着社会主义法治的发展而不断完善。

3. 从主观方面看，社会主义法治观念在主观方面体现为主体的理性认识

根据马克思主义认识论，人的认识是在实践基础上主体对客体的能动反映，可分为两个阶段，第一阶段是感性认识，是主体对事物表面特征和外部联系的认识；第二阶段是理性认识，是主体对事物根本性质和内在联系的认识。社会主义法治观念是主体对社会主义法治及法治现象的主观把握，属于认识论的范畴；它是在马克思主义思想指导下的认识活动，是一种理性认识，属于认识的高级阶段，是关于中国特色社会主义法治的科学思想，是马克思主义理论的重要组成部分。

4. 从客观方面看，社会主义法治观念在客观方面具有积极的反作用

马克思认为，社会存在决定社会意识、社会意识对社会存在具有能动作用。社会主义法治观念作为社会意识的组成部分，对人的发展、社会主义法治甚至对社会主义建设具有能动作用，而且是积极的反作用。就人的发展而言，社会主义法治观念使人们获得了正确的法治价值观，进而形成良好的行为习惯，塑造了人们的法治精神，提高了人们的法律素质，从而促进人的发展。就社会进步而言，

社会主义法治观念是我国现代化建设的精神动力和智力支持，可以促进经济环境的优化，建立良好的经济秩序；可以推动法治条件的改善，实现民主法治化；社会主义法治观念也是我国长治久安的思想保障，可以促进政治稳定和社会安定。社会主义法治观念的这种积极反作用源于观念本身的科学性，它是以马克思主义为指导的，是与社会经济基础相适应的法律思想上层建筑的重要组成部分，反映了社会主义社会经济发展的客观规律，具有科学性。社会主义法治观念的科学性还表现在它对资本主义法治观念的超越，它吸收和借鉴了资本主义法治观念的有益部分，在此基础上进行提升，优越于资本主义法治观念。

（二）社会主义法治观念的基本特征

社会主义法治观念属于法治观念的范畴，具有法治观念的一般特性，如物质依赖性、相对独立性、时代进步性、历史连续性等，但它作为一种特殊类型的法治观念体系，是以中国共产党为领导的以工人阶级为主体的广大人民的法治观念，是社会主义社会中占主导地位的法治观念，反映了我国社会主义初级阶段社会发展的客观要求和广大人民群众的共同利益，因此，它又具有自身独特的特点。

1. 鲜明的社会主义特色

社会主义法治观念作为法律思想上层建筑的重要组成部分，是与我国社会主义初级阶段的经济基础相互适应的，必须为社会主义服务。我国现阶段的经济基础是以公有制为主体、多种所有制共同发展的生产资料所有制形式和以按劳分配为主、多种分配形式并存的分配方式，社会主义的本质是“解放生产力，发展生产力，消灭剥削，消除两极分化，最终达到共同富裕”。[1]与之相适应，社会主义法治观念必然具有反对剥削、反对特权、主张法律面前人人平等、维护社会主义公平正义等特点。社会主义法治观念的鲜明特色还体现在它是中国共产党领导的广大人民在把马克思主义基本原理

〔1〕《邓小平文选》（第3卷），人民出版社1993年版，第373页。

运用于社会主义建设实践的过程中形成的，是中国特色社会主义理论在法治观念上的体现，是党领导广大人民对社会主义法治问题进行理性思考的结果，反映了中国特色社会主义法治意识的最新发展，是爱国主义、集体主义和社会主义的统一，必然具有爱国主义精神和集体主义精神以及最终维护广大人民群众的权利和利益等特点。社会主义法治观念成为社会中占主导地位的法治观念，对其社会成员的法治价值标准、法律行为规范以及法治思维方式影响极大。

2. 真实广泛的民主性

我国宪法规定，中华人民共和国的一切权力属于人民，人民行使国家权力的机关是全国人民代表大会和地方各级人民代表大会；人民依照法律规定，通过各种途径和形式，管理国家事务，管理经济和文化事业、管理社会事务；规定公民享有广泛的民主自由权利，包括人身权利、民主权利和其他权利。这些都体现了我国政治制度的真实广泛的民主性，是最广大人民的民主。生产资料公有制占主导地位为确认和保护这种最广泛的、最真实的民主提供了物质保障。民主的制度化和法律化，必然要求有与这种民主相适应的具有进步意义的法治及法治观念。因此，政治制度的民主性决定了法治观念的民主性，社会主义法治观念必然是人民当家作主、党的领导和依法治国观念的高度统一。人民当家作主观念意味着人们主体意识的提高，国家主人翁精神的增强；党的领导观念即执政党领导观念，是我们对中国共产党领导重要性的认识，只有坚持共产党的领导，才能推动社会主义物质文明、政治文明、精神文明、社会文明、生态文明协调发展，才能建立起高度文明的社会主义民主和法治；依法治国观念必然是包含民主意义的法治观念，是维护社会成员权利平等、权力制约的有力手段。

3. 以人为本的人民性

社会主义法治观念是以中国共产党为领导的以工人阶级为主体的广大人民群众对社会主义法治的理性认识，而工人阶级是最先进生产力的代表，在马克思主义理论指导下对法治的主观把握，必然体现了对广大人民群众权利和利益的保护，具有广泛的人民性。党的十八大报告中指出："坚持以人为本、执政为民"。社会主义法治观念正是"以人为本"理论在法治认识上的体现，归根结底是一种人本主义法律观，是以人民当家作主、人的解放和全面发展、共同富裕为价值导向，并将公平、正义、平等、权利真正作为其指导思想的法律观。

三、社会主义法治观念教育的内涵、特点和内容

（一）社会主义法治观念教育的内涵

关于教育的定义，古今中外学者有不同的认识和看法。在现代教育学中有广义和狭义之分，凡是增进人们的知识和技能，影响人们的思想品德的活动，都是广义教育；狭义教育专指学校教育，即教育者根据一定的社会或阶级的要求，有目的有计划有组织地对受教育者身心施加影响，把他们培养成为一定社会或阶级所需要的人的活动。[1]社会主义法治观念教育无论在社会教育还是学校教育中都是不可或缺的内容，因此，它既是广义的教育，也是狭义的教育，具体而言，社会主义法治观念教育是指社会或社会群体用社会主义法治观念对其成员施加有目的、有计划、有组织的影响的社会实践活动，其目的是在对社会主义法治观念认知的基础上形成法治感情，进而产生法治信任和信仰。社会主义法治观念教育的特点体现在教育内容的特定性、教育对象的广泛性以及教育的长期性等方面。

第一，教育内容的特定性。社会主义法治观念教育的内容是社会主义法治观念，即是以中国共产党为领导的以工人阶级为主体的广大人民对社会主义法治及法治现象的相对稳定和定型的理性认识，具有积极的反作用，这是区别于资本主义法治观念教育的基本特征。社会主义法治观念教育是我国改革开放和社会主义法制现代化建设

〔1〕 全国十二所重点师范大学联合编写：《教育学基础》，教育科学出版社2002年版，第3页。

进入新的发展阶段，在不断完善社会主义市场经济体制和加快建设社会主义民主制度的过程中，对公民素质提出的新要求。

第二，教育对象的广泛性。社会主义法治观念教育的对象是全体公民，具有全民性。社会主义法治建设涉及国家政治生活、经济生活和社会生活的各个方面，需要全体公民参与到这项伟大的事业中，全体公民法治观念的形成是社会主义法治大厦的精神基石。

第三，教育的长期性。从宏观上讲，社会主义法治观念教育的长期性取决于社会主义法治建设的长期性，社会主义法治现代化不是一蹴而就的，而是一个长期发展的历史过程，而且法治社会是人类现阶段追求的一种理想生活状态，社会主义法治观念作为其精神基础，其教育必然伴随着社会主义法治建设而长期存在。从微观上看，社会主义法治观念教育贯穿于人的一生，从小学、中学、大学、社会直至终身。社会主义法治观念教育有利于全体公民形成比较系统的法治观念，有助于培养公民对法治的情感和依赖，从而有利于公民对社会主义法治的普遍信仰，这是我国法治教育和社会主义现代法治文化建设的紧迫任务。

（二）社会主义法治观念教育的内容

社会主义法治观念教育是以社会主义法治观念为内容，当代中国社会主义法治观念是在总结十一届三中全会以来法治理论的智慧成果和法治实践的经验教训的基础上，以马克思主义法律思想为指导，结合中国具体国情，逐渐形成和发展起来的，是马克思主义法律观在当代中国的具体表现。它既体现了法治的特点，又体现了社会主义的特征，是“法治”与“社会主义”的统一，而法治又由形式方面和实质方面构成，所以笔者认为社会主义法治观念教育内容可以分三个层层递进的层次：第一个层次主要体现为法律权威观念，它是对法治形式方面的认识，集中体现了法律在社会生活中的地位；第二个层次主要体现为权利观念、公平正义观念和平等观念，它们是对法治实质方面的认识，内含着一定的价值追求；第三个层次主要体现在人民民主观念、党的领导观念和服务大局观念，它们是对法治的社会主义性质的认识。这三个方面是层层递进的，共同构成了社会主义法治观念教育的具体内容。

1. 法律权威观念

马克思、恩格斯非常重视法律权威对无产阶级政党领导的重要性，指出："所有通过革命取得政权的政党或阶级，就其本性说，都要求由革命创造的新的法制基础得到绝对承认，并被奉为神圣的东西。"[1]孟德斯鸠也阐释了法律权威的来源，"是指法律的内在说服力和外在强制力得到人们的普遍的支持和服从"。[2]法律在国家和社会生活中获得崇高的威望从而得到普遍认同和遵守，任何国家权力、任何其他社会规范、任何组织和个人都只能在法律的支配下发挥作用或活动，这种法律现象反映到人们的观念中，就形成了法律权威观念。这种观念的形成一方面来源于人们对法律发自内心的充分肯定和真诚接受，另一方面来源于法律规范的强制性。法律权威意味着法律至上，法律在社会生活中具有最高的地位；意味着法律至威，法律是人们在社会生活中调整社会关系的最有力的手段；意味着法律至信，法律获得人们的普遍认同和信从。具体表现在：首先，法律高于一切国家权力。国家立法机关、行政机关和司法机关必须严格在宪法和法律规定的权限范围内按照法定程序行使职权，贯彻"无法律规定即无权力"的原则，而违法行使职权要承担法律责任。其次，法律规范高于其他一切社会规范。社会规范体系除了法律规范外，还包括道德规范、宗教规范、党的政策、社会自治规范等，法律规范具有最高的效力，其他规范与法律规范相冲突会导致无效。最后，一切组织和个人都必须在法律的范围内活动。我国宪法规定："一切国家机关和武装力量、各政党和各社会团体、各企业事业组织都必须遵守宪法和法律。一切违反宪法和法律的行为，必须予以追究。"中国共产党也必须严格遵守宪法和法律，党的十二

---

〔1〕《马克思恩格斯全集》（第36卷），人民出版社1975年版，第238页。

〔2〕［法］孟德斯鸠：《论法的精神》（上册），张雁深译，商务印书馆1961年版，第154页。

大明确规定了“党必须在宪法和法律的范围内活动”。党和国家领导人也要遵守宪法和法律，当领导人的意志与法律相冲突的时候，应当以法律为准。

2. 权利观念

权利观念是对权利的认识和看法。权利观念是法治观念的核心要素。人们对权利的理解多种多样，形成了各种学说，如资格说，认为权利是行动的资格、占有的资格或享受的资格；主张说，认为权利为法律上的有效的、正当的、可强制执行的主张；自由说，认为权利是自由的法律表达；利益说，认为权利乃法律所承认和保障的利益；法力说，认为权利是法律赋予权利主体的一种用以享有或维护特定利益的力量；可能说，认为权利是法律规定的有权人做出一定行为的可能性、要求他人做出一定行为的可能性以及请求国家强制力量给与协助的可能性；规范说，认为权利乃是法律所保障或允许的能够做出一定行为的尺度；选择说，认为权利意味着一个人的选择或意志优越于他人的选择或意志。〔1〕马克思认为权利是以一定的利益为基础的，“利益总是占权利现象的上风”〔2〕，“法的利益只有当它是利益的法时才能说话，一旦它同这位圣者发生抵触，它就得闭上嘴巴。”〔3〕马克思深入到现存的经济关系中揭示了权利的本质，认为权利是对社会关系的反映，是生产关系发展到一定阶段的产物，具有社会历史性，“权利决不能超出社会的经济结构以及由经济结构制约的社会的文化发展”〔4〕，所以权利作为社会主体一定利益的法律表现，它的内容取决于一定的社会条件，不同的社会条件决定了不同的权利内容。人权作为权利的特殊形式，是人作为人应当享有的权利，“一旦社会进步，把摆脱社会进步和通过消除封建不平等来确立权利平等提到日程上来，这种要求就必定迅速地获得

〔1〕张文显：《法哲学范畴研究》（修订版），中国政法大学出版社 2001 年版，第 300~305 页。

〔2〕吴忠希：《社会主义与人权》，学林出版社 2007 年版，第 69 页。

〔3〕《马克思恩格斯全集》（第 1 卷），人民出版社 1995 年版，第 287 页。

〔4〕《马克思恩格斯选集》（第 3 卷），人民出版社 1995 年版，第 305 页。

更大的规模。”[1]社会主义社会要求人们树立社会主义人权观念，这是一种体现真实性、广泛性、普遍性和公平性的人权观念。

3. 公平正义观念

公平正义观念是对公平正义的认识和看法。从词源上看，“公”即公认、公共，“平”即不偏斜、不倾侧，“正”即正当、正直，“义”即意义、道理，尤其指合乎道德和情理的道理，表达了善的价值，可以表现为多种价值形态。“公平正义”一词是公平的正义的表达，表明正义所表达的善更倾向于公认的平等的价值，公平成了正义的核心含义，成为正义的主要表现形态。马克思主义从生产力和生产关系、经济基础和上层建筑的辩证关系中揭示了公平正义的客观经济基础，马克思在《资本论》中指出：“生产当事人之间进行的交易的正义性在于：这种交易是从生产关系中作为自然结果产生出来的……这个内容，只要与生产方式相适应，相一致，就是正义的；只要与生产方式相矛盾，就是非正义的。”[2]因此，公平正义作为上层建筑的意识形态，根源于一定社会的经济基础，是一定社会经济基础观念化的表现，有什么样的经济基础就有什么样的公平正义观，处于不同经济地位的阶级或阶层的公平正义观也各不相同。社会主义公平正义观表达了以生产资料公有制为基础的生产方式所决定的广大人民群众关于公平分配的价值追求，以最大限度的满足人民群众的根本利益，胡锦涛指出，“公平正义，就是社会各方面的利益关系得到妥善协调，人民内部矛盾和其他社会矛盾得到正确处理，社会公平和正义得到切实维护和实现。”[3]法的公平正义一般可以分为实体正义和程序正义。实体正义是指法律实体权利义务分配上的正义，是权利义务的合理配置，是对社会利益和责任的分享和负担的公正分配，在法的正义中居于首要地位。程序正义是指解

---

〔1〕中共中央政法委员会：《社会主义法治理念读本》，中国长安出版社 2009 年版，第 16~17 页。

〔2〕《马克思恩格斯全集》（第 25 卷），人民出版社 1974 年版，第 379 页。

〔3〕《胡锦涛在省部级主要领导干部提高构建社会主义和谐社会能力专题研讨班开班式上强调》，载《人民日报》2005 年 2 月 2 日，第 1 版。

决社会利益冲突的规则的正义，包括充分参与、依程序办事、保持中立、及时高效、程序公开。实体正义是程序正义的起点和归宿，程序正义是实现实体正义的过程和保障，两者是法的公平正义的两个方面，密不可分。

4. 平等观念

平等观念是对平等的认识和看法。学者们对平等的含义提出了不同的见解，“平等是人在实践领域中对自身的意识，也就是人意识到别人是和自己平等的人，人把别人当作和自己平等的人来对待。”〔1〕这指出了平等的本质，就是人与人之间的同等对待的社会关系。但平等并不意味着是平均，它承认在合理范围的差别对待，如因生理自然差异、特定职业需要、实际负担能力情况进行的合理区别对待。平等反对特权和歧视，特权和歧视都破坏和侵犯了平等。特权是对特定主体的高等对待，特权者的权利高于一般人的水平，是特权人权利的扩张，同时是对他人权利的掠夺。歧视是对特定主体的低等对待，受歧视人的权利低于一般人的水平，受歧视人的权利被他人侵害。两者都是对平等的否定。平等观念在法律上的运用就是法律面前人人平等，主要是指司法平等和守法平等，具体包含以下三层含义：平等守法，公民不分民族、种族、性别、职业、家庭出身、宗教信仰、教育程度、财产状况和居住期限，都一律平等地享有宪法和法律规定的权利，也都平等的履行宪法和法律规定的义务；平等适用和制裁，任何人的合法权益都一律平等地受保护，对违法行为一律平等地予以追究；反对特权，任何公民不享受法律以外的特权，也不承担法律以外的义务和法律以外的处罚。

5. 人民民主观念

人民民主观念是对人民民主的看法和观点，包括对民主的起源、性质和作用、民主制度、民主与法治关系的看法和态度等。民主一词来源于希腊，与人民民主或人民当家作主同义，意为人民的治理

〔1〕《列宁全集》（第55卷），人民出版社1990年版，第11页。

或人民的统治，即由人民自己来管理自己，应该包括两个方面的内容："第一，按照平等的原则，由人民来直接掌握国家权力；第二，按照少数服从多数原则，由人民通过公共选择来作出政治决定。"〔1〕因而人民的同意成了国家合法性（包括法治合法性）的直接来源，法治中的法必然是民主的法，是经过民主程序、被大多数人认可、体现人民共同意志和利益的法，这样的法才具有合法性，才能成为社会的共同行为准则。法治的合法性源于法律本身的合法性，法律的合法性又源于人民的同意即民主，所以我们说人民民主是法治的前提和基础，只有发扬人民民主，才能制定出维护广大人民根本利益的法律，这样的法治才能保障广大人民的权利和自由。如果是专制的法，法律权威将最终服从于个人权威，法治也就无从实现。同时法治也是人民民主得以实现的重要条件和保障，"法治是民主制度化、法律化的最主要方式"〔2〕，没有对民主的约束，民主的尽头将会是暴政的开始。在我国要求人们树立"一切权力属于人民"的民主观念，坚信社会主义民主是最广大的人民民主。"人民先选举人民代表大会的代表，组成各级人民代表大会，这是人民的第一次授权，各级人民代表大会再选举出同级人民政府、人民法院、人民检察院组成人员，这是第二次授权。"〔3〕这样的层层授权表明了只有人民才是国家权力的真正来源，人们要坚持人民民主专政、人民代表大会制度、中国共产党领导的多党合作与政治协商制度以及民主决策和民主监督制度的观点，大力发扬社会主义民主。

6. 党的领导观念

中国共产党是社会主义现代化建设的领导核心，中国共产党领导是中国特色社会主义最本质的特征。"从根本上说，没有党的领

---

〔1〕 季卫东：《宪政新论——全球化时代的法与社会变迁》，北京大学出版社 2002 年版，第 16 页。

〔2〕 卓泽渊：《法理学》（第 4 版），法律出版社 2004 年版，第 300 页。

〔3〕 张文宽：《试论执法为民是社会主义法治理念的本质要求》，载《当代法学》2008 年第 S1 期，第 44 页。

导，就没有现代中国的一切。”[1]中国社会主义法治建设是现代化建设的重要组成部分，必然要求坚持党的领导。党的领导观念是对党的领导的认识和看法，关系到党在国家政治生活的地位和作用。只有增强党的领导观念，才能坚信中国共产党领导的正确性，才能始终坚持党的领导，才能保证社会主义法治建设沿着正确的方向前进。党对社会主义法治建设的领导主要是思想、政治和组织领导。党对社会主义法治的思想领导就是要坚持马克思主义在法治意识形态领域的指导地位，马克思主义作为无产阶级的世界观和方法论，为我们提供了认识世界和改造世界的理论和方法，是我们行动的指南，“理论一经掌握群众，也会变成物质力量。”[2]因此，在法治建设中，必须坚持用马克思主义基本原理和马克思主义法治思想尤其是中国特色社会主义法治思想教育和武装广大人民群众，引导他们用马克思主义法治思想指导中国特色社会主义法治事业的建设，从而保证法治建设的正确方向。党对社会主义法治的政治领导就是用党的路线、方针、政策引导社会主义法治建设，保障法治建设的政治立场和政治原则，将贯彻党的路线方针政策与依法治国有机结合起来，使党的主张经过法定程序上升为国家意志，领导立法工作、监督执法工作和确保司法体制的改革方向。江泽民指出：“只有讲政治……把国家的法律法规，贯彻到经济建设和各项工作中去，防止和排除各种错误思想、错误倾向的干扰，保持正确的发展方向。”[3]因此，我们在社会主义法治建设中要始终坚持党的政治领导。党对社会主义法治的组织领导主要是向政法机关推荐干部，发挥政法机关党组织的作用和广大党员的先锋模范作用，实现党的路线、方针、政策。没有强有力的组织领导，党对社会主义法治建设的政治领导和思想领导就会落空。

---

〔1〕《邓小平文选》（第2卷），人民出版社1994年版，第266页。
〔2〕《马克思恩格斯选集》（第1卷），人民出版社1995年版，第9页。
〔3〕《江泽民文选》（第1卷），人民出版社2006年版，第516页。

7. 服务大局观念

社会主义法律是广大人民群众共同意志的体现，必然要求按人民的意志，维护人民的共同意志和根本利益，在现阶段人民的共同意志和根本利益就是建设有中国特色的社会主义事业、实现中华民族伟大复兴，这也正是党和国家的大局。服务大局是社会主义法治的重要使命，服务中国特色社会主义建设事业的大局就是服务社会主义经济建设、政治建设、文化建设、社会建设和生态文明建设。只有树立服务大局观念，才能使社会主义法治更好地促进经济发展、政治稳定、文化繁荣和社会、生态和谐。社会主义法治要服务于社会主义经济建设，“法的关系正像国家的形式一样，既不能从它们本身来理解，也不能从所谓人类精神的一般发展来理解，相反，它们根源于物质的生活关系。”〔1〕法决定于经济基础，服务于经济基础，必须维护社会主义市场经济，为市场主体创造有序、稳定、公平的环境。社会主义法治要服务于社会主义政治建设。社会主义民主政治和社会主义法治密切相关，民主政治是法治的灵魂和归宿，法治是民主政治的保障，因此，社会主义法治必须为社会主义政治建设提供各种法律保障，以维护人民民主专政的国家政权。社会主义法治要服务于社会主义文化建设，就是将法治建设和文化建设结合起来，依法保障文化工作者的合法权益，依法促进社会主义文化事业的健康发展。社会主义法治要服务于社会主义和谐社会建设，胡锦涛在《省部级主要领导干部提高构建社会主义和谐社会能力专题研讨班上的讲话》中指出：“构建社会主义和谐社会，必须健全社会主义法制，建设社会主义法治国家，充分发挥法治在促进、实现、保障社会和谐方面的重要作用。”〔2〕法治为人们提供了明确的行为规则，能有效地预防和化解社会纠纷、冲突和矛盾，为和谐社会的建立提供有力保障。社会主义法治要服务于社会主义生态文明建设，维护生态环境，既为当代发展也为下一代可持续发展提供保障。

---

〔1〕《马克思恩格斯选集》（第2卷），人民出版社1995年版，第32页。
〔2〕徐显明主编：《以人为本与法律发展》，山东人民出版社2008年版，第4页。

第二节　人的全面发展理论及其科学内涵

一、马克思主义经典作家关于人的全面发展的理论探索

马克思关于人的全面发展的内容，是马克思主义的核心和实质，是马克思主义人学理论的重要组成部分，内容十分丰富，在马克思经典著作中占有重要的位置。毛泽东、邓小平坚持以马克思主义理论为指导，在我国革命和建设的实践中，发展了马克思人的全面发展的思想，赋予了人的全面发展思想新的内容，提出了人的全面发展的具体目标，形成了具有中国特色的人的全面发展理论。江泽民创造性地发展了这一思想，提出人的全面发展是社会主义新社会本质要求的重要论断，指出“我们建设有中国特色社会主义的各项事业，我们进行的一切工作，既要着眼于人民现实的物质文化生活需要，同时又要着眼于促进人民素质的提高，也就是要努力促进人的全面发展”[1]。因此，认真梳理马克思主义经典作家关于人的全面发展思想，对开展教育与人的全面发展研究尤其是社会主义法治观念教育与人的全面发展研究具有十分重要的指导意义。

（一）马克思关于人的全面发展的理论贡献

马克思人的全面发展思想是一个不断发展、完善和丰富的历史过程，它的形成和发展，是在马克思人学思想的形成和发展中实现的，也是伴随马克思唯物史观创立、完善而不断发展的。因此，我们以马克思唯物史观的创立为标志将马克思人的全面发展思想划分为三个阶段：唯物史观形成之前的萌芽阶段、唯物史观确立的初步形成和发展阶段、唯物史观确立后的完善和成熟阶段。

〔1〕 江泽民：《在庆祝中国共产党成立八十周年大会上的讲话》，人民出版社 2001 年版，第 42~43 页。

1. 唯物史观形成之前的萌芽阶段

在这一时期，马克思中学时代的《青年在选择职业时的考虑》、大学时代的博士论文《德谟克利特的自然哲学和伊壁鸠鲁的自然哲学》以及在《莱茵报》和《德法年鉴》工作期间的论著以追求人的自由和解放为主要特征，成为马克思人的全面发展思想的源头，而《1844年经济学哲学手稿》运用异化劳动理论揭示了资本主义社会人的片面发展的本质，形成了人的全面发展理论的思想萌芽。

首先，人的自由和解放是早期马克思人的全面发展思想的重要内容，马克思是在自由主义启蒙思想和浪漫色彩的理性主义思想基础上开始了他对人的全面发展的认识。马克思在中学毕业论文《青年在选择职业时的考虑》一文中设想："如果我们生活的条件容许我们选择任何一种职业，那么我们就可以选择一种使我们最有尊严的职业；选择一种建立在我们深信其正确的思想上的职业；选择一种能给我们提供广阔场所来为人类进行活动、接近共同目标即完美境地的职业……在从事这种职业时我们不是作为奴隶般的工具，而是在自己的领域内独立地进行创造；这种职业不需要有不体面的行动（哪怕只是表面上不体面的行动），甚至最优秀的人物也会怀着崇高的自豪感去从事它。"〔1〕这篇文章表明了马克思认为人的发展的目的是"完美境地"，这个目的可以通过职业选择来实现，在这里隐含了人的自由的问题。在博士论文中，马克思通过对德谟克利特和伊壁鸠鲁原子论的比较，肯定了伊壁鸠鲁的原子偏斜运动思想，认为原子的偏斜运动是原子独立自由精神本质的表现，从而论证了人的自由本质。在《莱茵报》工作期间，马克思认为国家应该是合乎理性的社会存在，"相互教育的自由人的联合体"。〔2〕在任《德法年鉴》主编期间，马克思对自由有了新的认识，认为"自由这一人权的实际应用就是私有财产这一人权"〔3〕。

---

〔1〕《马克思恩格斯全集》（第40卷），人民出版社1982年版，第6页。
〔2〕《马克思恩格斯全集》（第1卷），人民出版社1995年版，第217页。
〔3〕《马克思恩格斯全集》（第3卷），人民出版社2002年版，第183页。

其次，《1844年经济学哲学手稿》考察了异化劳动下人的片面发展的现实，表达了马克思对人的全面发展的萌芽思想。马克思运用异化理论揭露了资本主义社会异化劳动的突出表现形式：劳动者和其劳动产品的异化，"工人生产的财富越多，他的产品的力量和数量越大，他就越贫穷。工人创造的商品越多，他就越变成廉价的商品。物的世界的增值同人的世界的贬值成正比"〔1〕。劳动者和劳动活动本身的异化，"劳动对工人说来是外在的东西，也就是说，不属于他的本质的东西；因此，他在自己的劳动中不是肯定自己，而是否定自己，不是感到幸福，而是感到不幸，不是自由地发挥自己的体力和智力，而是使自己的肉体受折磨、精神遭摧残"〔2〕。劳动者和其类本质的异化，"人的类特性恰恰就是自由的自觉的活动"〔3〕，"异化劳动把自我活动、自由活动贬低为手段，也就是人的类生活变成维持人的肉体生存的手段"〔4〕。人和人的异化，"如果劳动产品不属于工人，并作为一种异己的力量同工人相对立，那么，这只能是由于产品属于工人之外的另一个人。如果工人的活动对他本身来说是一种痛苦，那么，这种活动就必然给另一个人带来享受和欢乐。"〔5〕"工人同劳动的关系，生产出资本家（或者不管人们给雇主起个什么别的名字）同这个劳动的关系"〔6〕。由此可见，异化劳动是导致人的片面发展的原因，而异化的扬弃与自我异化是同一条道，异化劳动导致了私有制，所以只有废除私有制才能消除异化劳动，最终使社会成员实现全面发展，而"共产主义是私有财产即人的自我异化的积极的扬弃，因而是通过人并且为了人而对人的本质的真正占有；因此，它是人向自身、向社会的（即人的）人的复归，这种复归是

〔1〕《马克思恩格斯全集》（第42卷），人民出版社1979年版，第90页。
〔2〕《马克思恩格斯全集》（第42卷），人民出版社1979年版，第93页。
〔3〕《马克思恩格斯全集》（第42卷），人民出版社1979年版，第96页。
〔4〕《马克思恩格斯全集》（第42卷），人民出版社1979年版，第97页。
〔5〕《马克思恩格斯全集》（第42卷），人民出版社1979年版，第99页。
〔6〕《马克思恩格斯全集》（第42卷），人民出版社1979年版，第100页。

完全的、自觉的而且保存了以往发展的全部财富的"[1]。

2. 唯物史观确立的初步形成和发展阶段

在这一时期，马克思的《关于费尔巴哈的提纲》是唯物史观确立的标志，为人的全面发展提供了新的理论前提。《德意志意识形态》运用分工理论揭示了生产力发展与人的全面发展的内在关系，标志着马克思人的全面发展思想的初步形成，《哲学的贫困》《共产党信条草案》《共产党原理》和《共产党宣言》则使人的全面发展理论初步发展。这一时期马克思人的全面发展理论建立在唯物史观的基础之上，同以往非马克思主义哲学关于人的全面发展理论划清了界限。

首先，《关于费尔巴哈的提纲》是马克思"包含着新世界观的天才萌芽的第一个文件"[2]，在这篇文章中他第一次明确地把"实践"作为其全部哲学的基础，从而首次在唯物史观的基础上揭示了人的社会本质和社会生活的实践本质，"人的本质不是单个人所固有的抽象物，在其现实性上，它是一切社会关系的总和"[3]，"全部社会生活在本质上是实践的。凡是把理论引向神秘主义的神秘东西，都能在人的实践中以及对这个实践的理解中得到合理的解决。"[4]马克思建立在实践基础上的新唯物主义，与唯心主义以及旧唯物主义划清了界限，为人的全面发展问题提供了新的理论基础。

其次，在《德意志意识形态》和《哲学的贫困》中，马克思更多从社会劳动分工的角度阐释了人的全面发展问题，从分工出发在生产力和生产关系方面分析了人的发展。

马克思在《德意志意识形态》中论述了社会分工对人的发展的影响。一方面，社会分工促进了社会生产力的发展，"一个民族的生产力发展的水平，最明显地表现于该民族分工的发展程度"[5]，但

[1]《马克思恩格斯全集》(第42卷)，人民出版社1979年版，第120页。
[2]《马克思恩格斯选集》(第4卷)，人民出版社1995年版，第213页。
[3]《马克思恩格斯选集》(第1卷)，人民出版社1995年版，第56页。
[4]《马克思恩格斯选集》(第1卷)，人民出版社1995年版，第56页。
[5]《马克思恩格斯选集》(第1卷)，人民出版社1995年版，第68页。

是就个人自身来考察个人，个人是受分工支配的，分工使他变成片面的人，使他畸形发展，使他受到限制。“工场手工业把工人变成畸形物，它压抑工人的多种多样的生产志趣和生产才能，人为地培植工人片面的技巧，这正像在拉普拉塔各州人们为了得到牲畜的皮或油而屠宰整只牲畜一样。不仅各种局部劳动分配给不同的个体，而且个体本身也被分割开来，成为某种局部劳动的自动的工具。”〔1〕私有制下的分工直接造成了个人生产能力的片面发展，同时也意味着个人生产能力的专业化，各个个人专业化的生产能力总和构成了社会生产能力的全面发展，所以私有制下的分工是通过牺牲个人的全面发展来推动社会的全面发展的。正如马克思所言：“个人力量（关系）由于分工而转化为物的力量这一现象”〔2〕。另一方面，社会分工导致私有制的产生，在一定程度上阻碍了人的全面发展。“分工从最初起就包含着劳动条件——劳动工具和材料——的分配，也包含着积累起来的资本在各个所有者之间的劈分，从而也包含着资本和劳动之间的分裂以及所有制本身的各种不同的形式。分工越发达，积累越增加，这种分裂也就发展得越尖锐”〔3〕。这就是资本家和劳动者之间的分工，由少数资本家掌握生产资料并管理生产活动，而多数劳动者没有任何生产资料，只能出卖自己的劳动力参与生产活动，这样的劳动不是出于劳动者自愿，不具有自发的性质，这种劳动也就是所谓的“异化劳动”。异化劳动导致了劳动者的片面发展。实际上这种分工在阶级社会表现为不同阶级之间的分工。这种分工“不仅使精神活动和物质活动、享受和劳动、生产和消费由不同的个人来分担这种情况成为可能，而且成为现实”〔4〕。也就是由资本家从事精神生活、享受和消费，而由劳动者从事物质活动、劳动和生产，从而导致了体力劳动与脑力劳动的分离和对立。实质上

〔1〕《马克思恩格斯全集》（第23卷），人民出版社1972年版，第399页。
〔2〕《马克思恩格斯选集》（第1卷），人民出版社1995年版，第118页。
〔3〕《马克思恩格斯选集》（第1卷），人民出版社1995年版，第127页。
〔4〕《马克思恩格斯选集》（第1卷），人民出版社1995年版，第83页。

这种发展的局限性不仅在于一个阶级被排斥于发展之外，而且还在于把这个阶级排斥于发展之外的另一阶级在精神、智力方面也有局限性。“不仅是工人，而且直接或间接剥削工人的阶级，也都因分工而被自己用来从事活动的工具所奴役；精神空虚的资产者为他自己的资本和利润所奴役；律师为他的僵化的法律观念所奴役”[1]。总之，只有消灭分工，变异化劳动为自主活动，才能使社会全体成员得到普遍的全面发展。

马克思在《哲学的贫困》中论述了机器大工业对人的发展的影响。一方面，机器大工业对人的发展具有负面影响，明确指出：“工厂中分工的特点，是劳动在这里已完全丧失专业的性质”[2]。这里指出了机器劳动完全丧失专业性质的特点，意味着工人的特长、专业被贬低，工人劳动力贬值，工人更加畸形发展。另一方面，机器劳动又具有一定的进步意义，“当一切专门发展一旦停止，个人对普遍性的要求以及全面发展的趋势就开始显露出来。工厂消除着专业和职业的痴呆”[3]。这客观上说明了机器大工业对人的全面发展的必然要求。

最后，《共产党信条草案》《共产党原理》和《共产党宣言》论证了共产主义代替资本主义的历史必然性，描述了未来共产主义社会的特征即人的全面发展，共产主义者的目的是“把社会组织成这样：使社会的每一个成员都能完全自由地发展和发挥他的全部才能和力量，并且不会因此而危及这个社会的基本条件”[4]。“根据共产主义原则组织起来的社会，将使自己的成员能够全面发挥他们的得到全面发展的才能”[5]。“代替那存在着阶级和阶级对立的资产阶级旧社会的，将是这样一个联合体，在那里，每个人的自由发

[1]《马克思恩格斯选集》（第3卷），人民出版社1995年版，第642页。
[2]《马克思恩格斯选集》（第1卷），人民出版社1995年版，第169页。
[3]《马克思恩格斯选集》（第1卷），人民出版社1995年版，第169页。
[4]《马克思恩格斯全集》（第42卷），人民出版社1979年版，第373页。
[5]《马克思恩格斯选集》（第1卷），人民出版社1995年版，第243页。

展是一切人的自由发展的条件。"[1]这种"能够通晓整个生产系统的人"[2]也就是全面发展的人。

3. 唯物史观确立后的完善和成熟阶段

这一时期中，马克思的三大手稿即《经济学手稿（1857—1858）》《经济学手稿（1861—1863）》《经济学手稿（1863—1865）》和《资本论》从政治经济学的角度进一步完善了马克思人的全面发展理论，使得马克思人的全面发展理论从空想变为科学，标志着这一理论的成熟。这一时期，马克思把注意力主要放在对个人全面发展的历史规律、相对剩余价值的生产、自由时间的占有等问题的思考上。

首先，马克思从个人现实社会关系出发，揭示了人类社会的三大历史形态，据此描述了人的全面发展的整个历史过程。马克思说："人的依赖关系（起初完全是自然发生的），是最初的社会形态，在这种形态下，人的生产能力只是在狭窄的范围内和孤立的地点上发展着。以物的依赖性为基础的人的独立性，是第二大形态，在这种形态下，才形成普遍的社会物质变换，全面的关系，多方面的需求以及全面的能力的体系。建立在个人全面发展和他们共同的社会生产能力成为他们的社会财富这一基础上的自由个性，是第三个阶段。第二个阶段为第三个阶段创造条件。"[3]由此可见，人类最初的形态是以"人的依赖关系"为特征的形态，由于个人能力有限，个人只是原始的丰富；接着是"以物的依赖性为基础的人的独立性"为特征的形态，由于社会物质变换、全面的关系、多方面的需求以及全面的能力是以个人片面关系、片面需求和片面能力为代价的，因此造成了个人的畸形发展；最后是以"个性自由"为特征的形态，也是个人获得全面发展的阶段。可见，马克思社会发展的"三形态"理论，是马克思关于人的全面发展的总纲领。

---

〔1〕《马克思恩格斯选集》(第1卷)，人民出版社1995年版，第294页。
〔2〕《马克思恩格斯选集》(第1卷)，人民出版社1995年版，第243页。
〔3〕《马克思恩格斯全集》(第46卷·上册)，人民出版社1979年版，第104页。

其次，马克思在“绝对剩余价值生产”和“相对剩余价值生产”的基础上，进一步考察了相对剩余价值生产的三个阶段：协作、分工、机器，把对人的全面发展的论述置于新的理论即剩余价值理论基础上。在简单协作中，“因而他们的协作并不是那种他们自己结成的关系，而是资本家给他们安排的关系，不是这种关系属于工人，而是工人隶属于这种关系，因而这种关系本身表现为资本对他们的关系”〔1〕，“他们在劳动中的特殊结合——协作——事实上对他们来说是一种别人的权力，也就是与单个工人相对立的资本的权力。”〔2〕由此可见，简单协作中的劳动在形式上是从属于资本的。在分工条件下，资本主义生产方式已不再仅仅是劳动对资本的形式上从属，而是资本从本质上控制和改变了劳动。“他受资本的支配，因为在资本的手中不仅掌握着主观劳动的客观条件，而且也掌握着主观劳动的社会条件，工人的劳动只有在这些条件下还能是劳动”〔3〕，而且“劳动能力变成了完全片面的职能，这种片面的职能离开总机构就什么也不是”〔4〕，分工条件下的资本对劳动的统治进一步强化。在机器大工业阶段，由于机器在生产中的应用，个人发展越来越畸形，“机器生产的趋势是使劳动过剩或贬值”〔5〕，“使用机器的一贯目的，是使劳动贬值和用非熟练劳动排挤熟练劳动”〔6〕。同时，马克思也指出了这一阶段所隐含的进步意义，“工人重新获得的普遍性，只是潜在地存在于这一制度中”〔7〕，论证了人的全面发展是机器大工业发展的客观要求。

最后，马克思将创造剩余价值的剩余劳动时间和人的全面发展的自由时间联系起来，强调了自由时间对人的发展的重要性，“时间

---

〔1〕《马克思恩格斯全集》（第47卷），人民出版社1979年版，第298页。
〔2〕《马克思恩格斯全集》（第47卷），人民出版社1979年版，第298页。
〔3〕《马克思恩格斯全集》（第47卷），人民出版社1979年版，第319页。
〔4〕《马克思恩格斯全集》（第47卷），人民出版社1979年版，第319~320页。
〔5〕《马克思恩格斯全集》（第47卷），人民出版社1979年版，第575页
〔6〕《马克思恩格斯全集》（第47卷），人民出版社1979年版，第574页。
〔7〕《马克思恩格斯全集》（第47卷），人民出版社1979年版，第526页。

是人类发展的空间”[1]，“自由时间——不论是闲暇时间还是从事较高级活动的时间——自然要把占有它的人变为另一主体，于是他作为这另一主体又加入直接生产过程。”[2]自由时间的占有既取决于劳动生产率水平，又取决于劳动借以实现的社会形式。社会劳动生产率不断提高，社会必要劳动时间就会减少，剩余劳动时间就会相应增加，从而可用于人的发展的自由时间随之增加，但是增加的自由时间并不必然带来每一个人的全面发展，这还取决于劳动的社会形式，在资本主义社会“这样创造的非劳动时间，从资本的立场来看，和过去的一切阶段一样，表现为少数人的非劳动时间，自由时间”[3]。增加的自由时间被资本家占有，为资本家提供了机会。只有当“生产力的增长再也不能被占有他人的剩余劳动所束缚了，工人群众自己应当占有自己的剩余劳动”的时候，“这样一来，可以自由支配的时间就不再是对立的存在物了”，这样才为社会每一位成员的全面发展提供了真正发展的空间。

（二）毛泽东关于人的全面发展的理论发展

毛泽东坚持和发展了马克思人的全面发展的思想，在中国革命和建设的过程中，对人的全面发展理论进行了积极的探索，把人的全面发展看作社会主义革命和建设取得成功的重要条件，提出了符合中国国情的人的全面发展的目标和实现途径。毛泽东在人的全面发展问题上的理论发展突出表现在：高度重视人的因素，对人的本质的深入理解为人的全面发展提供了理论前提，在此基础上提出了社会主义新人的具体目标以及教育与生产劳动相结合的具体实现途径。

第一，强调了人的因素的重要性，进而深入分析了人的本质，论证了人的全面发展的理论前提。毛泽东十分强调人的因素的重要

---

〔1〕《马克思恩格斯选集》（第2卷），人民出版社1995年版，第90页。

〔2〕《马克思恩格斯全集》（第46卷·下册），人民出版社1980年版，第225~226页。

〔3〕《马克思恩格斯全集》（第46卷·下册），人民出版社1980年版，第221页。

性，提出“世间一切事物中，人是第一个可宝贵的”[1]等著名论断，认为“人民，只有人民，才是创造世界历史的动力”[2]，“战争的伟力之最深厚的根源，存在于民众之中”[3]。因此，人民群众是历史的创造者，是社会变革的决定力量，也是革命战争的主体、革命胜负的决定力量。人之所以这么重要在于其具有与其他动物不同的根本属性即人的本质，毛泽东认为人与动物“最基本区别是人的社会性，人是制造工具的动物，人是从事社会生产的动物，人是阶级斗争的动物（一定历史时期），一句话，人是社会的动物”[4]。这句话体现了三层意思：一是“人是制造工具的动物”强调了人的生产劳动性，劳动在从猿到人的转变过程发挥了重要作用；二是“人是从事社会生产的动物”强调了人们的生产劳动是在一定的社会关系中进行的；三是“人是阶级斗争的动物”强调了在阶级社会中人的阶级性是社会性的集中表现。这一思想继承和发展了马克思的说法“人的本质不是单个人所固有的抽象物，在其现实性上，它是一切社会关系的总和”[5]。毛泽东人的本质思想不是停留在人与动物的区别范围内，而是在社会的人的范围之内，比如不同时期社会的人之间的区别以及同一时期社会的人之间的区别，继承了马克思考察人的全面发展的出发点，为在中国情境内解决人的全面发展问题奠定了理论前提。

第二，明确了社会主义新人的具体目标，是马克思人的全面发展理论在我国培养社会成员目标的运用。毛泽东认为，全面发展的人应该是德智体全面发展，又红又专，体力劳动和脑力劳动的结合，具有社会主义觉悟的有文化的劳动者。①德智体全面发展的人。毛泽东在《关于正确处理人民内部矛盾的问题》中论述了我国的教育方针：“我们的教育方针，应该使受教育者在德育、智育、体育几方

〔1〕《毛泽东选集》（第4卷），人民出版社1991年版，第1512页。
〔2〕《毛泽东选集》（第3卷），人民出版社1991年版，第1031页。
〔3〕《毛泽东选集》（第2卷），人民出版社1991年版，第511页。
〔4〕《毛泽东文集》（第3卷），人民出版社1996年版，第81页。
〔5〕《马克思恩格斯选集》（第1卷），人民出版社1995年版，第56页。

面都得到发展，成为有社会主义觉悟的有文化的劳动者。”〔1〕三育目标使得马克思人的全面发展思想具体化、中国化。其中德育是培养社会主义新人的核心内容，是共产主义世界观、人生观、道德观的教育。“没有正确的政治观点，就等于没有灵魂。”〔2〕可见，德育在三育之中处于统率地位和起到灵魂作用。智育是培养社会主义新人的主要内容，是科学技术文化的教育。他说：“共产党员、青年团员和全体人民，人人都要懂得这个任务，人人都要努力学习。有条件的，要努力学技术，学业务，学理论，造成工人阶级知识分子的新部队。”〔3〕体育是培养社会主义新人的重要内容，健康的体魄是人的全面发展的基础。毛泽东认为“体育一道，配德育与智育，而德智皆寄于体，无体是无德智也”〔4〕，“体者，为知识之载而为道德之寓者也，其载知识也如车，其寓道德也如舍。体者，载知识之车而寓道德之舍也。”〔5〕②又红又专的人。所谓“红”就是有坚定正确的政治方向，是世界观的问题，所谓“专”指有过硬的业务能力，是真本领的问题，二者辩证统一，就是又红又专。对于干部“我们各行各业的干部都要努力精通技术和业务，使自己成为内行，又红又专。”〔6〕对于知识分子，毛泽东在《坚定地相信群众的大多数》中指出：“知识分子要同时是红的，又是专的”。〔7〕③体力劳动和脑力劳动相结合的人，即知识分子劳动化，工农群众知识化，工人农民和知识分子相结合。知识分子“有的只是书本上的知识，还没有参加任何实际活动，还没有把自己学得的知识应用到生活的任何部门里去。像这样的人是否可以算得一个完全的知识分子呢？我

〔1〕《毛泽东文集》（第7卷），人民出版社1999年版，第226页。

〔2〕《毛泽东文集》（第7卷），人民出版社1999年版，第226页。

〔3〕《建国以来重要文献选编》（第10册），中央文献出版社1994年版，第491页。

〔4〕中共中央文献研究室、中共湖南省委《毛泽东早期文稿》编辑组编：《毛泽东早期文稿1912.6—1920.11》，湖南出版社1990年版，第66~67页。

〔5〕中共中央文献研究室、中共湖南省委《毛泽东早期文稿》编辑组编：《毛泽东早期文稿1912.6—1920.11》，湖南出版社1990年版，第67页。

〔6〕《毛泽东文集》（第7卷），人民出版社1999年版，第309页。

〔7〕《毛泽东选集》（第5卷），人民出版社1977年版，第489页。

以为很难，因为他的知识还不完全”[1]。而工人农民“他们须知自己的知识是偏于感性的或局部的，缺乏理性的知识和普遍的知识，就是说，缺乏理论，他们的知识也是比较地不完全”[2]。毛泽东认为，必须“使工农干部的知识分子化和知识分子的工农群众化，同时实现起来”[3]。这样结合的新型劳动者才是全面发展的人。

第三，主张“教育与生产劳动相结合”，发展了马克思教劳结合的原则。毛泽东把教育与生产劳动相结合作为培养全面发展的新人的根本途径，他多次强调了这种方式：“苏维埃文化教育的总方针在什么地方呢？在于以共产主义的精神来教育广大的劳苦民众，在于使文化教育为革命战争与阶级斗争服务，在于使教育与劳动联系起来，在于使广大中国民众都成为享受文明幸福的人。”[4]“那里的学校有的搞了勤工俭学，学生学习成绩好，升学的很多；有的没有搞勤工俭学，学生学得不好，升学的少。”[5]教育与劳动相结合，使受教育者参加实践，不断提高实践能力，也使劳动者接受教育，不断提高理论水平，理论与实际并重，才能培养全面发展的人。因此，教育与生产劳动相结合不仅是促进人的全面发展的根本途径，也是推进中国社会主义教育事业发展的重要途径。

（三）邓小平关于人的全面发展的理论突破

邓小平人的全面发展理论，是马克思人的全面发展思想与当代中国实际相结合的产物，是毛泽东人的全面发展思想的继承和发展，深刻体现了马克思主义理论与时俱进的特征，是社会主义初级阶段关于人的全面发展的总纲领。邓小平在人的全面发展问题上的理论突破主要表现在：把人的全面发展纳入社会主义本质的内容，明确了社会主义初级阶段人的全面发展的具体目标即培养“四有”新人，

---

〔1〕《毛泽东选集》（第3卷），人民出版社1991年版，第816页。
〔2〕《毛泽东选集》（第3卷），人民出版社1991年版，第818页。
〔3〕《毛泽东选集》（第2卷），人民出版社1991年版，第619~620页。
〔4〕毛泽东：《毛泽东同志论教育工作》，人民教育出版社1958年版，第15页。
〔5〕毛泽东：《毛泽东同志论教育工作》，人民教育出版社1958年版，第45页。

强调教育与劳动相结合的发展途径。

第一，邓小平的社会主义本质论不仅是对马克思主义理论的重大发展，而且具有深刻的人学意义。1992年邓小平在武昌、深圳、珠海、上海等地的谈话（南方谈话）中，对社会主义本质进行了科学的概括："社会主义的本质，是解放生产力，发展生产力，消灭剥削，消除两极分化，最终达到共同富裕"〔1〕。这一理论包含了深刻的人的全面发展思想。其一，解放生产力，发展生产力是实现人的全面发展的物质基础。解放生产力和发展生产力是社会主义应有之义，解放生产力就是排除阻碍生产力发展的各种束缚，发展生产力就意味着人类社会创造的物质生产生活资料的日益丰富。"社会主义阶段的最根本任务就是发展生产力。社会主义的优越性就是体现在它的生产力要比资本主义发展得更高一些、更快一些。"〔2〕但解放和发展生产力的最终目的是促进人的全面发展，人的全面发展也只有在生产力发展到一定阶段，具有一定物质基础，才能进行自身的不断发展。因此，"社会主义的优越性就是要逐步发展生产力，逐步改善人民的物质、文化生活。"〔3〕其二，消灭剥削，消除两极分化，最终达到共同富裕是实现人的全面发展的社会条件。马克思指出，在共产主义社会里"每个人的自由发展是一切人的自由发展的条件"〔4〕。这就意味着人的全面发展不是少数人的发展，而是每一个人的平等发展，但这种发展只有在解放和发展生产力的基础上，逐步地消灭剥削，消除两极分化，实现共同富裕才能实现。只有消灭剥削，由社会占有生产资料，人们才能将生产条件置于自己的控制之下，从而成为自然和社会的主人。只有消灭两极分化、实现共同富裕，才能为每一位社会成员提供共同的发展条件，使每一个人的发展相一致。所以邓小平一再强调"社会主义要消灭贫穷。贫穷不

〔1〕《邓小平文选》（第3卷），人民出版社1993年版，第373页。

〔2〕《十一届三中全会以来重要文献选读》（下册），人民出版社1987年版，第756页。

〔3〕《十二大以来重要文献选编》（中），人民出版社1986年版，第513页。

〔4〕《马克思恩格斯选集》（第1卷），人民出版社1995年版，第294页。

是社会主义，更不是共产主义”[1]。“社会主义的目的就是要全国人民共同富裕，不是两极分化。如果我们的政策导致两极分化，我们就失败了；如果产生了什么新的资产阶级，那我们就真是走了邪路了。我们提倡一部分地区先富裕起来……是为了使先富裕起来的地区帮助落后的地区更好地发展起来。提倡人民中有一部分人先富裕起来，也是同样的道理。”[2]要一部分先富裕的人帮助没有富裕的人，共同富裕，而不是两极分化。

第二，邓小平提出的“四有”新人理论，不仅是社会主义精神文明建设的根本任务，也是人的全面发展理论在社会主义初级阶段的具体目标。1986年党的十二届六中全会通过的《中共中央关于社会主义精神文明建设指导方针的决议》指出：“社会主义精神文明建设的根本任务，是适应社会主义现代化建设的需要，培育有理想、有道德、有文化、有纪律的社会主义公民，提高整个中华民族的思想道德素质和科学文化素质。”[3]由此可见，决议中明确了培养“四有”新人是社会主义精神文明建设的根本任务。“有理想”，是指有共产主义的远大理想和社会主义的现实理想。“我们一定要经常教育我们的人民，尤其是我们的青年，要有理想。为什么我们过去能在非常困难的情况下奋斗出来，战胜千难万险使革命胜利呢？就是因为我们有理想，有马克思主义信念，有共产主义信念。”[4]而社会主义现实理想是指社会主义现代化。“有道德”，既包括共产主义道德，也包括社会主义道德。“社会主义道德建设要以为人民服务为核心，以集体主义为原则，以爱祖国、爱人民、爱劳动、爱科学、爱社会主义为基本要求，开展社会公德、职业道德、家庭美德教育，在全社会形成团结互助、平等友爱、共同前进的人际关系。”[5]而共产主义道德是社会主义道德的最高要求、最高层次，这就是“全

[1]《邓小平文选》（第3卷），人民出版社1993年版，第63页。
[2]《邓小平文选》（第3卷），人民出版社1993年版，第110页。
[3]《十一届三中全会以来重要文献选读》（下册），人民出版社1987年版，第1155页。
[4]《邓小平文选》（第3卷），人民出版社1993年版，第110页。
[5]《十四大以来重要文献选编》（下），人民出版社1999年版，第2056页。

心全意为人民服务”“大公无私”“毫不利己、专门利人”“一不怕苦、二不怕死”等。[1]“有文化”，是指科学文化素质。邓小平指出“科学技术是第一生产力”，是现实社会主义现代化的关键。只有广大劳动人民掌握了先进的科学文化知识，才能在现代化的生产中发挥更大的作用，创造比资本主义更高的劳动生产率，实现富强、民主、文明的社会主义现代化国家。“有纪律”，不仅是指要自觉遵守国家法律，也要遵守党的纪律，不仅要有法制观念，同时也要有正确的组织纪律观念。“共产党员一定要严格遵守党的纪律。无论是不是党员，都要遵守国家的法律，对于共产党员来说，党的纪律里就包括这一条。遵守纪律的最高标准，是真正维护和坚决执行党的政策，国家的政策。”[2]

第三，邓小平继承和发展了马克思、毛泽东的教育与生产劳动相结合的思想，并把培养适应科学技术发展的合格人才作为教育与生产劳动相结合的目的，从而对马克思主义“教劳结合”的认知达到了一个新的高度。邓小平说：“马克思、恩格斯、列宁和毛泽东同志都非常重视教育与生产劳动的结合，认为在资本主义社会里这是改造社会的最强有力的手段之一；在无产阶级取得政权之后，这是培养理论与实际结合、学用一致、全面发展的新人的根本途径，是逐步消灭脑力劳动和体力劳动差别的重要措施。”[3]“为了培养社会主义建设需要的合格人才，我们必须认真研究在新的历史条件下，如何更好地贯彻教育与生产劳动相结合的方针”[4]，在此指明了新时期“教劳结合”的目的是为了培养合格人才。

（四）江泽民关于人的全面发展的理论创新

江泽民从我国已经进入全面建设小康社会的新阶段的实际出发，

---

〔1〕《邓小平文选》(第2卷)，人民出版社1994年版，第367页。

〔2〕《邓小平文选》(第3卷)，人民出版社1993年版，第112页。

〔3〕《邓小平文选》(第2卷)，人民出版社1994年版，第107页。

〔4〕宁克强、魏茹芳：《人类文明的呼唤——马克思主义人的全面发展思想的当代审视》，河北人民出版社2009年版，第189~190页。

丰富和发展了马克思、毛泽东、邓小平的人的全面发展的思想，对其进行了新的审视，提出了新的理论创新，使我们对人的全面发展的认识提升到了一个新的境界。

第一，第一次把人的全面发展问题提升到“社会主义新社会的本质要求”的高度，是对马克思共产主义本质论和邓小平社会主义本质论的进一步升华，是对马克思主义的创造性运用和发展，对我国建设有中国特色社会主义具有重大意义。马克思指出未来的理想社会即共产主义社会是“代替那存在着阶级和阶级对立的资产阶级旧社会的，将是这样一个联合体，在那里，每个人自由发展是一切人的自由发展的条件”〔1〕，是“以每个人的全面而自由的发展为基本原则的社会形式”〔2〕。由此可见，人的全面发展是共产主义社会的本质规定和最高原则。马克思在《哥达纲领批判》又提出了共产主义社会两个阶段的理论。根据这个理论，共产主义分为两个阶段：第一阶段是共产主义的初级阶段即社会主义社会，在这一阶段还不充分具备实现全体社会成员全面发展的条件；第二阶段是共产主义的高级阶段，这一阶段全体社会成员的全面发展才最终从理想变为现实。因此，社会主义作为共产主义的初级阶段，人的全面发展也应是其价值目标和本质要求。人的全面发展还将我国的最高纲领和最低纲领统一起来，江泽民指出：“一个政党的纲领就是一面旗帜。在革命、建设和改革的各个历史阶段中，我们党既有每个阶段的基本纲领即最低纲领，也有确定长远奋斗目标的最高纲领。我们是最低纲领与最高纲领的统一论者。”〔3〕党的最高纲领即理想层面的人的全面发展是“共产主义社会，将是物质财富极大丰富，人民精神境界极大提高，每个人自由而全面发展的社会”〔4〕。党的最低纲领

〔1〕《马克思恩格斯选集》（第1卷），人民出版社1995年版，第294页

〔2〕《马克思恩格斯全集》（第23卷），人民出版社1972年版，第649页。

〔3〕江泽民：《在庆祝中国共产党成立八十周年大会上的讲话》，人民出版社2001年版，第41页。

〔4〕江泽民：《在庆祝中国共产党成立八十周年大会上的讲话》，人民出版社2001年版，第41页。

即现实层面的人的全面发展是“我们建设有中国特色社会主义的各项事业，我们进行的一切工作，既要着眼于人民现实的物质文化生活需要，同时又要着眼于促进人民素质的提高，也就是要努力促进人的全面发展”〔1〕。最高纲领强调的是“每个人自由而全面发展”，而最低纲领则强调“努力促进人的全面发展”，最高纲领和最低纲领相统一，使得人的全面发展从共产主义延伸到社会主义初级阶段。江泽民提出的人的全面发展理论，进一步深化和丰富了邓小平的社会主义本质论。邓小平提出，“社会主义的本质，是解放生产力，发展生产力，消灭剥削，消除两极分化，最终达到共同富裕”〔2〕。这一本质论具有深刻的人学意义，无论是解放和发展生产力还是消灭剥削、消除两极分化、实现共同富裕，其实质目的是为了人的全面发展。江泽民把人的全面发展界定为社会主义本质，其实是将邓小平社会主义本质论中隐含的人学意义彰显出来，变为显性的对人的全面发展的追求。

第二，江泽民在“三育两有”和“四有”新人的基础上创造性地提出，“促进人民素质的提高，也就是要努力促进人的全面发展”，把人的素质的提高作为人的全面发展在现阶段的具体目标。什么是人的素质？江泽民同志在第三次全国教育工作会议上的讲话中关于努力造就有理想、有道德、有文化、有纪律的，德育、智育、体育、美育等全面发展的社会主义事业建设者和接班人的提法，对人的素质作了更为全面的科学的规定。〔3〕由此可见，人的素质是指人的思想道德素质、科学文化素质、身体素质和审美素质。在当代中国，最重要的素质是思想道德素质、科学文化素质。正如江泽民在《在庆祝中国共产党成立八十周年大会上的讲话》中指出：“努力提高全民族的思想道德素质和科学文化素质，实现人们思想和精神生活的全

〔1〕 江泽民：《在庆祝中国共产党成立八十周年大会上的讲话》，人民出版社 2001 年版，第 42~43 页。

〔2〕《邓小平文选》（第 3 卷），人民出版社 1993 年版，第 373 页。

〔3〕 袁贵仁：《人的全面发展学说的新境界——学习江泽民同志“七一”重要讲话的体会》，载《中国高等教育》2001 年第 17 期，第 4 页。

面发展”[1]，“不断提高工人、农民、知识分子和其他劳动群众以及全体人民的思想道德素质和科学文化素质，不断提高他们的劳动技能和创造才能，充分发挥他们的积极性主动性创造性，始终是我们党代表中国先进生产力发展要求必须履行的第一要务。”[2]思想道德素质和科学文化素质的共同提高，不断促进人们思想和精神生活的发展，为我国经济发展和社会进步提供精神动力和智力支持。身体素质和审美素质也促进人的身心健康发展，在人的全面发展中占据重要地位。

第三，第一次把人的全面发展提升到与社会物质文化发展并列的高度，两者互为前提和基础。江泽民对人的全面发展与社会物质文化发展的辩证关系进行了科学揭示和高度概括，“人越全面发展，社会的物质文化财富就会创造得越多，人民的生活就越能得到改善，而物质文化条件越充分，又越能推进人的全面发展。社会生产力和经济文化的发展水平是逐步提高、永无止境的历史过程，人的全面发展程度也是逐步提高、永无止境的历史过程。这两个历史过程应相互结合、相互促进地向前发展。”[3]由此可见，从静态看，人的全面发展与社会物质文化发展互为前提和基础。一方面，人的全面发展是社会物质文化发展的前提和基础，人是社会物质文化发展的主体，人的素质是与他所创造的对象是一致的，人的发展越全面，社会物质文化财富就创造得越多。另一方面，社会物质文化的发展是人的全面发展的前提和基础，社会物质文化发展为人的发展提供了物质的、精神的社会条件，决定并影响着人的全面发展，所以马克思说：“个人怎样表现自己的生活，他们自己就是怎样。因此，他们是什么样的，这同他们的生产是一致的——既和他们生产什么一

[1] 江泽民：《在庆祝中国共产党成立八十周年大会上的讲话》，人民出版社 2001 年版，第 43 页。

[2] 江泽民：《在庆祝中国共产党成立八十周年大会上的讲话》，人民出版社 2001 年版，第 16 页。

[3] 江泽民：《在庆祝中国共产党成立八十周年大会上的讲话》，人民出版社 2001 年版，第 44 页。

致，又和他们怎样生产一致。因而，个人是什么样的，这取决于他们进行生产的物质条件。”[1]从动态看，人的全面发展与社会物质文化发展是相互结合、相互促进、逐步提高、永无止境的历史发展过程。正如人的全面发展只有在全面发展的社会中才能实现一样，社会的全面发展也只能在全面发展的人中获得实现，两者相互结合，共同推进历史发展进程。

二、人的全面发展的科学内涵

人的全面发展是马克思主义理论的最高价值和最终诉求，是社会主义新社会的本质要求，也是现阶段全面建设小康社会的具体目标。这一理论不仅为未来社会的发展指明了方向，也对现阶段建设有中国特色的社会主义具有现实意义。因此，怎么理解人的全面发展，具有重要而深远的意义。马克思主义经典作家对这一理论进行的丰富论述，为我们正确认识这一理论的科学内涵奠定了基础。从逻辑结构看，人的全面发展至少包含三个层次的内容：一是从主体即“人”的角度来理解人的全面发展；二是从“全面”入手来界定人的全面发展；三是从“发展”的角度来研究人的全面发展。

（一）“人”：每一个“现实”的人

马克思主义人的全面发展理论中的“人”是指什么人，这里的“人”并不是抽象的、孤立的概念，而是指“每一个现实”的人，这一方面强调了“人”的普遍性，是每一个人的全面发展，是社会全体成员的普遍发展，不是某个人的全面发展；另一方面强调了“人”的现实性，这种现实性就是实践性，“每一个人”都是从事实践活动的个人。“每一个现实的人”是人的全面发展的主体规定性，也是人的全面发展的基础和出发点。

首先，“人”的普遍性。要理解人的全面发展的内涵，先要弄清楚人的全面发展的主体数量问题，对主体数量的不同认识，直接影

[1] 《马克思恩格斯选集》（第1卷），人民出版社1995年版，第67~68页。

响对人的全面发展概念的理解。关于这一问题，学术界有不同的观点，代表性的有：第一类观点认为人的全面发展是指人类的全面发展，发展的主体是人类；第二类观点认为人的全面发展是指个人的全面发展，发展的主体是个人；第三类观点认为人的全面发展是人类与个人的全面发展，发展的主体是人类与个人的统一。笔者倾向于把主体理解为"每一个人"，因为类的发展只能在"每一个人"中获得实现，必须落实在"每一个人"的发展之中。马克思也多处论述了全面发展的主体是每一个人，"每个人的自由发展是一切人的自由发展的条件"[1]，共产主义是"以每个人的全面而自由的发展为基本原则的社会形式"[2]，每一个人的发展取决于和他直接或间接地进行交往的其他一切人的发展。马克思也指出，在资本主义社会，由于旧式分工的存在，工人终身束缚在一定的操作或工具之上，丧失了全面发展的条件，被排除在发展之外，资本主义社会中人的发展只是少数人的发展，而且由于牺牲了多数人的发展，这些少数人的发展最终也是受到限制的。因此，我们所追求的人的全面发展不是单个人的或某些人的发展，而是每一个人的全面发展。

其次，"人"的现实性。"每一个人"的全面发展只是强调了发展主体的普遍性，还不能说明主体的特性，"每一个人"是什么样的个人，这样的个人就是现实的个人，也就是实践的个人。"现实的个人"是马克思创立的唯物史观的前提，"我们开始要谈的前提不是任意提出的，不是教条，而是一些只有在想象中才能撇开的现实前提。这是一些现实的个人，是他们的活动和他们的物质生活条件，包括他们已有的和由他们自己的活动创造出来的物质生活条件。因此，这些前提可以用纯粹经验的方法来确认。"[3]所以"全部人类历史的第一个前提无疑是有生命的个人的存在"[4]。人的全面发展理论

[1]《马克思恩格斯选集》（第1卷），人民出版社1995年版，第294页。
[2]《马克思恩格斯全集》（第23卷），人民出版社1972年版，第649页。
[3]《马克思恩格斯选集》（第1卷），人民出版社1995年版，第66~67页。
[4]《马克思恩格斯选集》（第1卷），人民出版社1995年版，第67页。

同样是建立在唯物史观的基础之上，所以它的前提和出发点只能是“现实的个人”，这也说明了人的全面发展的基础是个人的全面发展，而不可能是类的全面发展。这些“现实中的个人，也就是说，这些个人是从事活动的，进行物质生产的”〔1〕，说明了这些“现实中的人”是从事实践活动的人。恩格斯进一步补充：“要从费尔巴哈的抽象的人转到现实的、活生生的人，就必须把这些人作为在历史中行动的人去考察。”〔2〕“在历史中行动的人”实际上就是从事实践活动的人，首先是从事物质生活生产实践的人，这是人的第一个历史活动。由此可见，人的全面发展中指的“人”是每一个“现实”的人。

（二）“全面”：从人的本质出发

人的“全面”发展是指人的什么东西在发展，抑或人的什么东西在个人那里获得了发展，这涉及人发展什么的问题。马克思主义人的全面发展思想是与其人的本质紧密联系在一起的，是“人以一种全面的方式，也就是说，作为一个完整的人，占有自己的全面的本质”〔3〕。因此，对人的本质的认识程度决定了对人的全面发展的认识程度，如何理解人的全面发展，必须回到马克思人的本质论。人的本质涉及的是人之所以为人的根据，马克思对这一问题的认识也是一个逐渐深化的过程，主要体现在：首先，马克思指出：“一个种的全部特性、种的类特性就在于生命活动的性质，而人的类特性恰恰就是自由的自觉的活动。”〔4〕这里指出了人区别于动物的根本依据即人的自由自觉的活动，这就是人的类特征。其次，马克思揭示了人的社会本质，“人的本质不是单个人所固有的抽象物。在其现实性上，它是一切社会关系的总和。”〔5〕人总是在活动中结成一定

〔1〕《马克思恩格斯选集》（第1卷），人民出版社1995年版，第71~72页。
〔2〕《马克思恩格斯选集》（第4卷），人民出版社1995年版，第241页。
〔3〕《马克思恩格斯全集》（第42卷），人民出版社1979年版，第123页。
〔4〕《马克思恩格斯全集》（第42卷），人民出版社1979年版，第96页。
〔5〕《马克思恩格斯选集》（第1卷），人民出版社1995年版，第56页。

的社会关系，而人的自由自觉的活动也只有在人们结成的一定社会关系中进行，这种社会关系将不同社会群体中的人区别开来，这就是人的社会本质，它比类本质更深一层地揭示了人的本质的内涵。再次，每一个现实的人总是在一定的社会关系中从事不同的自由自觉的活动，而且每个人的自然天赋是不一样的，所以在活动中总表现出个人与他人的不同，形成自己独特的个性，这就是个人的本质，即自由的个性。最后，人的需要是人们从事自由自觉活动的内在动力，也是人们结成社会关系的内在需求，马克思进而从人的需要角度揭示了人的内在本质，人的需要（即人的本性）和满足需要的方式，把人联系起来，所以人与人之间必然要发生相互关系。总之，人的全面发展就是人的类本质、社会本质、个人本质、内在本质的依次展开，是个人在这些本质方面获得的发展。

1. 人的活动及其能力的全面发展

人是从事实践活动的人，人的全面发展也是活动的全面发展，全面发展所指的活动是自由自觉的活动，而不是所有的活动，动物也有活动，但动物的活动并不具有自由自觉的性质。所谓自由自觉是指有目的的、有计划的，并对必然有一定认识的，这样的活动摆脱了盲目活动和强制活动的缺陷。因此我们说“动物只是按照它所属的那个种的尺度和需要来建造，而人却懂得按照任何一个种的尺度来进行生产，并且懂得怎样处处都把内在的尺度运用到对象上去”〔1〕。人的全面发展表现为人的活动的全面发展，具体体现为活动内容和形式的丰富性和可变动性。一方面，人的活动内容和形式的丰富性。人们可以从事多种活动，可以在多个部门内部发展，是人们改造自然、社会和自身等活动的全面丰富。另一方面，人的活动内容和形式的可变动性。人们不必局限于某一活动，而可以在不同的活动之间以及不同部门的劳动之间进行自由变换，“在共产主义社会里，任何人都没有特殊的活动范围，而是都可以在任何部门内发展，社会

〔1〕《马克思恩格斯全集》（第 42 卷），人民出版社 1979 年版，第 97 页。

调节着整个生产，因而使我有可能随自己的兴趣今天干这事，明天干那事，上午打猎，下午捕鱼，傍晚从事畜牧，晚饭后从事批判，这样就不会使我老是一个猎人、渔夫、牧人或批判者。”〔1〕

人的能力的全面发展是伴随人的活动的全面发展而发展的，人的活动是对象性活动，是人的本质力量即人的能力的展开，所以活动的全面发展必然要求活动能力的全面发展，人的能力也只有在活动中才能形成，是人活动程度的集中体现。人的活动能力首先表现为生产劳动能力，因为生产物质生活资料的劳动是人类历史的第一个活动。人的劳动能力是多方面的，主要包括体力和脑力，“我们把劳动力或劳动能力，理解为人的身体即活的人体中存在的、每当人生产某种使用价值时就运用的体力和智力的总和。”〔2〕

2. 人的社会关系的全面发展

人的自由自觉的活动并不是孤立的进行的，必须借助于一定的社会关系，马克思指出：“孤立的一个人在社会之外进行生产——这是罕见的事”〔3〕，人的活动既依赖于不同时代的人与人之间的关系，也依赖于同时代的人与人之间的关系。因为人们的活动总是在前人积累的物质和精神文明的前提下进行的，不发生与上一代的关系，所有活动都从头开始，这是不现实的；人既是目的，也是手段，每一个人的发展直接或间接地取决于同时代其他个人的发展。因此，社会关系实际上决定了一个人的发展程度，一个人的社会关系越丰富，他的发展就越全面。社会关系的全面发展表现为：一是个人社会关系的丰富和发展。“个人的全面性不是想象的或设想的全面性，而是他的现实关系和观念关系的全面性”〔4〕。这里的现实关系和观念关系是指人们摆脱了个体、分工、地域、民族的局限性，形成了各个方面、各个层次的社会关系，如经济关系、政治关系和法律关

〔1〕《马克思恩格斯选集》(第1卷)，人民出版社1995年版，第85页。
〔2〕《马克思恩格斯全集》(第23卷)，人民出版社1972年版，第190页。
〔3〕《马克思恩格斯全集》(第46卷·上册)，人民出版社1979年版，第21页。
〔4〕《马克思恩格斯全集》(第46卷·下册)，人民出版社1980年版，第36页。

系、文化关系等，以及人与集体、人与他人、人与自身关系的全面生成。二是人对社会关系的占有和控制。社会关系的全面发展不仅体现在高度丰富和充分发展的社会关系上，而且还表现在对社会关系的共同占有和控制上。“全面发展的个人——他们的社会关系作为他们自己的共同的关系，也是服从于他们自己的共同的控制的。”〔1〕这样的人才能从一切关系的束缚中解放出来，变社会关系对人的束缚为人对社会关系的控制，使得社会关系成为人的发展的有利条件，实现对人的本质的占有，从而促进人的全面发展。

3. 人的个性的全面发展

人的个性是指现实的个人在一定的社会关系下从事不同的性质的活动中形成与他人不同的个体特性即人的个体性，包括兴趣、理想、气质、性格、道德等。人的个性的全面发展不仅表现为个人主体性的全面提高，包括人的自觉能动性、创造性和自主性得到全面发展；也表现为个人独特性的增加，每个人都追求各自独特的智力、体力、兴趣、理想、气质、性格、道德等，从而显现着与众不同的差异性，也就是说每一个人是唯一的、不可重复的和不可取代的。马克思认为，在前资本主义社会，人与人之间是依赖关系，个人依附于共同体，共同体是人的活动即社会关系的主体，个人缺乏自主性，个人与个人之间缺乏差异性，个人个性不突出；在资本主义社会，个人以物为基础获得了一定的独立性，带来了人的主体性和差异性的发展，但人的主体性离开了对物的依赖，自由个性也很难形成；只有到共产主义社会，每个人才能成为既有主体性又具特性的自由发展的个人。由此可见，人的自由个性是由“偶然的个人”到“有个性的个人”的历史过程，“有个性的个人与偶然的个人之间的差别，不是概念上的差别，而是历史事实”〔2〕，这也是个人的主体性、能动性、创造性、独特性生成的过程，从而使“人终于成为自己的社会结合的主人，从而也就成为自然界的主人，成为自己本身

〔1〕《马克思恩格斯全集》（第46卷·上册），人民出版社1979年版，第108页。
〔2〕《马克思恩格斯选集》（第1卷），人民出版社1995年版，第122页。

的主人——自由的人"[1]。

4. 人的需要的全面发展

人的需要是人的活动及其社会关系的动力和目的，任何人如果不是为了自己的某种需要，他什么也不会做。先有人的需要，才会引起人的自由自觉的活动，活动是实现人的需要的手段，人们在活动中结成各种各样的社会关系。由于需要是人的内在本质，需要的满足程度代表了人的本质的实现程度，所以人的需要越充分满足，人就越全面发展。需要的全面发展表现在：首先，形成丰富的需要体系。根据马克思的需要理论，第一类的需要是生存需要，"为了生活，首先就需要吃喝住穿以及其他一些东西。因此第一个历史活动就是生产满足这些需要的资料，即生产物质生活本身"[2]。第二类的需要是享受需要，或者说是精神方面更高层次的需要。"马克思发现了人类历史的发展规律，即历来为繁芜丛杂的意识形态所掩盖着的一个简单事实：人们首先必须吃、喝、住、穿，然后才能从事政治、科学、艺术、宗教等等"[3]。人们在生存需要满足的基础上，产生了科学、艺术、宗教等精神方面的需要。第三类需要是发展需要，人的自由全面发展是人的最高层次的需要。马克思指出未来社会人的特性是"建立在个人全面发展和他们共同的社会生产能力成为他们的社会财富这一基础上的自由个性"[4]。其次，人的需要是一个不断运动、发展的历史过程。人们为了生存产生了对物质生活资料的需要，进而产生了满足这些需要的物质生产活动，"已经得到满足的第一个需要本身、满足需要的活动和已经获得的为满足需要而用的工具又引起新的需要。"[5]人的全面发展正是人的需要不断产生和不断满足的永无止境的过程，这种不断产生的需要以及满足这种需要的生产推动着人类不断向前发展。

---

〔1〕《马克思恩格斯全集》(第20卷)，人民出版社1971年版，第710页。
〔2〕《马克思恩格斯选集》(第1卷)，人民出版社1995年版，第79页。
〔3〕《马克思恩格斯选集》(第3卷)，人民出版社1995年版，第776页。
〔4〕《马克思恩格斯全集》(第46卷·上册)，人民出版社1979年版，第104页。
〔5〕《马克思恩格斯选集》(第1卷)，人民出版社1995年版，第79页。

（三）人的全面“发展”

关于人的全面发展，在上文中已经论述了全面发展的主体和内容，涉及谁在发展，发展什么的问题，但还没有说明是“怎样”的发展，人的全面“发展”究竟是什么状态的发展。笔者认为，人的全面发展是一个历史过程，是一个不断由低到高、永无止境的发展过程，在这一过程中体现了全面与自由、理想与现实、物质生活发展与精神生活发展的统一。

1. 全面与自由的统一

“全面发展”并不是指一个人的所有方面都要发展，不能理解为什么都行，什么都可以，更不是指人的平均发展，所有的人都遵从统一的发展模式。人的全面发展是与自由发展相统一的，是在自由基础之上的全面，是自由发展的结果，这意味着每一个全面发展的人获得不受强制性的限制（自然力、社会和他人）而摆脱对物的依赖的自觉自由的发展。人的全面发展内涵必然包含自由的意思，自由是全面发展的基础和前提，人的自由发展意味着人能够认识必然即自然、社会和人自身的发展规律，摆脱外部强加的各种限制，并根据自己的兴趣和爱好自觉地获得多方面的发展，所以只有自由发展的人才能是全面发展的人。同时，全面发展也必然指向自由发展，自由个性是全面发展的目标和价值追求，“建立在个人全面发展和他们共同的社会生产能力成为他们的社会财富这一基础上的自由个性，是第三阶段。”[1]全面发展是具有个性差异的发展，是指个体获得了多方面的发展，这为个体根据自己的兴趣和爱好发展创造和提供了条件，其结果是指向人的自由个性。因此，全面发展并不是指面面俱到和无所不能，而是建立在自由之上的有个性、有差别的全面发展，自由发展必定表现为全面发展，全面发展必然包含自由发展。

2. 理想与现实的统一

人的全面发展是一个自然历史过程，是生产力和生产关系发展

〔1〕《马克思恩格斯全集》（第46卷·上册），人民出版社1979年版，第104页。

的必然结果。它既是理想，是人类不断追求人的完善的信念；也是现实，不同的历史时期人的发展具有不同的历史要求，是理想和现实的统一，是一个逐步提高、永无止境的由现实向理想无限接近的过程。马克思指出，前资本主义社会以“人的依赖关系”为特征，资本主义社会“以物的依赖性为基础的人的独立性”为特征，共产主义社会以“自由个性”为特征，人的发展经历了原始的丰富—片面发展—全面发展的否定之否定的过程，这是一个辩证的过程，是目的性与过程性的统一、绝对性与相对性的统一、可能性与现实性的统一。人的全面发展是一种理想目标，它的实现并不是一次就完成的，而是在漫长的历史过程中一步一步分阶段实现的，经过不同阶段量的积累，最终达到“全面发展”质的飞跃，没有过程性的积累，就不可能有理想目标的实现。人的全面发展作为理想目标，是绝对的，具有终极意义，但在不同的历史时期人的全面发展又是相对的，不同的生产力发展水平对人的发展提出了不同的要求，没有统一的标准，绝对与相对相结合使得人的全面发展既有理想性又具操作性。人的全面发展作为理想目标，是一种可能性，在以自由而全面发展为基本原则的共产主义社会才有可能实现。但是可能性蕴藏在现实性之中，我们所处的时期是包含了可能性的现实阶段，只有立足于现实，努力创造条件，才能使现实性变为可能性。

3. 物质生活发展与精神生活发展的统一

江泽民指出：“我们要在发展社会主义社会物质文明和精神文明的基础上，不断推进人的全面发展。”[1]可见，人的全面发展包括物质生活与精神生活两大领域，两者共同构成了人的全面发展的内容，其中，物质生活发展是精神生活发展的基础和前提，精神生活发展是物质生活发展的方向与归宿。物质生活的发展是人的物质生产力的集中体现，为社会提供了丰富的产品，也为个人提供了发展自己兴趣、爱好、能力的自由时间，是人的全面发展的现实基础。

---

〔1〕 江泽民：《在庆祝中国共产党成立八十周年大会上的讲话》，人民出版社 2001 年版，第 43 页。

但是只有物质生活的发展，人还不能获得全面发展，人是意识存在物，是有由意识活动构成的精神世界，所以人也是精神存在物，精神生活发展是人的全面发展另一重要内容，正如江泽民指出："要努力提高全民族的思想道德素质和科学文化素质，实现人们思想和精神生活的全面发展"[1]。精神生活的全面发展意味着要建设社会主义精神文明，大力发展先进文化，这是建设社会主义的思想动力和精神保证。精神生活的全面发展还能有效促进人的主体性发展，激发人的自主性、能动性和创造性，提升人的文化素质，为物质生活发展提供良好的精神条件。人是物质性存在物和精神性存在物的统一体，物质生活和精神生活的全面发展是人的全面发展的内在要求，也是人的全面发展的重要标志。

综上所述，人的全面发展是指以每一个现实的人为出发点，以人的活动及其能力、社会关系、自由个性、需要为主要内容，通过自由与全面、理想与现实、物质生活发展与精神生活发展的统一来达到全面占有人的本质的一种趋势和过程。

---

〔1〕 江泽民：《在庆祝中国共产党成立八十周年大会上的讲话》，人民出版社2001年版，第43页。

CHAPTER2 第二章

社会主义法治观念教育实现人的全面发展的理论基础和知识借鉴

在人的全面发展的实现过程中，社会主义法治观念教育有着重要的促进作用。要正确把握这种促进作用，必须充分挖掘理论资源，对其进行理论诠释，增强其理论说服力。本章就是要分析马克思主义有关主体性、人的社会化和精神动力等基本理论，这是社会主义法治观念教育实现人的全面发展的积极功能得以成立的理论依据。本章同时还分析了西方人本主义思潮和协同理论，这是社会主义法治观念教育实现人的全面发展的理论借鉴。这些理论旨在从宏观层面对社会主义法治观念教育实现人的全面发展进行理论解析。

第一节　社会主义法治观念教育实现人的全面发展的理论基础

社会主义法治观念教育对人的全面发展的促进作用是有其理论根据的，主体性理论、人的社会化理论和精神动力理论是其马克思主义理论基础。正确认识这些理论基础，对于增强社会主义法治观念教育的有效性，更好地实现人的全面发展，具有推动作用。

一、马克思主义主体性理论

马克思主义主体性理论是马克思主义理论的一个重要研究课题，马克思、恩格斯、毛泽东、邓小平、江泽民都对人的主体性问题进行了深刻阐述，深入探索马克思主义主体性理论，对社会主义法治观念教育实现人的全面发展具有重要启示。

（一）马克思主义主体性理论的诠释

1. 马克思恩格斯的主体性理论

主体性思想在马克思恩格斯的人学理论中占据着重要的地位，是马克思主义哲学中具有重大意义的理论问题。马克思恩格斯在对近代主体性思想的反思中，进行了积极扬弃，在扬弃的过程中确立了自己的主体性理论，形成了丰富的主体性思想，具体表现在以下方面：

（1）科学全面地揭示了主体的不同含义。

主体这一范畴，由于语境的不同含义也不相同。在马克思恩格斯看来，主体可以在三种意义上使用，即本体论意义、认识论意义和历史观意义。首先，本体论意义上的主体，表征的是性质、属性、联系、变化、运动的载体和承担者，是世界的基础和本原，具有独立自存的性质。也就是说，事物发生、变化和发展的主体是具有客观实在性的物质实体，即“物质是一切变化的主体”[1]。本体论意义上的主体并不与客体相对应，而是与本体、实体具有同一性的概念，它与认识论意义上的主体规定具有密切联系，是其前提和基础。而认识论意义上的主体规定取决于本体意义上对“思维和存在、精神和物质何为本原”问题的回答。其次，认识论意义上的主体，表征的是认识活动的承担者，是同作为被认识者的客体相对应的认识者。“主体是人，客体是自然”[2]，就是主体和客体在认识论意义上的使用。认识论意义上的主体必须与客体相对应、相联系，一方的存在以另一方的存在为前提，一方的发展以另一方的发展为条件。马克思恩格斯批判了唯心主义先验的认识主体性的思想，也批判了旧唯物主义不承认认识主体性的思想，把实践的观点引入认识论，

---

〔1〕《马克思恩格斯文集》（第1卷），人民出版社2009年版，第332页。

〔2〕《马克思恩格斯选集》（第2卷），人民出版社1995年版，第3页。

提出了在实践基础上的认识主体性的思想，人首先是实践主体，同时又是认识主体，是作为实践主体和认识主体的统一。马克思的认识主体性思想集中表现在《关于费尔巴哈的提纲》的第一条中："从前的一切唯物主义（包括费尔巴哈的唯物主义）的主要缺点是：对对象、现实、感性，只是从客体的或者直观的形式去理解，而不是把它们当作感性的人的活动，当作实践去理解，不是从主体方面去理解。因此，和唯物主义相反，能动的方面却被唯心主义抽象地发展了，当然，唯心主义是不知道现实的、感性的活动本身的。"[1]恩格斯在《自然辩证法》中也阐述了与马克思一致的主体性思想："自然科学和哲学一样，直到今天还全然忽视人的活动对人的思维的影响；它们在一方面只知道自然界，在另一方面又只知道思想。但是，人的思维的最本质的和最切近的基础，正是人所引起的自然界的变化，而不仅仅是自然界本身；人在怎样的程度上学会改变自然界，人的智力就在怎样的程度上发展起来。因此，自然主义的历史观，如德雷帕和其他一些自然研究家都或多或少持有的这种历史观是片面的，它认为只是自然界作用于人，只是自然条件到处决定人的历史发展，它忘记了人也反作用于自然界，改变自然界，为自己创造新的生存条件。"[2]最后，历史观意义上的主体，即人是社会历史的主体，对历史的变革、创造和发展始终起着决定性的作用。马克思和恩格斯合著的第一部著作《神圣家族》中强调："创造这一切、拥有这一切并为这一切而斗争的，不是'历史'，而正是人，现实的、活生生的人。'历史'并不是把人当做达到自己目的的工具来利用的某种特殊的人格。历史不过是追求着自己目的的人的活动而已。"[3]

（2）唯物辩证地阐明了主体性的基本属性。

马克思恩格斯从本体、实践和历史的三重维度，进一步揭示了

[1]《马克思恩格斯选集》（第1卷），人民出版社1995年版，第54页。
[2]《马克思恩格斯选集》（第4卷），人民出版社1995年版，第329页。
[3]《马克思恩格斯全集》（第2卷），人民出版社1957年版，第118~119页。

人的主体性的基本属性，即主体性的物质本体性、实践基础性和历史生成性。首先，人的主体性具有物质本体性。马克思恩格斯的主体性理论是建立在“世界的统一性在于它的物质性”原理基础上的，以此为指导思想，论述了主体性形成和发展的物质基础，即具有主体性的人及其活动、意识都是自然界长期发展的产物，他们不是从来就有的，而是在一定的物质基础上形成和发展起来。如马克思多次强调：“人是自然的、肉体的、感性的、对象性的存在物”〔1〕，“人直接地是自然存在物。”〔2〕其次，人的主体性具有实践基础性。人的主体性只有在人作为主体处理自身同外部世界的关系的对象性活动（即实践活动）中才能表现出来。也就是说，人的主体性并非是与生俱来的，它是在实践活动中生成的，是实践活动造就了人的主体性，并随着实践活动的发展而不断提高。正如马克思所说：“生产不仅为主体生产对象，而且也为对象生产主体”〔3〕。主体在改造、创造客体的同时，也改造、创造了新的主体，并赋予其主体性。最后，人的主体性具有历史生成性。人是一种历史性存在，人“不是力求停留在某种已经变成的东西上，而是处在变易的绝对运动之中”〔4〕，人的主体性也是历史地生成的，是历史的产物。人的主体性不是封闭的和绝对的，是在历史过程中面向未来无限可能性不断生成的。因此，马克思在批判费尔巴哈的直观性时说：“他周围的感性世界决不是某种开天辟地以来就直接存在的、始终如一的东西，而是工业和社会状况的产物，是历史的产物，是世世代代活动的结果。”〔5〕

（3）全面深刻地阐释了主体性的基本特点。

人的主体性是人与客体在对象性活动中所表现出来的一种支配地位、主动态势和能动作用，表征了主体对客体把握或占有的力量

〔1〕《马克思恩格斯全集》（第42卷），人民出版社1979年版，第167页。
〔2〕《马克思恩格斯全集》（第42卷），人民出版社1979年版，第167页。
〔3〕《马克思恩格斯选集》（第2卷），人民出版社1995年版，第10页。
〔4〕《马克思恩格斯全集》（第46卷·上册），人民出版社1979年版，第486页。
〔5〕《马克思恩格斯选集》（第1卷），人民出版社1995年版，第76页。

和程度，表明了主体性具有自主性、能动性和创造性的特点。首先，主体性是一种自主性。自主性是对依赖性的扬弃。人作为一种客观存在物，对外部世界具有一定的依赖性。但是人并不是消极地依赖，而是依靠自己的本质力量，按照自己的需要，掌握外部世界，自己决定自己的命运，保障自己的生存和发展。因此，马克思认为："只有人才给自然界打上自己的印记，因为他们不仅变更了植物和动物的位置，而且也改变了他们所居住的地方的面貌、气候，他们甚至还改变了植物和动物本身，使他们活动的结果只能和地球的普遍死亡一起消失"。〔1〕其次，主体性是一种能动性。能动性是对受动性的扬弃。在对象性活动中，客体不会自动地满足人的需要，人为了实现自己的目的，必须能动地驾驭客体，满足自身需要。马克思指出："主体不是以纯粹自然的，自然形成的形式出现在生产过程中，而是作为支配一切自然力的那种活动出现在生产过程中"〔2〕，这种支配一切自然力的活动，就是人的能动活动，是人的能动性的体现。最后，主体性是一种创造性。人作为主体所进行的自主性、能动性的活动，创造性地满足了人的生存和发展的需要，本质上是一种创造性的活动，所以马克思说，"劳动是积极的、创造性的活动。"〔3〕

2. 毛泽东、邓小平和江泽民的主体性思想

毛泽东、邓小平和江泽民对马克思人的主体性问题十分重视，他们立足于中国国情，立足于当代中国人的实践活动来谈主体性问题，继承和发展了马克思主义哲学的主体性思想。

（1）毛泽东的主体性思想。

毛泽东的主体性思想对当代中国人的主体建设仍然具有指导作用，其理论主要体现在他的哲学思想之中，具体表现为：第一，"自觉的能动性"是毛泽东主体性思想的集中体现。毛泽东认为："思想等等是主观的东西，做或行动是主观见之于客观的东西，都是人类

---

〔1〕《马克思恩格斯全集》（第20卷），人民出版社1971年版，第373~314页。

〔2〕《马克思恩格斯全集》（第46卷·下册），人民出版社1980年版，第113页。

〔3〕《马克思恩格斯全集》（第46卷·下册），人民出版社1980年版，第113页。

特殊的能动性。这种能动性，我们名之曰‘自觉的能动性’，是人之所以区别于物的特点。……一切根据于正确思想的做或行动是正确的行动。我们必须发扬这样的思想和行动，必须发扬这种自觉的能动性。”[1]这种“自觉的能动性”也就是马克思所说的“人的本质力量”的展示，是人作为主体作用于客体时所表现出来的属性，既包括认识上的能动性，也包括实践中的能动性。他还进一步分析了人在战争中的主体性问题，“当客观实际具备了变化的可能性，在把可能变为现实的过程中，自觉能动性起决定性的作用；在客观物质条件缺乏或不利的条件下，依靠人的努力，可以以少胜多、以弱胜强、变被动为主动、变劣势为优势。”[2]第二，人民群众是中国革命和建设的主体。毛泽东提出了“人民，只有人民，才是创造世界历史的动力”[3]著名论断，人民群众不仅是实践主体，也是认识主体，还是历史的主人，在历史发展中发挥着重要作用。正基于此，我们党提出了“一切为了群众，一切依靠群众，从群众中来，到群众中去”的群众路线，并将其作为党的三大作风之一。

（2）邓小平的主体性思想。

邓小平是在总结中国几十年的经验教训，结合中国特色的社会主义建设实践的基础上，通过对实际问题的分析，阐述其主体性思想的。这是具有中国特色的主体性思想，体现了时代精神，是马克思主义主体性理论在中国条件下的具体化，表现在：第一，发挥主体的自主性，走自己的路，发展自己。我国“处在社会主义的初级阶段，就是不发达的阶段。一切都要从这个实际出发，根据这个实际来制订规划”[4]。因此，我国要建设和发展社会主义，既不能照搬马克思关于社会主义的一般论述，也不能照搬其他国家的经验和

---

〔1〕《毛泽东选集》（第2卷），人民出版社1991年版，第477页。

〔2〕杨魁森：《论毛泽东哲学的主体性思想》，载《吉林大学社会科学学报》1993年第6期，第3页。

〔3〕《毛泽东选集》（第3卷），人民出版社1991年版，第1031页。

〔4〕《邓小平文选》（第3卷），人民出版社1993年版，第252页。

模式，必须“按照中国的情况来办，要依靠中国人自己的力量来办”〔1〕。也就是要把马克思主义的普遍原理与我国的具体实践相结合，走自己的路，建设有中国特色的社会主义，这是邓小平自主性思想的集中体现。第二，发挥主体的能动性，解放思想，破除僵化。思想僵化就是思想禁锢于习惯势力和主观偏见中，禁锢于旧的条条框框中，一切从“本本”或上级指示出发，它严重地束缚了主体能动性的发挥，“现在，有右的东西影响我们，也有‘左’的东西影响我们，但根深蒂固的还是‘左’的东西。”〔2〕“解放思想，是指在马克思主义指导下打破习惯势力和主观偏见的束缚，研究新情况，解决新问题。”〔3〕解放思想就是为了打破精神禁锢，破除思想僵化，为人的主体性提供必要的精神条件，增强主体能动性。第三，发挥主体的创造性，敢闯敢冒。建设有中国特色的社会主义没有现存的经验可循，一切要靠自己在实践中不断探索、创新和总结，要有敢闯敢冒的精神，“改革开放胆子要大一些，敢于试验，不能像小脚女人一样。看准了的，就大胆地试，大胆地闯。深圳的重要经验就是敢闯。没有一点闯的精神，没有一点‘冒’的精神，没有一股气呀、劲呀，就走不出一条好路，走不出一条新路，就干不出新的事业。”〔4〕

(3) 江泽民的主体性思想。

江泽民的主体性思想集中体现在“三个代表”的重要思想中，强调了人民群众是实践主体和价值主体的统一。江泽民指出：“人民群众是先进生产力和先进文化的创造主体，也是实现自身利益的根本力量。不断发展先进生产力和先进文化，归根结底都是为了满足人民群众日益增长的物质文化生活需要，不断实现最广大人民的根本利益。”〔5〕这说明人民群众既是创造先进生产力和先进文化的实

〔1〕《邓小平文选》(第3卷)，人民出版社1993年版，第3页。
〔2〕《邓小平文选》(第3卷)，人民出版社1993年版，第375页。
〔3〕《邓小平文选》(第2卷)，人民出版社1994年版，第279页。
〔4〕《邓小平文选》(第3卷)，人民出版社1993年版，第372页。
〔5〕《光荣属于中国共产党和中国人民——庆祝中国共产党成立80周年》，载《人民日报》2001年7月1日，第1版。

践主体，又是实现自身根本利益的价值主体，而且人民群众通过社会实践创造先进生产力和先进文化，归根到底是为了满足自身的物质文化需要，实现自身的物质利益和精神利益。“三个代表”重要思想的出发点和归宿是“代表最广大人民的根本利益”，强调了价值主体的重要性，江泽民指出：“我们党要始终代表中国最广大人民的根本利益，就是党的理论、路线、纲领、方针、政策和各项工作，必须坚持把人民的根本利益作为出发点和归宿，充分发挥人民群众的积极性、主动性、创造性，在社会不断发展进步的基础上，使人民群众不断获得切实的经济、政治、文化利益。”[1]

（二）主体性理论：社会主义法治观念教育实现人的全面发展的理论依据之一

主体性是“作为主体的社会的人，在同外部世界发生多重关系而形成的活动系统结构中对客体所表现出来的一种主体势作用”[2]。人的主体性对人的本质力量的发挥和个体的全面发展起着很重要的作用。一方面，人的主体性是人的全面发展的主体条件。人的全面发展不仅需要具备外部条件或客体条件，如生产力和生产关系的发展，它为人的全面发展提供了可能性，同时还需要具备内在条件或主体条件，也就是人对自身全面发展具有主体性，作为主体的人把自己及其发展当作客体来认识和改造，它为人的全面发展提供了现实性。马克思指出，“个人的全面发展，只有到了外部世界对个人才能的实际发展所起的推动作用为个人驾驭的时候，才不再是理想、职责等等。”[3]这说明在客体条件相对丰富的情况下，人的全面发展由可能性变为现实性更多地取决于主体自身的条件。人的主体性越充分发挥，就越能有效利用外部条件去发展自身，反之，人的主体性发挥水平越低，其在自身全面发展上越感到无能。另一方面，人的主体性是人的全面发展的重要内容。人的全面发展是人的活动

[1]《江泽民文选》（第3卷），人民出版社2006年版，第279页。
[2] 陈志尚主编：《人学原理》，北京出版社2005年版，第145页。
[3]《马克思恩格斯全集》（第3卷），人民出版社1960年版，第330页。

能力、社会关系、个性和需要诸方面的自由而充分的发展，每一项的实现都是以人的主体性的发挥和发展为基础的。只有充分发挥个体的主体性，才能提升人的活动能力、丰富和占有社会关系、解放个性以及满足自身需要。人的全面发展与人的主体性的发挥紧密联系，没有人的主体性的充分发挥，人的全面发展也就难以实现。因此，马克思主义的主体性理论告诉我们，在实现人的全面发展的过程中，要充分发挥人的主体性，只有这样，才能更好地实现人的全面发展。

社会主义法治观念教育对人的主体性的培育具有积极作用，由此推动人的全面发展不断得以实现。第一，社会主义法治观念教育培育了主体精神。主体精神是人们主动认识和完善自身，主动认识和改造客观世界的意识力量，是发挥人的主体性的内在动力，体现为自尊、自强、自爱、自立、自主的意识。社会主义法治观念教育培育了人的主体精神，就是培养了人的独立自主的自主精神，相互尊重的平等精神，互助合作的契约精神，勇于开拓的创新精神，投身于社会主义民主建设的主人翁精神。第二，社会主义法治观念教育塑造了价值主体。价值主体就是通过实践自身需要获得满足、自身利益得到实现的主体。价值主体对人的主体性的发挥具有重要的激励作用。社会主义法治观念教育就是通过提高人的法治观念，提升人的法律素质，增强人的法律觉悟，从而引导人们认识自己的合法权益，调动人们的积极性、主动性和创造性，使人们的利益获得实现、需要获得满足，进而形成价值主体。社会主义法治观念教育说到底就是要教育人们认识自己的合法权益，为实现自己的权益而奋斗，它对人们实现自身利益具有动员、组织和推动的积极作用。毛泽东强调："马克思列宁主义的基本原则，就是要使群众认识自己的利益，并且团结起来，为自己的利益而奋斗。"[1]社会主义法治观念教育就是以马克思主义理论为指导，以人为价值主体，教育人

[1] 《毛泽东选集》(第4卷)，人民出版社1991年版，第1318页。

们要维护好自己的基本权利，实现自身利益，充分凸显了其塑造价值主体的积极作用。第三，社会主义法治观念教育提升了人的主体能力。主体能力是“作为主体的人所具有的为了满足自己的社会需要而在一定社会关系中从事对象性活动的内在可能性”[1]。它表征的是作为主体的人所具有的认识和改造世界的内在力量，主要包括认识能力和实践能力，它是人的本质力量的展现，直接影响主体活动的顺利进行。社会主义法治观念教育提升了人的主体能力，一方面，它提高了人的认识能力，通过培养社会主义法治观念，增强了人们对外部社会规范对自身发展影响的判断和鉴别能力；另一方面，通过提高认识能力带动了实践能力的发展，为实践活动提供了观念指导。

综上所述，在实现人的全面发展过程中，需要充分发挥人的主体性，而社会主义法治观念教育对主体精神、价值主体、主体能力的培育具有积极作用，因此，有必要引入主体性理论，坚持以主体性理论为指导，不断增强社会主义法治观念教育实现人的主体性的有效性，进而更好地实现人的全面发展。因此，主体性理论成了社会主义法治观念教育实现人的全面发展的理论依据。

二、马克思主义人的社会化理论

人的社会化问题，是人类社会共同面临的、需要不断解决的重要问题，也是在理论上值得深入探讨的问题。马克思与恩格斯较早提出人的社会化及其本质的问题，形成了丰富的理论思想。我们深入研究马克思主义人的社会化理论，对社会主义法治观念教育实现人的全面发展具有重要意义。

（一）马克思主义人的社会化理论的诠释

西方学者对人的社会化理论已有诸多论述，但他们都没有揭示出人的社会化的根本和实质所在。马克思和恩格斯揭示了人的社会

[1] 黄楠森主编：《人学原理》，广西人民出版社2000年版，第258页。

化的本质，深入分析了人的社会化的内在依据、实现途径、最高目标等重要理论问题。

1. 人的本质是人的社会化的内在根据

马克思恩格斯把人的社会化问题与人的社会本质联系起来，提出了“人的社会化即人的本质的社会化”的观点，也就是说人的社会化过程就是人的本质的形成和实现过程，揭示了人的社会化的内在根据和本质所在。马克思在《关于费尔巴哈的提纲》中明确指出，“人的本质不是单个人所固有的抽象物，在其现实性上，它是一切社会关系的总和”〔1〕。这说明了人的本质既不是人的自然特征即人的胡子、血液和抽象的肉体，也不是费尔巴哈所说的是人的“一种内在的、无声的、把许多个人自然地联系起来的普遍性”〔2〕，而是指人在现实生活中获得的社会关系和“社会”特征。因此，马克思说：“旧唯物主义的立脚点是市民社会；新唯物主义的立脚点则是人类社会或社会的人类。”〔3〕也就是说旧唯物主义把“市民社会”中的个人理解为单个的直观的个人，而新唯物主义则把个人理解为现实的实践的个人。马克思在《〈政治经济学批判〉导言》中再次强调：“人是最名副其实的政治动物，不仅是一种合群的动物，而且是只有在社会中才能独立的动物。”〔4〕人的本质就是人的社会本质，它是在特定的社会关系中存在和体现出来，人要实现自身的社会本质就必须建立起与他人的多方面、多层次的社会关系，必然要求人处在一定的社会关系之下，也就是需要人的社会化，社会化正是个人之间联系的普遍化、整体化，所以人的本质的实现和人的社会化是同一过程，人的“社会本质”是在社会化过程中获得的。具体地说，人的类本质是在社会化的实践活动、在社会历史发展过程中不断形成和实现的，个体的本质也是在社会实践的发展中、在社会化过程

〔1〕《马克思恩格斯选集》（第1卷），人民出版社1995年版，第56页。
〔2〕《马克思恩格斯选集》（第1卷），人民出版社1995年版，第56页。
〔3〕《马克思恩格斯选集》（第1卷），人民出版社1995年版，第57页。
〔4〕《马克思恩格斯选集》（第2卷），人民出版社1995年版，第2页。

中生成和实现的。总之，人的社会本质是人的社会化的内在根据，是社会化的核心，人的社会化问题实质是人的社会本质的实现问题。

2. 生产和教育是人的社会化的重要途径

人的社会化是生产社会化的必然要求，生产社会化加速了人的社会化发展。“随着新生产力的获得，人们改变自己的生产方式，随着生产方式即谋生的方式的改变，人们也就会改变自己的一切社会关系。”〔1〕“只有随着生产力的这种普遍发展，人们的普遍交往才能建立起来；普遍交往，一方面，可以产生一切民族中同时都存在着‘没有财产的’群众这一现象（普遍竞争），使每一民族都依赖于其他民族的变革；最后，地域性的个人为世界历史性的、经验上普遍的个人所代替。”〔2〕“社会化了的生产资料”“社会化的生产和劳动”对人的社会化提出了更加迫切的和更高的要求，为了适应这种“社会化的生产和劳动”，人的社会化获得了普遍发展。可见，生产的社会化为人的社会化奠定了坚实的基础，促进了人的社会化。教育也是重要的社会化机制，也促进了人的社会化。马克思非常重视教育的社会化功能，认为“国家通过教育，把个人的目标融入社会一般的目标，使人的本能转化为道德行为，自然的独立性变为精神的自由，由此，个人在社会整体生活中找到自己的位置，并在自己的精神世界中确立社会整体的地位”〔3〕。在《共产主义原理》中指出：“所有的儿童，从能够离开母亲照顾的时候起，都由国家出钱在国家设施中受教育。把教育和生产结合起来。”〔4〕“教育将使年轻人能够很快熟悉整个生产系统，将使他们能够根据社会需要或者他们自己的爱好，轮流从一个生产部门转到另一个生产部门。”〔5〕在《共产党宣言》中再次强调：“对所有儿童实行公共的和免费的教育……把教育

〔1〕《马克思恩格斯选集》（第1卷），人民出版社1995年版，第142页。

〔2〕《马克思恩格斯选集》（第1卷），人民出版社1995年版，第86页。

〔3〕转引自谢维和：《教育活动的社会学分析：一种教育社会学的研究》，教育科学出版社2000年版，第38页。

〔4〕《马克思恩格斯选集》（第1卷），人民出版社1995年版，第240页。

〔5〕《马克思恩格斯选集》（第1卷），人民出版社1995年版，第243页。

同物质生产结合起来。”〔1〕“用社会教育代替家庭教育……共产党人并没有发明社会对教育的作用；他们仅仅是要改变这种作用的性质，要使教育摆脱统治阶级的影响。”〔2〕马克思恩格斯在多处提出了社会化教育（公共教育）的主张，强调了教育对社会化的促进作用。

3. 人的全面发展是人的社会化的最高目标

培养合格的社会成员是社会化的目标，但在不同时期、不同社会有不同的解释。随着人类社会的发展，社会化的目标也进入了一个更高的层次，在马克思看来，人的全面发展是人的社会化的最高目标。马克思把人的全面发展作为共产主义社会成员的成熟标志，把全体成员的全面发展作为共产主义社会的总体标志，列宁也指出：“教育、训练和培养出全面发展的和受到全面训练的人，即会做一切工作的人。共产主义正在向这个目标前进，必须向这个目标前进，并且一定能达到这个目标，不过需要经过许多岁月。”〔3〕人的社会化是要实现人的全面发展的社会化，“生产劳动给每一个人提供全面发展和表现自己全部的即体力的和脑力的能力的机会”〔4〕，“在真正的共同体的条件下，各个人在自己的联合中并通过这种联合获得自己的自由。”〔5〕在人的社会化过程中，人的对象性关系和个人社会关系逐渐生成和丰富，人的多种潜能不断发展，实现了人的全面发展，所以说人的社会化是人的全面发展的途径，人的全面发展是人的社会化的结果和最终目标。离开全面发展来谈人的社会化，或离开社会化来谈人的全面发展，都会造成人的全面发展与生产劳动、集体的脱离，既会使人的社会化片面化，也会使人的全面发展因失去实现条件而成为不可能。

---

〔1〕《马克思恩格斯选集》（第1卷），人民出版社1995年版，第294页。
〔2〕《马克思恩格斯选集》（第1卷），人民出版社1995年版，第290页。
〔3〕《列宁选集》（第4卷），人民出版社1995年版，第159页。
〔4〕《马克思恩格斯选集》（第3卷），人民出版社1995年版，第644页。
〔5〕《马克思恩格斯选集》（第1卷），人民出版社1995年版，第119页。

（二）人的社会化理论：社会主义法治观念教育实现人的全面发展的理论依据之一

人的社会化就是指，“个人学习他所生活其中的那个社会长期积累起来的知识、技能、观念和规范，并把这些知识、技能、观念和规范内化为个人的品格和行为，在社会生活中加以再创造的过程。”[1]它既包括社会学习过程即个人在社会中掌握知识、技能、观念和规范的过程，也包括社会参与过程即个人参与社会生活、再现社会经验的过程。“简言之，人的社会化过程，就是作为一个‘社会学习者’和一个‘社会参与者’的人的全面发展的过程。”[2]人的社会化与人的全面发展密切联系。一方面，人的全面发展离不开人的社会化。只有社会化了的人，才能充分把握全面发展的客观条件和主观条件，才有可能实现其发展。在实现人的全面发展的过程中，其核心问题——活动能力的提升、社会关系的丰富、个性的解放和需要的满足，都只能在社会实践活动中得以实现，都是个人社会化的结果。人在社会化过程中，通过掌握知识、技能、观念和规范，转变为具有社会性质的人，同时不断改造社会，并在改造社会的过程中提升了自身的活动能力、丰富了自身的社会关系、解放了个性、满足了自身的需要，从而不断获得自己的本质，实现人的全面发展。另一方面，人的社会化离不开人的全面发展。人的全面发展为人的社会化指明了方向，是人的社会化的最高目标。社会化对社会成员的最终要求就是不断发挥社会成员的各种潜能，通过社会化实现人的全面发展。

社会主义法治观念教育与人的社会化密切联系，是人的社会化的重要组成部分。具体表现在：第一，社会主义法治观念教育的内容反映了人的社会化的成果，是社会化了的人在法治观念领域的体现。第二，社会化的内容极其广泛、丰富，主要包括性别角色社会

〔1〕 刘豪兴、朱少华：《人的社会化》，上海人民出版社 1993 年版，第 8~9 页。
〔2〕 刘豪兴、朱少华：《人的社会化》，上海人民出版社 1993 年版，第 9 页。

化、道德社会化、政治社会化、法律社会化和心理素质社会化等。社会主义法治观念教育是促进人的法治观念社会化的主要手段，它贯穿于人的基本社会化、预期社会化和再社会化的过程中。第三，社会化的重要任务之一在于培养理想的社会角色，社会主义法治观念教育有利于培养社会成员法律角色意识。第四，社会主义法治观念教育与人的社会化是相辅相成的：社会主义法治观念教育地深入开展有利于促进人的社会化，而人的社会化又为顺利开展社会主义法治观念教育提供了必要的主体条件。

综上所述，在实现人的全面发展过程中，需要充分提升人的社会化，而社会主义法治观念教育能够指导人们学习和掌握一定的社会观念和规范，帮助人们认识、适应和改造社会，逐渐实现人的社会化。因此，有必要引入人的社会化理论，坚持以社会化理论为指导，不断增强社会主义法治观念教育引导人社会化的有效性，进而更好地实现人的全面发展。也因此，人的社会化理论成了社会主义法治观念教育实现人的全面发展的另一科学依据。

三、马克思主义精神动力理论

马克思主义精神动力理论是马克思主义理论的重要组成部分，不同历史时期的马克思主义经典作家从不同的角度对精神动力进行了深入研究，形成了丰富的理论思想。我们深入探讨马克思主义精神动力理论，对社会主义法治观念教育实现人的全面发展具有重要价值。

（一）马克思主义精神动力理论的诠释

马克思主义精神动力理论内容丰富、理论深邃，是由一系列的基本理论构成的理论体系，其中意识能动性理论、精神需要理论、精神转化理论和精神合力理论是其重要的理论内容。

1. 意识能动性理论

人是一种意识存在物，这是人区别于动物的根本特点。马克思指出："动物和自己的生命活动是直接同一的，动物不把自己同自己的生命活动区别开来，它就是自己的生命活动。人则使自己的生命活动本身变成自己意志的和自己意识的对象。他具有有意识的生命活动。这不是人与之直接融为一体的那种规定性。有意识的生命活动把人同动物的生命活动直接区别开来。"〔1〕人的意识具有能动作用，马克思主义认为，存在决定意识，意识反作用于存在，这种反作用体现了意识的能动性，所以意识不是消极的，而是积极的，能够指导人们改造客观世界。马克思认为："蜜蜂建筑蜂房的本领使人间的许多建筑师感到惭愧。但是，最蹩脚的建筑师从一开始就比最灵巧的蜜蜂高明的地方，是他在用蜂蜡建筑蜂房以前，已经在自己的头脑中把他建成了。"〔2〕人是有意识的存在物，人的意识具有能动性，这是产生精神动力的源泉，没有人的意识，没有人意识的能动作用，就不会有精神动力，所以说，意识能动性理论是精神动力理论的逻辑起点。

马克思主义精神动力理论是建立在辩证唯物主义和历史唯物主义的基础之上的，批判了唯心主义和旧唯物主义的精神动力理论，指出："以前所有的历史观，都以下述观念为基础：一切历史变动的最终原因，应当到人们变动着的思想中去寻求，并且在一切历史变动中，最重要的、决定全部历史的又是政治变动。可是，人的思想是从哪里来的，政治变动的动因是什么——关于这一点，没有人发问过。"〔3〕他们"不彻底的地方并不在于承认精神的动力，而在于不从这些动力进一步追溯到它的动因"〔4〕。马克思主义精神动力理论认为，精神是历史发展的动力，但只是直接的动力，而不是最终的动因，最终的动因是物质的东西。物质的经济的动力是间接发生的但是最终起支配作用的动力，精神动力则是由经济因素决定的、

〔1〕《马克思恩格斯选集》（第1卷），人民出版社1995年版，第46页。
〔2〕《马克思恩格斯全集》（第23卷），人民出版社1972年版，第202页。
〔3〕《马克思恩格斯选集》（第3卷），人民出版社1995年版，第334页。
〔4〕《马克思恩格斯选集》（第4卷），人民出版社1995年版，第248页。

具有直接影响的动力。由此可见，马克思主义精神动力理论既是唯物的，也是辩证的，既肯定了人的精神因素在历史发展中的作用，也揭示了隐藏在这些动力后面的真正动力，从而与唯心主义和旧唯物主义的精神动力理论划清了界限。

2. 精神需要理论

人的意识能动性揭示了人与动物的根本区别，说明了意识、精神对人的重要性，它是人的绝对需要。在现实生活中，人的需要是多种多样的，“人以其需要的无限性和广泛性区别于其他一切动物”〔1〕，既包括物质需要，也包括精神需要，而且精神需要是在物质需要满足的基础上形成和发展起来的，并随着物质需要的增长而增长。马克思主义经典作家都非常重视人的精神，如毛泽东提出了“人是要有一点精神的”〔2〕的著名论断，江泽民进一步发展了这一观点，指出：“人总是要有一点精神的。一个民族更要有自己的精神。”〔3〕这说明不仅要满足个人的精神需要，还要满足民族的精神需要。如果人的精神需要不能获得满足，人的精神发展就会受到限制，从而造成人的片面发展，如在资本主义私有制条件下，社会分工致使工人长期从事物质生产活动，缺乏发展精神需要的社会条件，造成工人脑力和体力的分离。

3. 精神转化理论

马克思主义认为，物质是世界的本原，物质决定精神，精神反作用于物质，两者是辩证统一的。这一“物质与精神关系”的基本观点是精神转化理论的哲学基础，精神转化为物质是精神动力作用的突出表现。物质条件是精神动力发挥作用的前提和基础，它在一定程度上决定了精神动力发挥的程度，没有物质文明的发展，精神动力就成了无源之水、无本之木，丧失了其存在的根基。而精神动

〔1〕《马克思恩格斯全集》（第49卷），人民出版社1982年版，第130页。

〔2〕《毛泽东文集》（第7卷），人民出版社1999年版，第162页。

〔3〕中共中央宣传部编：《毛泽东邓小平江泽民论思想政治工作》，学习出版社2000年版，第138页。

力能推动社会物质文明的发展，转化为物质力量，对物质条件具有能动作用。马克思经典作家对精神转化为物质的思想作过经典论述。马克思指出："批判的武器当然不能代替武器的批判，物质力量只能用物质力量来摧毁；但是理论一经掌握群众，也会变成物质力量。理论只要说服人，就能掌握群众；而理论只要彻底，就能说服人。所谓彻底，就是抓住事物的根本。"[1]毛泽东也指出了："人们的社会存在，决定人们的思想。而代表先进阶级的正确思想，一旦被群众掌握，就会变成改造社会、改造世界的物质力量。"[2]这说明理论、正确思想被群众掌握就会变成物质力量。邓小平也非常重视精神动力对改造社会的促进作用，"要教育全党同志发扬大公无私、服从大局、艰苦奋斗、廉洁奉公的精神，坚持共产主义思想和共产主义道德。……没有这种精神文明，没有共产主义思想，没有共产主义道德，怎么能建设社会主义?"[3]江泽民进一步继承和发展了马克思主义精神转化理论，提出："按照马克思主义的唯物辩证法观点，在一定条件下，精神可以变物质，精神的力量可以转化为物质的力量。强大的精神力量不仅可以促进物质技术力量的发展，而且可以使一定的物质技术力量发挥出更好更大的作用。"[4]由此可见，精神不仅是物质的反映，而且能够反作用于物质，形成推动物质发展的强大精神动力，而精神动力转化为物质动力，就是在社会实践活动中转化为改造社会和客观世界的物质力量，从而创造出新的物质，这一过程最终完成了精神向物质的转化。也就是说，精神动力只有转化为物质动力，才能最终转化为物质。

4. 精神合力理论

精神动力表现为人们在进行社会实践活动时的思想、动机和愿望，这些思想、动机和愿望相互冲突和协调，从而形成一个总的精

---

〔1〕《马克思恩格斯选集》(第1卷)，人民出版社1995年版，第9页。

〔2〕《毛泽东文集》(第8卷)，人民出版社1999年版，第320页。

〔3〕《邓小平文选》(第2卷)，人民出版社1994年版，第367页。

〔4〕中共中央宣传部编：《毛泽东邓小平江泽民论思想政治工作》，学习出版社2000年版，第14页。

神合力推动社会的发展。精神合力的作用在于把分散的精神力量转化为整体的精神力量，把个人的精神力量转化为社会的精神力量。对于个人精神动力在社会发展中的作用，恩格斯指出："人们总是通过每一个人追求他自己的、自觉预期的目的来创造他们的历史，而这许多按不同方向活动的愿望及其对外部世界的各种各样作用的合力，就是历史。"〔1〕人们这种追求各自目的的活动相互作用，共同推动了历史的发展，"历史是这样创造的：最终的结果总是从许多单个的意志的相互冲突中产生出来的，而其中每一个意志，又是由于许多特殊的生活条件，才成为它所成为的那样。这样就有无数互相交错的力量，有无数个力的平行四边形，由此就产生出一个合力，即历史结果。"〔2〕可见，在历史发展中尽管每个人都会力图实现自己的愿望，但是每个人的意志和愿望都会受到其他人意志和愿望的影响和制约，所以个人的意志和愿望并不会得到完全满足，获得预期的结果。每个人的意志"虽然都达不到自己的愿望，而是融合为一个总的平均数，一个总的合力，然而从这一事实中决不应做出结论说，这些意志等于零。相反地，每个意志都对合力有所贡献，因而是包括在这个合力里面的"〔3〕。因此，个人精神动力在社会历史发展中仍具有重要作用。马克思主义精神合力理论一方面肯定了历史是通过每一个人追求他自己的意志和目的创造的，另一方面又肯定了历史不是按每一个人的意志和目的相加创造的。历史发展的过程"始终是受内部的隐蔽着的规律支配的"〔4〕，是根据自身发展的客观规律进行的。总之，每个人的意志通过冲突、协调、整合共同融入社会的意志，成为社会精神合力的一部分，并与社会物质合力一起共同构成了推动历史发展的社会合力。没有个人的精神动力，就没有整个社会的精神动力，也就不可能产生社会精神合力，更不

---

〔1〕《马克思恩格斯选集》(第4卷)，人民出版社1995年版，第248页。
〔2〕《马克思恩格斯选集》(第4卷)，人民出版社1995年版，第697页。
〔3〕《马克思恩格斯选集》(第4卷)，人民出版社1995年版，第697页。
〔4〕《马克思恩格斯选集》(第4卷)，人民出版社1995年版，第247页。

可能形成任何社会合力，历史也就不会有发展。

（二）精神动力理论：社会主义法治观念教育实现人的全面发展的理论依据之一

所谓精神动力，“就是思想、理论、理想、信念、道德、情感、意志等精神因素对人从事的一切活动及社会发展产生的精神推动力量。”[1]人的全面发展需要精神动力，精神动力离不开人的全面发展，两者是密切联系的。第一，人的全面发展内在地包含对精神动力的需求，人的全面发展离不开人的精神世界的发展。马克思主义认为，精神活动是最令人向往的一个活动领域，是使人的智力获得更高层次发展的有效途径，缺乏了人们对精神生活的追求，人的发展就是片面的和畸形的。人是一种精神存在物，必然要求追求和创造精神价值，精神生活、精神世界、精神活动是人类必不可少的部分，这是人全面发展的重要标志。精神动力正是人的精神的基本属性，是人自身全面发展不可或缺的精神力量，是人全面发展的内在要求。第二，精神动力是推动人全面发展的内在力量，是人全面发展的最稳定、最持久、最强大的动力，也是人的主体性、自觉性、能动性的集中体现。以精神动力为发展动力，这是人的一种内在自觉，可以为人的全面发展提供一种内在的持久的推动力，精神动力的作用越大，对人的全面发展的推动作用也越大。第三，在社会主义社会，精神动力以追求人类解放和人的全面发展为目标。马克思恩格斯为我们描述了一个美好的、理想的未来社会，在这个社会里，每个人都是全面而自由发展的，社会则是这些全面而自由发展的人的联合体。这一美好的理想就是社会主义社会的强大精神动力，而这一强大精神动力旨在实现人类解放和人的自由发展。所以说，人类追求自身解放和全面发展的美好愿望和理想，就是一种巨大的精神动力，激励着人类不断地向前发展。

社会主义法治观念教育能够激发人们的精神动力以达到促进人

---

〔1〕 骆郁廷：《精神动力论》，武汉大学出版社2003年版，第16~17页。

全面发展的目的，也就是说，加强社会主义法治观念教育能为人们提供强大的精神动力。具体表现在：第一，社会主义法治观念教育满足了人们对法治观念的需求，在一定程度上满足人们的精神需要。人的精神世界是由各种不同的思想观念组成的，包括世界观、人生观、道德观、政治观、法治观、价值观等。在现代社会，人们对法治观念具有强烈诉求，法治观念是不可或缺的观念形态，是公民在法治社会必须具备的素质。社会主义法治观念教育向人们传授社会主义法治观念，正好满足了人们对法治观念的诉求，从而在一定程度上满足了人们的精神需要。第二，社会主义法治观念教育具有整合作用，它以社会主义法治观念为主导，整合各种法治观念，从而形成精神合力。精神合力的形成是以共同目标为前提，以相互协调为条件的。共同的目标可以协调人的意志张力，增强精神合力；不同的目标可以抵消人的意志张力，削弱精神合力。社会主义法治观念教育就是通过传递社会上占主导地位的法治观念，从而对社会不同成员的法治观念进行整合，加强社会主导法治观念即社会主义法治观念对社会全体成员的影响，使社会主义法治观念成为社会成员共同接受、普遍认同的法治观念，把社会成员的法治观念统一到社会主义法治观念上，纳入社会的主导法治观念中，达成观念共识，形成精神（法治观念）合力。第三，社会主义法治观念教育能够指导人们的社会实践活动，使精神力量转变为物质力量。观念是行为的先导，社会实践都是在一定的思想观念下进行的。社会主义法治观念教育影响人们的法治观念，进而影响人们的各种法治活动，协调人们的法律关系，从而转变为实践活动的推动力量。

综上所述，在实现人的全面发展过程中，需要充分增强人的精神动力，而社会主义法治观念教育能够提高人的精神动力，它满足了人们对法治观念的需求，整合了各种法治观念，形成了一定的精神合力，并能将这种精神合力转化为法治活动中的推动力量。因此，有必要引入精神动力理论，坚持以精神动力理论为指导，不断增强社会主义法治观念教育提高人的精神动力的有效性，进而更好地实现人的全面发展。因此，精神动力理论成了社会主义法治观念教育实现人的全面发展的又一科学依据。

第二节　社会主义法治观念教育实现人的全面发展的知识借鉴

我们研究社会主义法治观念教育对人的全面发展的促进作用，是建立在马克思主义理论的基础之上的，同时还借鉴了一些西方理论，如人本主义、协同理论等。正确认识这些思想理论，对于加强社会主义法治观念教育的有效性，更好地实现人的全面发展，具有积极意义。

一、人本主义思潮

人本主义是现代西方哲学的两大思潮之一，它与科学主义相并立，在西方广为流传，对思想理论界产生了很大影响。И. В. 布劳别尔格和И. К. 潘京的《新编简明哲学辞典》对“人本主义”解释为：“一种哲学概念。其代表人物认为人的概念是基本的世界观范畴，是比物质和意识的概念、意义更为重大的范畴，只有从这一范畴出发才能制定关于自然界、社会、思维的观念。”〔1〕人本主义是一种专门的哲学理论，它在本体论意义上坚持以人为本位，主张把个人实体（肉体或者精神）置于比物质、自然和社会更具本体论意义的地位上，反对一切超越个人实体的本位存在，肯定人在宇宙中的核心地位，强调以人为出发点和归宿、以人为尺度，是一种以人的本质、价值、地位等为研究重心的哲学思潮，但从总体上看，人本主义哲学是一种唯心主义哲学。人本主义经历了漫长的历史发展，在不同的历史阶段呈现出不同的理论形态和理论特色，从历史传统来看人本主义可以追溯到古希腊古罗马时期的人本主义萌芽思想，形成于

---

〔1〕［苏］И. В. 布劳别尔格、И. К. 潘京：《新编简明哲学辞典》，高光三等译，赵洪太校，吉林人民出版社1983年版，第173~174页。

文艺复兴时期的人文主义运动，经近代理性主义的张扬形成了理性人本主义，又经过费尔巴哈自然和感性人本主义（或生物学人本主义）的发展，到现代人本主义走向了理性的反面即走向了非理性的人本主义。

古代西方哲学家对人的思考，是人本主义的思想渊源，它具有很大的理性色彩，是一种理性的人本主义传统，代表性的哲学家有普罗泰戈拉、苏格拉底、柏拉图、亚里士多德等。古希腊智者派的代表人物普罗泰戈拉提出了著名命题“人是万物的尺度”，这被认为是古希腊哲学人本思想的开始。普罗泰戈拉认识到了人在宇宙中的地位，把人从自然和认识对象中分离出来，确立了人的主体地位。苏格拉底从人类精神深处发掘出人的本性中的普遍性灵魂即“善”，并提出了“美德即知识”的著名论断，所以苏格拉底所研究的“善”，不仅是伦理关系的善，更是一种理性和知识。苏格拉底关心的是人的善的本性、善的生活，而善的根基和立足点正是人的理性，这是人类首次达到对自己的初步认识，是理性精神自我认识的重大转折。柏拉图以自己的“理念”为基础构建了他的哲学体系。“理念”是柏拉图哲学的起点和基础，是自然世界和人类世界的本质，而理念世界正是人类思维的升华，是将现实世界抽象化为一种更高形式的思维存在。亚里士多德提出了“人是理性的动物”的著名命题，认为人的本性在于人的理性，人能够用理性控制自己的欲望，支配自己的行为，使行为合乎道德，这就是人的快乐。亚氏还认为，在所有的善中，只有思维着自己的理性才是至善，只有达到了对理性善的理解，才能寻求到所有具体善的原因，因此追求善也就是追求最大的幸福。

“人本主义”一词最早出现在欧洲文艺复兴时期，它发展为一种重要的思想形态，是由欧洲文艺复兴的人文主义运动完成的。文艺复兴名义上是为了恢复古典文学艺术，实际上是当时新兴资产阶级在思想上要求摆脱宗教和封建主义的束缚，要求尊重人、关心人，一切以人为中心，给人以自由和个性。人文主义是伴随文艺复兴而产生的，它是以人为衡量事物的标准，关注的是人的尊严、价值、才能和自由。人文主义者所推崇的人，既是追求科学知识的理性的人，也是具有现实情感和意志的非理性的人，“人不是一块石头，而是活生生的血肉之躯，是有感性和欲望的人。”〔1〕人文主义思想家从不同的角度肯定了人的地位和作用，唤醒了沉睡千年的人的本性。著名意大利诗人彼特拉克被称为“人文主义之父”，是第一个讨论人的尊严的人，他提出人应该认识自己，“我自己是凡人，我只要求凡人的幸福。”〔2〕皮科在《论人类尊严》一文中，通过虚构的故事肯定了人的自由意志和无限能力，“人只有从事活动时才成为其人，人是自己的主人，人的惟一限制就是要消除限制，就是要获得自由，人奋斗的目的就是要使自己成为自由人，自己能选择自己的命运，用自己的双手编织光荣的桂冠或是耻辱的锁链。”〔3〕

近代西方人本主义是一种以科学为基础的理性人本主义，它以科学的发展为后盾，弘扬理性、崇尚科学，是一种理性化了的人本主义，代表性的人物有笛卡尔、康德、黑格尔等。笛卡尔是近代唯理派哲学的创始人，开创了近代理性哲学的时代，确立了人的理性主体地位。他提出了理性观念天赋论，认为“那种正确地作判断和辨别真假的能力，实际上也就是我们称之为良知或理性的那种东西，是人人天然的均等的”〔4〕，理性是人的天赋，是人与动物的根本区别，所以人的本质就是人的思维理性，从而确立了“我思故我在”的哲学主体至上性原则。“我思”是笛卡尔哲学的起点和基础，是一切真理的根据，现实或存在由“我思”建立起来，在这里人的主体性及存在被提高到了空前重要的地位。康德以自由作为其实践理性

〔1〕车铭洲：《西欧中世纪哲学概论》，天津人民出版社1982年版，第201~202页。

〔2〕北京大学西语系资料组编：《从文艺复兴到十九世纪资产阶级文学家艺术家有关人道主义人性论言论选辑》，商务印书馆1971年版，第4页。

〔3〕［意］加林：《意大利人文主义》，李玉成译，生活·读书·新知三联书店1998年版，第102页。

〔4〕北京大学哲学系外国哲学史教研室编译：《十六—十八世纪西欧各国哲学》，商务印书馆1975年版，第135页。

概念的基础，以人为最终目的，展开了纯粹理性批判，建立了批判哲学体系。他提出“人为自然立法”的口号，“自然界的最高法则必然在我们心中，即在我们的理智中”〔1〕，试图重新规定人在自然界的中心地位。黑格尔是德国古典哲学的集大成者，“在黑格尔的哲学中，‘自由’始终是同‘绝对精神’的内在本质联系在一起的，实质上也就是把自由作为人类社会发展所追求的理想目标和人类超越动物的本质特征，并试图循此探究人类社会通向自由王国的内在逻辑。”〔2〕“世界历史无非是‘自由’意识的进展，这种进展是我们必须在它的必然性中加以认识的。”〔3〕

费尔巴哈批判了神学和黑格尔的思辨唯心主义，建立起了一种以人为中心的哲学体系，即人本主义哲学。费尔巴哈对宗教进行了深刻批判，揭示了人的本质及其异化的思想。在他看来，人的本质即理性、感情和爱，而人却将自己的理性、感情和爱交给了上帝，使得上帝成为一切，从而丧失了自己的本质，使得人的本质发生了异化，他认为人本质异化的根源在于宗教，“人使他自己的本质对象化，然后，又使自己成为这个对象化了的、转换成为主体、人格的本质的对象，这就是宗教之秘密。”〔4〕也就是说，人创造了神或上帝，“作为上帝的上帝，也就是说，作为非有限的、非属人的、非物质地被规定的、非感性的上帝，仅只是思维之对象”〔5〕，当人按照自己的需要和形象创造出神或上帝后，这个创造物就反过来奴役人，这就是人自我异化的结果。由此费尔巴哈得出结论：人要扬弃异化，就必须抛弃宗教。他要求人们把对上帝或神的虔诚，变为对人生的

---

〔1〕北京大学哲学系外国哲学史教研室编译：《西方哲学原著选读》（下卷），商务印书馆1982年版，第286页。

〔2〕路淑英等：《神话的启示——人本主义问题研究》，西南交通大学出版社2004年版，第145页。

〔3〕［苏］列宁：《哲学笔记》，林利等校译，中央党校出版社1990年版，第355页。

〔4〕《费尔巴哈哲学著作选集》（下卷），荣震华等译，生活·读书·新知三联书店1962年版，第56页。

〔5〕《费尔巴哈哲学著作选集》（下卷），荣震华等译，生活·读书·新知三联书店1962年版，第62页。

热情，对现实幸福的追求。通过对宗教的批判，费尔巴哈确立了人的主体地位，宣布了人是世界的主体，基本形成了人本主义思想。同时，费尔巴哈还对黑格尔唯心主义进行了批判，提出了“人是现实的人、感性存在的人”的唯物主义观点，他认为应该将“绝对精神”归结为以自然为基础的现实的人，从而建立起了以现实的感性存在的人为中心的人本主义哲学体系，因此，费尔巴哈的人本主义也称为生物学人本主义，或自然和感性的人本主义。

现代西方人本主义是一种非理性化了的人本主义，是一种非理性的人本主义，代表性的有叔本华和尼采的“唯意志论”、柏格森的“生命哲学”、萨特的“存在主义哲学”、弗洛伊德的“精神分析说”。唯意志论的叔本华认为只有非理性的直觉才能把握现象后面的本质，主张让“全部精神力量赋予直觉，使自己完全沉浸在直觉中，并让自己的整个意识充满着对于当下的自然客体……的静观”〔1〕。尼采进一步发展了叔本华的观点，认为“真正的哲学的世界应该是一个非理性的世界，那个充斥着种种人的原始冲动、不受任何理性观念和原则约束，漾溢着狂醉的欢乐精神的酒神狄俄尼索斯正是这种哲学的象征”〔2〕。他说：“我是哲学家狄俄尼索斯的弟子，我宁肯作一个酒色之徒，而不愿作一个圣者。”〔3〕生命哲学家柏格森把“自我”作为最基本的存在，指出“惟一实在的东西是那活生生的、在发展中的自我”〔4〕，“自我”是一种“纯情绪性的心理状态”即心理体验的变化运动，自我是世界的中心，自然和社会处于我们的外围。存在主义的萨特将存在主义定义为“一种使人生成为可能的

---

〔1〕 刘放桐等编著：《现代西方哲学》（修订本·下），人民出版社1990年版，第87页。

〔2〕 吴倬：《试论人本主义思潮的社会作用》，载《清华大学学报（哲学社会科学版）》1993年第1期，第81页。

〔3〕 刘放桐等编著：《现代西方哲学》（修订本·下），人民出版社1990年版，第94~95页。

〔4〕 ［法］柏格森：《时间与自由意志》，吴士栋译，商务印书馆1958年版，第120页。

学说"[1]，他把人的存在作为自己哲学的基础和出发点，并将存在规定为自在的存在和自为的存在，自在的存在是无始无终、混沌一片、偶然荒诞的，实际上是指外部世界，自为的存在是真实的，是指人的主体意识，自在的世界只能通过作为自为世界的人的存在才有意义，所以唯一真实的实在是个人的主观体验。萨特还提出了"存在先于本质"的重要命题，"人首先存在，碰到他自己，在世界上涌现出来，然后才给自己下定义。如果说存在主义心目中的人是无法下定义的，那是因为人原来是个'无'。他什么都不是，等到后来才是他自己把自己造成的那种人。之所以人没有什么本性，是因为没有什么上帝怀着人性的概念。人就是人，并不是说人就是他设想自己是的那种人，而且也是他愿意成为的那样——是他（从无到有）从不存在到存在之后愿意成为的那样。人除了自己认为的那样以外，什么都不是。这就是存在主义的第一原则。而且这也是人们称作它的'主观性'所在。"[2]弗洛伊德的精神分析学将人的非理性原始本能作为其理论的出发点和基础，把非理性特征规定为人的本性。他认为人的全部心理活动主要是"无意识"的，具有原始性、非逻辑性、非语言性、非道德性的特征，这种无意识的本能、欲望不仅决定了个人的发展方向，而且是全部社会生活如宗教、道德、艺术等发展的内在动力。

总的来说，人本主义哲学是西方文化的重要因素，实现了从"神本位"向"人本位"的重要转变，凸显人的主体地位：理性人本主义强调了科学的作用，突出人的能动创造性；非理性的人本主义把人置于哲学的中心地位，强调人的非理性因素。"人本主义"核心的思想就是以人为本，以人为出发点和目的。社会主义法治观念教育对人的全面发展的实现，就是要提高人的主体地位，坚持以人

---

[1] [法] 让-保罗·萨特：《存在主义是一种人道主义》，周煦良、汤永宽译，上海译文出版社 1988 年版，第 4 页。

[2] [法] 让-保罗·萨特：《存在主义是一种人道主义》，周煦良、汤永宽译，上海译文出版社 1988 年版，第 8 页。

为出发点和目的。因此，西方人本主义思想对社会主义法治观念教育实现人的全面发展具有重要的借鉴意义。

二、协同理论

西德著名理论物理学家哈肯（H. Haken）教授在研究激光的过程中，发现了普遍存在的合作现象，正是在合作现象的启发下，他认识到在各种各样的合作现象中存在起主导作用的共同原理，从而在七十年代初创立了一门新兴学科——协同学。1977 年哈肯发表了《协同学导论》，标志着协同学正式成立，其理论框架基本完成，1983 年哈肯又发表了《高等协同学》，进一步完善了理论内容，形成了比较完整的理论体系。协同论研究的是远离平衡态的开放系统在一定外部条件下，通过系统内部的子系统之间的非线性相互作用产生协同效应，从无序状态到有序状态、从低级有序到高级有序，以及从有序再到无序状态（混沌状态）的机理和共同规律。它以现代系统控制科学的最新成果（如信息论、控制论、突变论等）为基础，同时又采用了统计学和动力学相结合的方法，通过对不同系统、不同学科的类比，建立了一套有关系统从无序到有序、从有序到混沌的共同数学模型和处理方案，是一门能够描述自然科学、社会科学等各种非平衡相变（包括平衡相变）的横断学科。协同论在处理各类变相过程中，形成了一些基本原理，包括：不稳定原理、绝热消去原理、序参量原理和自组织理论。

不稳定原理：协同论使用数学中的线性稳定性分析找出失稳点（分岔点），其核心思想是随着控制参量的变化，系统的稳定性程度也会发生变化，当控制参量达到一定值（临界值或阈值）时，系统的原来状态就丧失线性稳定性，进入不稳定状态，也就是达到了相变点。因此，只有当控制参量达到临界点时，系统才会发生相变，控制参量对系统是否发生相变起了决定性的作用，没有达到临界点，系统根本不会发生相变。也就是说，无论是从无序状态转变为有序状态，还是从有序状态转变为混沌状态，外界环境提供能量流和物质流都是必备的外部条件，只有当控制参量达到临界值时，这种转变才成为可能。

绝热消去原理：绝热消去原理的主要概念是快弛豫参量（快变量）和慢弛豫参量（慢变量）。根据不稳定性原理，当控制参量达到临界点时，系统的线性稳定性就受到破坏，系统中表征子系统状态及其耦合的所有量的临界行为就会发生显著差别。虽然在稳定状态时这些参量的作用差不多，但到了临界点就会两极分化，分为两类：一类是快弛豫参量，它的临界阻尼大衰减快，对系统的演进和发展不起明显作用，不能左右系统的转变进程，处于次要地位，大多数参量属于快弛豫参量；另一类是慢弛豫参量，它在临界点出现了无阻尼现象，得到了多数子系统的响应，发展速度快，对系统的演进和发展具有决定作用，能够支配子系统行为，处于主导地位，只有一个或几个参量是慢弛豫参量。快弛豫参量和慢弛豫参量的临界阻尼系数往往相差好几个数量级，所以在相变过程中，慢弛豫参量主宰着系统演化的过程，支配着快弛豫参量的行为，快弛豫参量伺服于慢弛豫参量，随着慢弛豫参量的变化而变化。因此，在系统演化过程中，抓住起支配作用的慢弛豫参量，忽略快弛豫参量对系统演进的影响，将表示快弛豫参量的关系式代入慢弛豫参量方程，得到只含有一个或几个慢弛豫参量的演化方程即序参量方程，这个过程体现的就是绝热消去原理。

序参量原理：序参量的出现是系统中大量快弛豫参量追随、支持和伺服慢弛豫参量的结果，它描述的是一个系统的宏观有序度。当系统处于无序状态时，其序参量为零，随着控制参量的变化，序参量也逐渐变化，当接近临界点时，序参量急剧增大，最后在临界区，序参量突变到最大值，意味着新宏观结构的出现。系统在绝热消去处理后，有时还存在几个慢弛豫参量，即几个序参量同时存在的情况，每一个序参量决定着一种宏观结构，也就是说，系统孕育着几种宏观结构的“胚芽状态”，各种序参量相互竞争，导致最终只有一个序参量存在，由其来主宰整体系统的结构。

自组织理论：自组织理论是协同学的核心理论，哈肯指出：“协同学可以说是一门关于自组织的理论”。哈肯通过类比发现，无论是非平衡相变还是平衡相变，其相变的过程都是自组织的过程，都是系统内部因素自发组织起来的。序参量的出现意味着系统呈现了有序化的倾向，而序参量的维持和发展是通过自身的自组织运动实现的。

综上所述，协同是宇宙中一切领域普遍存在的现象，既适用于无机物，也适用于有机物，既存在宇观系统中，也存在宏观系统和微观系统中，没有协同，就不会有人类，也不会有人类社会的发展。社会主义法治观念教育作为社会系统的一部分，在实现人的全面发展过程中，也是由诸多子系统构成的，当各子系统独立运动缺乏协作的时候，可以借鉴协同理论，通过控制一定的外部条件，促使各子系统协同运动，变无序为有序，从而增强社会主义法治观念教育实现人的全面发展的有效性。

CHAPTER3 第三章

社会主义法治观念教育实现人的全面发展的功能探析

社会主义法治观念教育对人的全面发展的实现具有积极功能，本章拟从静态的角度探讨社会主义法治观念教育实现人的全面发展的整体功能，包括提升人的活动能力、丰富人的社会关系、解放人的个性和满足人的需要等，同时分析了社会主义法治观念教育具体形式对人的全面发展的作用；从动态的角度分析功能发挥的具体过程，包括功能取向的确立、功能行为的发生、初级功能结果的产生和次级功能结果的实现。这些研究对于揭示社会主义法治观念教育实现人的全面发展的积极功能和规律具有重要意义。

第一节　社会主义法治观念教育的个体功能理论

人是社会性和个体性的统一，“在我们每个人身上，可以说都存在着双重人格，这种双重人格尽管不可分离（除非抽象地加以分开），但确有区别。一种人格仅仅由整个与我们自身、我们个人生活中的事件有关的精神状态所组成，可以把这种人格称为个体我。另一种人格是这样一种思想、感情和习惯的体系，即在我们身上表现的不是我们个人，而是我们作为其中一个组成部分的社群或不同的社群。宗教信仰、道德信仰与习俗、民族传统或职业传统以及各种集体信仰，就是这样的体系。这种体系的总和便是社会我。”[1]因此，社会主义法治观念教育的个体功能即对个体发展的功能，从内容上看可以分为两个方面：一是个体社会化功能，也就是指个体学习社会主义法治观念，并将这些观念内化为个人的品格，最终成为一个符合社会规范要求的法律人；二是个体个性化功能，个体在从自然人成长为法律人的社会化过程中，并不意味着他的个体特征的消失，而正是个体独特个性形成的过程，表现为个体在法律社会化过程中体现出来的主体性。人具有社会存在和个体存在的双重属性，社会主义法治观念教育的育人过程也就是人的法律社会化和个性化实现统一的过程，社会化只有在个性化中才能实现，没有个体的主观能动性，学习和内化法治观念就难以做到；同样个性化也只有在社会化中才能实现，“学习”“内化”的社会化过程本身就是一个能动的、自觉的过程，人的个性化总是伴随的人的社会化。

一、社会主义法治观念教育的个体社会化功能

从文化的角度看，教育的个体社会化功能是接受人类文化、传递社会文化和维持社会生活的过程；从社会结构的角度看，是角色学习的过程，要了解自己在社会关系中的地位，学会完成角色的任务。因此，社会主义法治观念教育的个体社会化功能主要表现为培养能掌握一定社会主义法治观念，并具有一定角色意识的法律人。

（一）促进人的法治观念社会化

在法治社会，法律是调整社会关系的主要手段，是维护社会秩序的重要工具，所以一个人是否具有法治观念，是他能否适应社会、能否成为合格社会成员的重要条件。社会主义法治观念是以中国共产党为领导的广大人民群众共同意志的体现，是以国家意识形态的形式表现出来的社会法治观念，它是人类社会长期发展的产物，是

---

[1] 张人杰主编：《国外教育社会学基本文选》，华东师范大学出版社 1989 年版，第 9 页。

社会主义社会的历史经验，对个体来说这些观念的获得不是先天遗传的而是后天学习的结果。因此，从社会主义法治观念教育的角度看，自然人成长为法律人的社会化过程也就是接受社会主义法治观念的过程，而接受社会主义法治观念的过程，在一定程度上也就是内化社会主义法治观念的过程，而人内化社会主义法治观念也就实现了人的法治观念的社会化，这样个体的法治观念与社会主导法治观念达到了统一。社会主义法治观念教育能够按照一定的社会要求帮助人们形成社会所需要的法治观念，促进人的法治观念的社会化。法观念是法规则的灵魂，体现了人们对法治的价值追求，法规则是由法观念决定和制约的，所以法治观念社会化是法律社会化的核心，法律社会化首先表现为法治观念的社会化。只有在观念上被广大社会成员接受和认可，法律规范和制度才能有效实施，才会形成良好的社会秩序，才能有力地促进社会生产的发展。

（二）培养法律角色意识

角色是指与某一特定位置有关的行为模式，也就是社会为处在每一特定位置的人设定了一套行为模式，处于这一位置的人必须履行社会所要求的行为期望。法律角色是与法律主体有关的行为模式，一般由法律规范加以具体规定，是按照法律规范行使权利和履行义务的人，即具有特定权利和义务的人。角色意识就是对自己担任的角色具有自觉的认识。社会主义法治观念教育就是通过培养人们的权利义务意识，增强人们对与特定法律角色相联系的权利和义务的了解，知道自己应该做什么不应该做什么、能做什么不能做什么，从而促进人们对法律角色的认知，并在此基础上形成角色自觉，进而能够有效地参与社会生活，成为符合社会要求的法律主体。当处于某一位置的个人的权利义务行为与社会的期望相一致、符合角色的行为模式时，他就是一个合格的社会成员；当个人的权利义务行为与社会期待不相一致、不符合角色的行为模式时，他就有可能违法，是一个不合格的社会成员。

二、社会主义法治观念教育的个体个性化功能

马克思认为个性是人在认识和改造客观世界和主观世界过程中的自觉能动性在个体身上的展示，具体表现为人的差异性。“我在我的生产中物化了我的个性和我的个性的特点，因此我既在活动时享受了个人的生命表现，又在对产品的直观中由于认识到我的个性是物质的、可以直观地感知的因而是毫无疑问的权力而感受到个人的乐趣。”[1]因此，人在认识和实践的过程中，由于每个人的自觉能动性不一样，各个人的个性也不相同，具有个体差异，作为个人个性物化表现的物质产品和精神产品也各具特色。社会主义法治观念教育以培养人们的法治观念为目的，法治观念是一整套关于法律问题的观念体系，指导和制约着法律规范和制度，只有充分了解法治观念，才能更好地把握法律规范和制度，从而可以自由地设立、变更和消灭各种法律关系，提高法律主体的自觉能动性。

三、社会主义法治观念教育对个体社会化和个性化起到了定向、强化和加速的作用

社会主义法治观念教育使人们具有了社会要求的法治观念和法律思维模式，获得了合理的价值观念结构和创造性思维能力，培养了人们独立的法律人格，发展了人们的主体性，在法治社会中对每一位个体而言具有重要意义，没有社会主义法治观念教育人们难以成为合格的法律人。社会主义法治观念教育不仅具有个体社会化功能和个体个性化功能，而且对这两种功能的实现起到了定向、强化和加速的作用。

（一）定向作用

所谓定向，是指社会主义法治观念教育作为一种培养人们法治

〔1〕《马克思恩格斯全集》（第42卷），人民出版社1979年版，第37页。

观念的实践活动，在一定程度上决定了人们法治观念的价值取向，从而规定了人的社会化和个性化发展的方向。法治观念有资本主义法治观念和社会主义法治观念之分，资本主义法治观念是建立在生产资料私有制基础上的法治观念，其价值取向、观念结构与社会主义法治观念是不相同的。社会主义法治观念教育以其特有的目标、内容和方式规范着人的法治观念的发展，为人们提供了正确的发展方向即社会主义方向，并持续不断地对人们施加自觉或不自觉地或明或暗地包含这种方向性的影响，从而将人的法治观念的发展引导到适应社会主义社会生存和发展的轨道上来。这样就保证了人的法治观念社会化、法律角色意识培养和个体化发展的社会主义方向。

（二）强化作用

所谓强化，是指社会主义法治观念教育作为一种有目的、有计划的社会活动，是一种自觉的社会实践，能够系统影响人们法治观念的形成，从而加强人的社会化和个性化发展。这种强化作用既可以通过显性的教育活动实现，也可以通过隐性的教育活动实现，从而克服了环境影响的自发性、盲目性、偶然性、片面性和随意性。社会主义法治观念教育对人的法治观念的形成起到了其他因素无法达到的促进作用，促使人们全面系统地把握法治观念，有利于拓展人们法治观念社会化、法律角色意识培养和个体化发展的广度和深度。

（三）加速作用

所谓加速，是指社会主义法治观念教育能够将经过历史沉淀和实践检验的先进法治观念传递给人们，从而加快人的社会化和个性化的发展。加速作用主要体现在两个方面：一方面，社会主义法治观念教育传授的是社会主义法治观念，它是人类社会在长期法治实践活动中积累起来的智慧成果，是人类历史法治观念的精华，它超越了资本主义法治观念和奴隶封建社会法制观念，使人们接受最先进的法治观念文化，大大提高了人们认识的起点。另一方面，社会主义法治观念教育作为一种有组织的教育活动，在一定程度上可以高效率地传递法治观念文化，更好更快地培养人们的法治观念，克服无组织的涣散和低效率，使人们法治观念社会化、法律角色意识培养和个体化发展的速度超过那些没有接受同等教育的人。

第二节 社会主义法治观念教育在人的全面发展中的功能分析

马克思、恩格斯在《共产主义原理》中第一次“把教育和生产结合起来”[1]，并指出在社会主义和共产主义社会中教育和生产劳动的结合是“造就全面发展的人的唯一方法”[2]。由此可见，教育在人的全面发展中具有重要作用。社会主义法治观念教育作为教育的一种特殊形式，同样对人的全面发展具有诸多功能，如上文所述，概括地说它既促进了人的社会化发展，也促进了人的个性的发挥。人的全面发展是人的活动及其能力、社会关系、个性和需要全面发展的统一，社会主义法治观念教育对人的全面发展的整体功能就表现为对这些方面的实现上：一是实现了人的活动能力的提升；二是实现了人的社会关系的和谐发展；三是实现了人的个性解放；四是实现了人的生存、发展、享用需要的满足。总之，社会主义法治观念教育对人的全面发展的现实表现出了各种不同的积极功能，是一个复杂的功能体系。

一、社会主义法治观念教育对人的活动能力的提升

人的全面发展首先是人的活动的全面发展，人的活动过程实际上是人的活动能力的发挥过程，所以人的活动的全面发展主要表现为人的活动能力的全面发展，就是要“使社会全体成员的才能得到全面的发展”[3]。人的能力是“人的综合素质在现实行动中表现出

[1] 《马克思恩格斯选集》(第1卷)，人民出版社1995年版，第240页。
[2] 《马克思恩格斯选集》(第2卷)，人民出版社1995年版，第212页。
[3] 《马克思恩格斯选集》(第1卷)，人民出版社1995年版，第243页。

来的正确驾驭某种活动的实际本领、能量，是实现人的价值的一种有效方式，也是社会发展和人生命中的积极力量”〔1〕。人的能力与素质密切相关，人的素质是人的能力的内在基础，而人的能力是人的素质的外在表现，是人的素质外化为行为的表现，也就是说，素质是内在的，只有通过现实活动外化为能力才能体现出来，是能力发挥的依据，所以要发展能力，首先要培养人的素质。素质是人在先天的基础上，通过后天的努力习得的知识、品德等品质系统，包括政治素质、道德素质、文化素质和法律素质等。教育是培养人的素质的重要途径，提高人的综合素质是教育的出发点，我国教育模式正从单一的知识灌输向注重素质培养转变。社会主义法治观念教育注重培养人们的法律素质，目的在于提高人们的法律认知、法律情感和法律意志等，其中法律认知是前提和基础，法律情感是内化和升华，法律意志是关键和核心。因此，社会主义法治观念教育对人的活动能力的提升首先体现为法律素质的提高，尤其是法律认知、法律情感和法律意志的培养。

（一）培养法律认知

法律认知是人们对法律知识以及所反映的法律现象的知晓、了解和认识。〔2〕社会主义法治观念教育培养了人们的法律认知，使人们深入了解和认识我国社会主义法治观念的丰富内容及其理论渊源和实践基础，具体来说包括以下三个方面的认知内容：一是社会主义法治观念的丰富内涵。社会主义法治观念是一套观念体系，包括三个层次，分别体现了社会主义法治的形式特征、实质特征和社会主义特征，具体表现为法律权威观念、权利观念、公平正义观念、平等观念、人民民主观念、党的领导观念和服务大局观念。二是社会主义法治观念的理论渊源。马克思主义法治思想是社会主义法治

〔1〕 韩庆祥、雷鸣：《能力建设与当代中国发展》，载《中国社会科学》2005年第1期，第23页。

〔2〕 孙育玮等：《都市法治文化与市民法律素质研究》，法律出版社2007年版，第125页。

观念的理论基础，是社会主义法治观念的世界观和方法论，主要包括马克思、恩格斯、列宁的法治思想和中国特色社会主义理论体系中的法治思想。中国特色社会主义法治思想包括了毛泽东思想、邓小平理论、“三个代表”重要思想和以人为本的科学发展观以及习近平新时代中国特色社会主义思想中的法治思想，是中国共产党将马克思主义法治思想运用于中国法治实践的重要成果，是发展了的马克思主义法治思想，是马克思主义法治思想的中国化。社会主义法治观念是在一定的理论指导下形成的，所以对其理论渊源的认识，有利于我们把握社会主义法治观念的内涵。三是社会主义法治观念的实践基础。“法的关系正像国家的形式一样，既不能从它们本身来理解，也不能从所谓人类精神的一般发展来理解，相反，它们根源于物质的生活关系。”[1]社会主义法治观念作为思想上层建筑是建立在一定的经济政治基础之上的，是在当代中国法治实践中逐渐形成和发展的。新中国的成立和社会主义制度的建立是社会主义法治观念形成的政权基础和政治前提，由此提出了民主法制的思想；改革开放以来建立和完善社会主义市场经济体制是社会主义法治观念发展的经济基础和物质保障，在新的经济体制实践中提出了依法治国方略；全面建设小康社会、实现中华民族伟大复兴是社会主义法治观念创新的社会条件，在新时期的实践中提出了党的领导、人民民主和依法治国相统一的重要思想。

（二）培育法律情感

法律情感是社会主体对法现象的主观心理态度或心理反应，它既可表现为对法的关切、喜爱、信赖、依恋和寄托，也可表现为对法的漠不关心、厌恶、怀疑、疏远和鄙视等思想感情。[2]法律情感有正面与负面之分，社会主义法治观念教育有利于培育人们正面的、积极的和良性的法律情感，具体表现在：第一，增强人们对社会主

〔1〕《马克思恩格斯选集》（第2卷），人民出版社1995年版，第32页。
〔2〕公丕祥主编：《法理学》（第2版），复旦大学出版社2008年版，第194页。

义法律的信任感。法律信任是指人们在与法律交往的过程中，愿意接受法律作为调整其行为和社会关系的手段，是人们相信、认可法律的一种情感，这种情感的产生与法律对人们合法权益的保护具有重大关系。社会主义法治观念教育让人们进一步明白社会主义法治的性质和本质，就是一切为了广大人民的根本利益，这是与资本主义法治的根本区别。我国宪法明确规定，“中华人民共和国的一切权力属于人民”，尤其是政法机关必须牢固坚持全心全意为人民服务的根本宗旨，要把人民满意不满意作为衡量其工作的尺度，将人民的满意度作为政法机关工作的政绩考核，从而进一步增进与人民的感情。就从制度上保障了社会主义法律来源于人民、服务于人民、依赖于人民的优秀品质，为广大人民对社会主义法律产生信任感提供了坚实的基础。第二，增强人们对社会主义法律的神圣感。所谓“神圣”是指“极其崇高而庄严，不可亵渎”〔1〕。神圣感就是指这种庄严崇高而不可亵渎的感情。人们对法律的神圣感便是对法律崇敬和敬畏的心理，与法律的至高无上性密切相关。对法律的神圣感来源于两个方面：一是外力强迫主体接受，二是主体自觉奉为神圣。没有外力的强加，法律神圣就失去了基本保障，没有内心的认同，法律神圣便失去了精神支持，但神圣性更主要的是来自主体的自觉，是人们在自觉服从法律和遵守法律的过程中产生的了法律至高无上的心理认同，从而获得的对法律的神圣感。社会主义法治观念教育就是要促使人们了解和认同法治观念，从而更好地把握法律规范和法律制度，并内化为自己的行为准则，变强制为自愿、变被动为主动、变他律为自律，从而在社会中树立起法律权威，形成法律至上的氛围，实现法律的最高统治，最终培养和增强人们对社会主义法律的神圣感。

(三) 培养法律意志

法律意志是社会主体维护法律的尊严，勇于同违法犯罪行为做

〔1〕 中国社会科学院语言研究所词典编辑室编：《现代汉语词典》（第5版·大字本），商务印书馆2006年版，第1213页。

斗争的主观心理基础，它是社会主体的法律意志品质，表现为主体在任何情况下都不畏强暴，不为诱惑和胁迫的坚强的守法精神和护法品格。[1]社会主义法治观念教育有助于培养人们坚强的法律意志，这是因为：一方面，社会主义法治观念是中国特色社会主义理论体系的重要组成部分，体现了人们对法的追求的价值目标，在一定程度上向人们展示了法治所应达到的理想状态，表达了法治对人的终极关怀，指引着人们前进的方向。另一方面，法治现实还存在很多不尽如人意的地方，如在立法上，法律体系不完善，有些规定不够明确，有些条文相互冲突，在一定程度上影响了法律权威的树立；在执法上，有法不依、执法不严的现象时有发生，有损社会主义法律的尊严；在司法上，司法腐败、司法不公正现象的存在，在一定程度上破坏了人们对社会主义司法以及整个法治的信任。法治理想与法治现实之间形成了一种张力，社会主义法治观念教育正是在这种张力中促使人们对法治充满期待，激励人们对现实法治的批判和超越，从而鼓舞人们不断发展和完善现实生活中的法治，正如伯尔曼所言："一旦法律被理解为积极的、活生生的人类活动，它就包含了——正好比宗教包含了——人的全部生命，包括他的梦想，他的激情，他的终极关切。"[2]只有这样才能激发起人们为权利而斗争的勇气。

总的来说，社会主义法治观念教育培养了人们的法律认知、法律情感和法律意志，提高了人们的法律素质，增强了人们行使权利、履行义务和维护自身利益的能力，提升了人们在实践活动中的本领和能量。也就是说，人们只有具备一定的法律素质，才能够了解自己受法律保护的权利，才能够懂得权利被侵害时的法律救济，从而保证自己能够在法律规定的范围内自由活动，进而实现人的活动的丰富性和自主性，从这个意义上，我们可以说社会主义法治观念教

---

〔1〕 刘旺洪：《法律意识论》，法律出版社 2001 年版，第 75 页。

〔2〕［美］哈罗德·J. 伯尔曼：《法律与宗教》，梁治平译，中国政法大学出版社 2003 年版，第 20 页。

育促进了人的活动能力的提升。

二、社会主义法治观念教育对人的社会关系的和谐发展

人的行为是人与人之间社会关系得以建立和维续的关键，社会关系的和谐发展有赖于人与人之间行为的和谐发展。社会主义法治观念教育可以规范人们的行为，从而调整人与人之间的社会关系，保证社会关系朝着促进生产力发展以及符合广大人民群众意志和利益的方向发展，以实现人与人之间、人与自然之间和人与社会之间关系的和谐共生。社会主义法治观念教育对人的社会关系的和谐发展主要表现在以下两个方面：

（一）社会主义法治观念教育对人的行为具有规范作用

法律在社会生活中具有非常重要的影响，可以直接指引和评价人们的行为，减少人们行为的偶然性、盲目性和随意性，起到定纷止争的作用。作为现实法律关系反映的法治观念，同样具有规范作用，特别是作为主导地位的社会主义法治观念，更是社会的根本规范，它内化为广大人民的法治观，为人的行为提供价值规范，其作用远远大于道德和社会风俗。因此，社会主义法治观念教育能够约束人们的行为，教授什么样的法治观念就会影响什么样的法律行为的形成，具体表现在：第一，社会主义法治观念教育能够指引人们的行为，所谓指引是指法治观念对人们行为选择的性质和方向起到约束作用，社会主义法治观念教育对个人行为具有导向和引路的作用。人是意识存在物，人的行为都是有意识、有目的的行为，因此意识或思想观念自然对人的行为选择具有约束力，马克思·韦伯指出："观念创造出的'世界图像'，时常像扳道夫一样决定着由利益驱动的行为的发展方向。"[1]因此，人们一旦形成了社会主义法治观念，它就会对人们的行为选择起到"精神扳道夫"的作用，如果

〔1〕 苏国勋：《理性化及其限制——韦伯思想引论》，上海人民出版社 1998 年版，第 84 页。

人们的行为偏离了这一价值轨道，法治观念就会把它扳回来，如果人们的行为符合这一价值轨道，法治观念就会推动它前进。社会主义法治观念对人的行为的这种自控和引导作用，促使人们自觉选择与之相适应的行为方式，如“平等观念”的形成会促使人们平等地行使权利和履行义务，平等地对等一切法律主体；“人民民主观念”的形成会促使人们主动行使当家作主的权力，积极采用民主方式管理各种事务。社会主义法治观念教育内含的一定价值内容，对人的行为产生了自我约束和控制的作用，也就是自律的作用。第二，社会主义法治观念教育能够评价人们的行为，所谓评价是指社会主义法治观念作为衡量人们行为的标准和尺度，可以判断其行为是否合法、正确与善良，如果行为与社会主义法治观念相符合，那么这样的行为就是合法的、正确的和善良的，否则行为就是错误的、邪恶的。社会主义法治观念教育鼓励和提倡那些符合法治观念要求的行为，预防个体行为偏离社会规范的轨道。总之，社会主义法治观念教育具有规范人的行为的功能，它可以影响人们的思想观念，思想观念指导人的行为，从而在一定程度上起到调节人的行为和人的社会关系的作用。由于法律由国家强制力保证实施，法律规范在诸多社会规范中具有最强的强制力，法治观念是法律规范的观念形式，所以社会主义法治观念教育的这种规范作用尤为突出。

（二）社会主义法治观念教育对人的社会关系具有协调作用

人全面发展的一个重要方面就是要实现人的社会关系的和谐发展，包括经济关系、政治关系和文化关系的和谐发展，社会主义法治观念教育就是要从思想观念上加以引导，促使人们正确认识和协调各种关系，有助于人们和谐社会关系的建立。

第一，社会主义法治观念教育有助于协调经济关系。1993 年《宪法修正案》明确规定了“我国实行社会主义市场经济”，市场经济是法治经济，内在要求建立和完善与社会主义市场经济相适应的法律制度，但市场经济的建立需要一系列条件，不仅需要市场规则的建构，还需要人的行为方式和观念形态的转变。社会主义法治观念教育为市场经济培育了主体条件，也就是市场经济形成和发展的主观动力：只有人们具有公平正义观念，公正有序的市场秩序才得以形成；只有人们形成平等观念，市场经济的契约关系才能够建立；只有人们养成权利观念，人们才能积极参与经济活动，获得最佳经济利益。法治观念的形式，同时也可以制约和规范国家权力的行使，保障市场在资源配置中的基础地位。由此可见，社会主义法治观念教育为我国市场经济提供了主体法治观念的内在支持，促进了社会主义市场经济和谐有序的发展。

第二，社会主义法治观念教育有利于协调政治关系。政治关系是人们在社会生活中，基于特定的利益要求而形成的，以政治强制力量和权利分配为特征的社会关系。[1]政治利益是政治关系的基础，法律协调政治关系是通过分配政治利益实现的。社会主义法治观念教育传递的人民民主观念，使人们认知到民主原则在政治利益分配中的重要作用，既坚持少数服从多数的原则，又充分尊重少数人的正当利益；可以协调不同层次利益主体之间的关系如中央与地方的关系，也可以协调同一层次不同主体之间的利益冲突如立法权、执法权和司法权的关系；还可以强化人们政治权利意识如平等、参政意识等，确保人们政治权利的实现，从而有助于国家政治生活的良性运行。

第三，社会主义法治观念教育有助于协调各种法律文化之间的关系。这里的文化是指人类社会创造的精神成果，法律文化是人类在法律实践中创造的精神财富。社会主义法治观念是先进的法治观念文化，是中国特色社会主义理论体系的重要组成部分。社会主义法治观念教育有利于提高人们的法律文化意识，积极吸收中国传统法律思想的合理部分，借鉴资本主义法治思想的有益部分，坚定社会主义法治观念的自觉性。

总的来说，社会主义法治观念教育促使人们内化法治观念，自

---

〔1〕 付子堂：《法律功能论》，中国政法大学出版社 1999 年版，第 157 页。

觉自愿地服从和遵守法律，使个人与个人、个人与社会之间的关系协调一致，学会自我控制和适应社会控制，从而建立和谐的社会关系。

三、社会主义法治观念教育对人的个性解放

人的个性是人的主体性和差异性的统一，主体性又包括人的自主性、能动性和创造性。人的个性是一个多层次、多要素的有机整体，是一个复杂系统，可以分为以下几个子系统："①个人倾向性特征，包括人的需要、动机、兴趣、理想、信仰、价值观等，它是个性中的动力因素。②个人心理特征，包括气质、性格和能力等。③个人的社会人格特征，它主要包括个人的道德风貌、习惯、社会形象、社会角色及其他精神状态。"〔1〕人的个性解放与自由密切相关，一方面，自由本身就内涵了自主性、能动性和创造性之意。自由的原意是指人从束缚中解脱出来，哈耶克认为："自由意味着始终存在着一个人按其自己的决定和计划行事的可能性；此一状态与一个人必须屈从于另一个人的意志的状态适成对照。"〔2〕自由与束缚相对立，人要获得自由，就必须从自然、社会和自身的束缚中解放出来，不受他人的干预和支配，意味着人可以按照自己的意志做选择和决定即实现人的自主性，所以自由首先表达的是一种自主的状态。人的自由有消极自由和积极自由之分，如果说不受束缚的自由是人的消极自由的话，那么人从事某种活动的自由就是积极自由，积极自由表现为人的积极行动，是人的一种自觉能动性，所以说自由又是一种自为的状态。创造性是人的自由在自主性和能动性基础上的深层表现，"个人的概念是同自由和独立的概念分不开的。'自我管理'（自治）、'自我确定'、'自我调节'等术语在关于人的科学中享有崇高的地位，这并不是偶然的。只有在这些过程中，通过和

---

〔1〕黄楠森主编：《人学原理》，广西人民出版社 2000 年版，第 311~312 页。

〔2〕［英］费里德利希·冯·哈耶克：《自由秩序原理》，邓正来译，生活·读书·新知三联书店 1997 年版，第 4 页。

依靠这些过程，人的创造能力才得以形成和实现，达到充分的存在。”〔1〕因此，我们说自由本身就包涵了人的自主性、能动性和创造性，在这一意义上自由就是人的个性的实现。另一方面，个性的解放要通过人的自由来实现，正如马克思把自由自觉的活动等同于主体性活动、等同于个性一样，有了自由才有个性，个性的解放只有到了“外部世界对个人才能的实际发展所起的推动作用为个人本身所驾驭”〔2〕，即达到自由的时候，才能真正实现。

基于人的个性解放与自由的密切关系，社会主义法治观念教育促进人的个性解放，主要是通过培育人的自由观念实现的。自由是法律的价值取向，法律是保障自由的重要手段，但在不同的社会制度下法律自由的意义是不同的，在奴隶社会和封建社会自由表现为统治阶级的自由，实际上是少数人的特权；在资本主义社会虽然自由具有普遍性，但却依附于资本，实际上是资本的自由；只有在社会主义社会自由不仅获得了普遍的价值，而且真正服务于人的自由和人类解放事业。马克思指出：“法律不是压制自由的措施。……法律是肯定的、明确的、普遍的规范，在这些规范中自由获得了一种与个人无关的、理论的、不取决于个别人的任性的存在。法典就是人民自由的圣经。”〔3〕社会主义法治观念是树立在社会主义法治之上的观念形式，社会主义法治观念教育必然包含了人们普遍的、真实的自由观念的培育，促使了人们自主性、能动性和创造性的生成，表现在：第一，自由观念提高了人的自主性。自由观念并不是绝对的、随心所欲的和不受法律约束的，而是有界限的，人们要自觉地服从和遵守法律，受法律地约束，从而形成自控和自律的个性品格，提高人的独立性和自觉性，使人们能够更好地管理自己、自己做决定，这样更有利于人们成为自然的、社会的和自身的主人。第二，

〔1〕［苏］伊·谢·科恩：《自我论》，佟景韩等译，生活·读书·新知三联书店1986年版，第406页。

〔2〕转引自韩庆祥、亢安毅：《马克思开辟的道路——人的全面发展研究》，人民出版社2005年版，第134页。

〔3〕《马克思恩格斯全集》（第1卷），人民出版社1995年版，第176页。

自由观念增强了人的能动性。“自由是可以做和可以从事任何不损害他人的事情的权利”[1]，自由观念使人们认识到在法律许可的范围内可以不被约束地做一切事情、从事一切活动即具有行为自由，而这一过程正是自我实现的过程，也是人们在对象性活动中根据自身需要确定目标、制定计划和实现计划的过程，即人的自觉能动性的展示的过程。所以说人的自由就是人发挥能动性的表现。第三，自由观念促进了人的创造性，集中表现在：人们可以根据自己的自由意志设立、变更和消灭法律关系，既可以不断地建立新的人与人之间的关系，从而不断征服自然、改造社会和完善自我，又可以不断消灭旧的社会关系，扬弃旧质，跃迁更新。

四、社会主义法治观念教育对人的生存、发展、享用需要的满足

需要是人实践活动的内在动力，马克思指出，“把他们连接起来的惟一纽带是自然的必然性，是需要和私人利益。”[2]需要满足的过程正是提高人、升华人的过程，社会主义法治观念教育在一定程度上满足了人的生存、发展和享用需要，促进了人的全面发展。

（一）社会主义法治观念教育对人的生存需要的满足

生存需要是人们遵循客观规律、服从生存规则以求更好生活的需要。人是社会存在物，具有群体属性，这决定了秩序对于人类的重要意义。秩序对于人类来说，就是维系自身作为类的存在物的需要，[3]是人的基本生存需要。没有秩序就没有人类的共同生活，“历史表明，凡是在人类建立了政治或社会组织单位的地方，他们都曾力图防止出现不可控制的混乱现象，也曾试图确立某种适于生存

[1] 《马克思恩格斯全集》（第3卷），人民出版社2002年版，第183页。
[2] 《马克思恩格斯全集》（第3卷），人民出版社2002年版，第185页。
[3] 卓泽渊：《法的价值论》（第2版），法律出版社2006年版，第386页。

的秩序形式。这种要求确立社会生活有序模式的倾向，绝不是人类所做的一种任意专断或‘违背自然’的努力。”〔1〕任何法都是为了维护一定的社会秩序，秩序是法的直接追求和基础价值，“与法永相伴随的基本价值，便是社会秩序”〔2〕。因此，法律是人类生存的重要条件。社会主义法治观念教育使人们获得了社会所需的法治观念，一方面提高了人们遵守法律的自觉性，从而使人们积极守法，成为合格的守法者；另一方面促使人们适应社会主义法治秩序，这种秩序以马克思主义法律观为指导，坚持了社会主义方向的，与资本主义根本区别的社会秩序，从而成为和谐社会的维护者和促进者。这样，人们学会并掌握了法律——这一人类生存所必需的重要条件，获得了人类社会生存的基本本领，在一定程度上满足了人类生存的需要。

（二）社会主义法治观念教育对人的主体发展需要的满足

法的发展促进了人的发展，法的发展有一个从野蛮法到文明法、身份法到契约法、义务本位法到权利本位法、从人治到法治的过程，相应地人的发展也经历了由野蛮人到文明人、由特权到平等的历史过程。费孝通将社会分为两种，一是礼俗社会，二是法理社会。中国传统社会就是典型的礼俗社会，其基本精神是伦理精神，具体表现为神文精神、等级精神、血缘-亲缘精神、团体精神、奴役精神和非理性精神。〔3〕而当代中国社会是法理社会，所谓法理社会是指“以法律为枢纽对主体关系进行整合的一种社会建构”〔4〕，其基本精神是法治精神，具体包括人文精神、平等精神、自由精神、契约精神和理性精神。〔5〕当我国从礼俗社会转型到法理社会时，主体的

---

〔1〕［美］E. 博登海默：《法理学：法律哲学与法律方法》，邓正来译，中国政法大学出版社 1999 年版，第 220 页。

〔2〕［英］彼得·斯坦、约翰·香德：《西方社会的法律价值》，王献平译，郑成思校，中国人民公安大学出版社 1990 年版，第 38 页。

〔3〕谢晖：《法律信仰的理念与基础》，山东人民出版社 1997 年版，第 235 页。

〔4〕谢晖：《法律信仰的理念与基础》，山东人民出版社 1997 年版，第 271 页。

〔5〕谢晖：《法律信仰的理念与基础》，山东人民出版社 1997 年版，第 271~273 页。

人格精神需求也随之从伦理精神转变为法治精神。社会主义法治观念教育激发了人的法治精神，坚定了人的法律信仰，摆脱了人在礼俗社会的伦理精神下形成的依赖性，培养了人的法治型人格精神，促成了人的独立性，从而满足了人的主体发展的需求即从依赖到独立、从伦理人格到法治人格的发展。

（三）社会主义法治观念教育对人的享用需要的满足

个体享用的需要就是每个人在精神方面的愿望得到满足的需要，从而使人体会到其中的快乐和幸福，并获得精神上的享受。什么是幸福，康德指出“幸福是对我们的一切爱好的满足”〔1〕，有学者认为：“当人追求、改造的对象符合人的内在尺度时，人往往感受到的是一种愿意继续下去的感受，这其实就是幸福感。”〔2〕人的幸福感只有在社会发展中才能获得体验，“幸福非常关键地取决于经济和社会的构成形式。……幸福并不仅仅存在于个人领域内，而且宪法安排以及具体的制度都会对人们的幸福水平产生关键影响。”〔3〕社会主义法治作为社会发展的重要组成部分，是人们获得幸福感的重要保障，它之所以使人获得幸福感，是因为它维护和保障了人们的合法权益，使人们的合法权益获得满足，因此形成了人们的幸福感。社会主义法治观念教育教导人们要依法行使权利和履行义务，从而实现各自的合法权益，并从中体验幸福感。另外，社会主义法治观念教育传递的各种法治观念，包括公平正义、平等、权利和民主等，都反映了善的要求，是法之善的体现，它发展和完善了人们的道德品质，提高了人们的思想觉悟，满足了人们内在的“善”的需求，使人获得精神享受。因此，社会主义法治观念教育不仅使人们体验了幸福感，而且还培养了人们的德行，使人充分感受善与美，从而

---

〔1〕［德］康德：《纯粹理性批判》，邓晓芒译，杨祖陶校，人民出版社2004年版，第612页。

〔2〕高恒天：《道德与人的幸福》，中国社会科学出版社2004年版，第11页。

〔3〕［瑞士］布伦诺·S. 弗雷、阿洛伊斯·斯塔特勒：《幸福与经济学——经济和制度对人类福祉的影响》，静也译，北京大学出版社2006年版，第193页。

获得有关“善与美”的精神享受。因此，从这个意义上说，社会主义法治观念教育满足了人的享用需要。

第三节　社会主义法治观念教育具体形式在人的全面发展中的功能分析

社会主义法治观念教育不仅在整体上对人的全面发展具有积极功能，而且其具体表现形式也对人的全面发展具有积极作用。社会主义法治观念教育的内容是非常丰富的，是由相互联系、相互作用的多种要素（包括法律权威观念、权利观念、公平正义观念、平等观念、人民民主观念、党的领导观念、服务大局观念）按特定结构组成的有机整体，从而形成了多种教育形式：法律权威观念教育、权利观念教育、公平正义观念教育、平等观念教育、人民民主观念教育、党的领导观念教育、服务大局观念教育。这些教育对人的发展产生了不可低估的影响和作用，进而反作用于社会主义法治建设。

一、法律权威观念教育对人的全面发展的作用

法律权威观念教育是培养人们法律权威观念的教育，它对人的全面发展的作用，主要是通过培育人的法律权威观念来实现的。法律权威观念对人的全面发展具有积极意义，它能够引导人们信仰法律，是法律信仰生成的观念基础。法律权威意味着法律获得了使主体从心理上和行为上信服和信从它的力量，法律信仰则表现为主体对法律的心理信服和行为拜从。法律权威观念中隐含了主体对法律的信仰，法律的权威性能够对主体的心理产生强大的牵引和吸引作用，容易获得主体在心理上对法律的认同和信服，还能够对主体的行为起到指导和支配的作用，从而引导主体在行为上对法律的遵守和拜从，而主体对法律的心理信服和行为拜从就是法律信仰。因此，“法律权威是法律信仰形成的客观机制，即是指法律权威这种对象化的存在以其自身固有的内在的对主体的价值力量而赢得了主体对它

的心理信念和行为拜从，从而成为法律信仰生成的客观基础。”〔1〕“而一个心中有理想、有信念、有信仰，精神家园完善的人，则会感到充实有力，心有所依，神有所寄，生活态度乐观，思想行为积极向上，人格丰满，个性和谐，意志力顽强，面对人生的任何境遇都能保持一种健康的状态和一颗高尚的心灵，并能真正获得一种心灵的自由和解放。”〔2〕法律信仰是信仰的一种特殊形式，是人们对法律的基本态度，是渗透在个体全部法治体验中的性格特征，它对人的全面发展具有积极意义：一是法律信仰给人生以意义，它是人类法治社会的理想图景，为人类设立了奋斗目的，促使人们超越现实的法治生活，追求理想状态的法治社会，使人在有限的生命中找到了无限的意义；二是法律信仰为人们提供了一套有关真善美的价值标准，能够引导和规范人们的思想和行为；三是在法治社会，法律信仰为人们的行为指明了方向，能够促使人们对法治实践投入全部的热情和努力，产生极大的精神动力，使人在任何时候都不会迷失方向，都会坚定不移地朝着既定的方向前进，养成积极乐观的性格，从而获得心灵的解放和自由。

二、权利观念教育对人的全面发展的作用

权利观念教育是培养人们权利观念的教育，它对人的全面发展的作用，主要是通过培育人的权利观念来实现的。权利观念对人的全面发展具有积极意义，“权利是国家对个体根据自己的意志谋求自身利益的自由活动的认可和限制，目的是确保一定社会政治经济条件下的个体自主地位的实现。”〔3〕这说明了一个享有权利的人，应该是一个具有自主地位和自由个性的人，应该是一个趋向全面发展的人。

第一，权利观念是认识人的全面发展条件的观念基础。人的发

〔1〕 谢晖：《法律信仰的理念与基础》，山东人民出版社 1997 年版，第 63 页。
〔2〕 王东莉：《德育人文关怀论》，中国社会科学出版社 2005 年版，第 273~274 页。
〔3〕 葛洪义：《论法律权利的概念》，载《法律科学》1989 年第 1 期，第 22 页。

展是在实践活动中展开的，实践是促进人的全面发展的重要方式，马克思认为，正是“生产劳动给每一个人提供全面发展和表现自己全部的即体力的和脑力的能力的机会”〔1〕。人的权利在一定程度上决定了人的实践活动的范围，决定了人发展的空间，是实现人全面发展的条件，如以公民权利、政治权利为代表的第一代人权，使人获得了充分的政治资源，为人提供了政治方面的发展条件；以经济、社会、文化权利为代表的第二代人权，使人获得了丰富的经济资源和文化资源，为人提供了经济、文化方面的发展条件。因此，人享有的权利越多，人的实践活动的范围就越广，人的发展空间就越大，人就越有可能实现多方面的发展，权利的获得与人的发展是同步的，人的权利不断生成的过程就是人不断全面发展的过程。由此可见，权利对人的发展是至关重要的，权利的享有和行使是人自我发展和完善的重要方式，“人权内容的主体性无一不是围绕着人这一主体展开的，实现人的全面的充分的发展是人权的最高价值。”〔2〕因此，人们只有具有了权利观念，才能充分意识到各种权利，才能知晓如何行使权利，从而实现人的全面发展。

第二，权利观念是实现人的需要的观念基础。马克思认为，人的需要是人的本性，人的需要以及人获得满足的方式，把人联系起来。根据利益说，权利是一种法律承认和保障的利益，是利益在法律上的表现，权利的分配就是主体利益的分配。利益是主体和客体的一种关系，反映了客体的属性能够满足主体需要或实现主体愿望，利益的实现就是主体与其所需的客体之间发生现实的肯定关系，从而可以获得、占有或享用客体，主体的需要得到满足，所以利益的实现过程就是需要的满足过程。利益是人的权利和需要之间的中介，权利的行使给人带来的利益正在客观上满足了人自身的需要。因此，人的权利是以人的需要为基础的，以满足人的需要为宗旨，“人类长

---

〔1〕《马克思恩格斯选集》（第3卷），人民出版社1995年版，第644页。

〔2〕于沛霖：《关于人权的价值分析和评价标准》，载《辽宁师范大学学报（社科版）》1996年第3期，第20页。

期以来一直把享有充分的人权作为自己所追求的理想，归根结底是为了满足自身的各种需要的利益。”[1]一方面，人的需要有生存需要、发展需要、享受需要，人的权利也相适应的有生存权和发展权，人的需要是一个整体，人的权利也是与之相适应的整体，人权的这种整体性与人的需要全面发展的内在要求是一致的；另一方面，由于每一种需要都要求有相应的权利保障其获得满足，因此权利行使的过程也就是人的需要满足的过程。因此，人们只有具备了权利观念，才能充分认识到实现需要的各种权利，才能最大限度地满足人的需要。

第三，人权观念是对人普遍尊重的观念形态。人权是人作为人应该享有的权利，是对人的主体地位的承认，是对人的关注和对人的尊重。人权是一个历史范畴，与人的发展一样，经历了一个曲折的发展过程，与人的发展曾经经历了一些人的发展以牺牲另一些人的发展为代价一样，人的权利也经历了一些人特权的获得是以牺牲另一部分人的权利为代价的历史过程。对每一个人而言，是否享有人权是确认其在社会关系中主体资格的依据，也是确认其独立主体地位的标准。因此，一个充分享有人权的人，是一个自主的人，获得了独立的人格和地位，能够按照自己的意愿选择活动，可以自己主宰自己，成为自己的主人；是一个自觉的人，能够清楚地认识到自己选择活动的内容、性质以及责任后果；是一个自为的人，能够按照自己的利益进行选择，以实现自身的需要。一个具有人权观念的人必然会意识到独立主体地位的重要性，必然会提出“人之为人”的强烈要求，并要求社会提供条件，使其能够过上一种人之为人的生活，从而获得普遍尊重和发展。

三、公平正义观念教育对人的全面发展的作用

公平正义观念教育是培养人们公平正义观念的教育，它对人的

〔1〕李步云主编：《宪法比较研究》，法律出版社1998年版，第434页。

全面发展的作用，主要是通过培育人的公平正义观念来实现的。公平正义观念对人的全面发展具有积极意义，它是人类社会发展的强大动力，是人类实践活动的评价标准，直接影响人们的生活愉悦感和幸福感。不论是实体正义观念还是程序主义观念对人的发展都产生了积极影响，不仅使人获得了同样的发展起点，满足了人的利益和需要，还维护了人的尊严和自由。

第一，实体正义观念是对法律实体权利义务公平配置的观念基础，能够合理满足社会个体成员的利益和需要，并为个体的发展提供了同等的起点。古代与现代社会对实体权利义务的分配标准是不一样的，古代社会主要按身份来分配人与人之间的权利义务，权利和义务是分离的，如奴隶与奴隶主、封建主与农奴，所以一些人特权的获得是以牺牲另一部分人的权利为代价，因此一些人的发展以牺牲另一些人的发展为代价。而现代社会是根据平等的人格来分配人与人之间的权利义务，“一切人，作为人来说，都有某些共同点，在这些共同点所及的范围内，他们是平等的，这样的观念自然是非常古老的。但是现代的平等要求是与此完全不同的；这种平等要求更应当是，从人的这种共同特性中，从人就他们是人而言的这种平等中，引申出这样的要求：一切人，或至少是一个国家的一切公民，或一个社会的一切成员，都应当有平等的政治地位和社会地位。”[1]有权利就有义务，有义务就有权利，没有只享受权利而不履行义务的人，也没有只履行义务不享受权利的人，权利和义务是统一的。社会主义公平正义观念就是要求合理地分配和协调广大人民群众之间的权利义务，充分体现人民群众的根本利益，使每一个人都获得权利义务的公平配置，在享有权利的同时也履行义务，在成为权利主体同时也成为义务主体，使人获得平等的人格和社会地位，从而获得平等发展的机会。

第二，程序正义观念是保障人的尊严和自由的观念形态。程序

〔1〕《马克思恩格斯全集》(第20卷)，人民出版社1971年版，第113页。

正义是法律决策过程的正义，包括立法过程的正义和纠纷解决过程的正义，是正当性法律程序安排和设置的表现，如诉讼当事人的共同参与、法官的中立等。程序正义对人发展的影响首先体现在它维护了人的尊严，美国耶鲁大学法学教授杰里·马修提出了著名的“尊严理论”，认为评价法律程序是否正义的主要标准在于它是否维护了人的尊严以及维护的程度如何。马修以选举程序为例，认为一个人被排除在选举过程之外，往往会使其感觉作为公民的形象受到了损害，并由此产生了不公正的感受。程序正义观念必然要求在法律程序的设计和安排中，公正对待那些利益直接受裁决结果影响的人，从而保障人的尊严。程序正义观念除了要求维护人的尊严外，还要求为人的意志或目的地合法表达提供有利场所，保障人的言论自由，“在程序未终了以前，任何一种差异的目的和主张，都可以进入程序中去沟通、辩驳、对质、博弈”〔1〕，如在诉讼过程中当事人有权提出证据和辩论。因此，坚持程序正义观念，并在法律程序中贯彻这一价值观念，有助于维护人的尊严、保障人的自由。

四、平等观念教育对人的全面发展的作用

平等观念教育是培养人们平等观念的教育，它对人的全面发展的作用，主要是通过培育人的平等观念来实现的。平等是一切人类同胞所具有的权利，这些人同样具有知觉—感情—认识，他们被置于同等条件下：享受与他们存在的需要和官能相联系的同样的财富，并在任何情况下都不受支配，不受控制。平等被认为是一切人可以享受的权利和正义。〔2〕平等观念对人的全面发展具有积极影响：

第一，平等意味着人格和主体地位的平等和不可侵犯，平等观念要求将每一个人都视为人来同等对待，使每一个人都获得发展。法律面前人人平等，就是法律赋予每一位社会成员平等的法律人格

〔1〕 谢晖：《法学范畴的矛盾辨思》，山东人民出版社 1999 年版，第 582 页。

〔2〕 [法] 皮埃尔·勒鲁：《论平等》，王允道译，肖厚德校，商务印书馆 1988 年版，第 272~273 页。

和同等的法律地位，这种法律人格和地位不会因为人们之间的民族、种族、性别、职业、家庭出身、宗教信仰、教育程度、财产状况、居住期限等差异而遭到否定。我国现行《宪法》第38条明确规定了人格尊严不受侵犯："中华人民共和国公民的人格尊严不受侵犯。禁止用任何方法对公民进行侮辱、诽谤和诬告陷害。"因此，使每个人具有同样的法律人格和绝对平等的地位，是对人之为人的尊重，这是实现人的全面发展的前提。平等观念必然要求赋予每一个人以人格，使人在社会中享有人的地位，具备成为人的起码资格。人只有具有独立人格才能成为真正的主体，才能有发展；没有人格和主体地位的承认，或者人格在政治、经济等方面受剥削、受压迫、受奴役，主体就会缺失或者不健全，就会影响主体的发展。如在奴隶社会和封建社会中，奴隶和农奴被作为奴隶主和地主的会说话的工具，在人格上是缺损的，因此他们只能是片面的发展，不能成为真正的主体获得全面发展。

第二，法律面前人人平等主要指法律实施过程的平等，即在法律适用上主体涉及一切人，具有普遍性。法国《人权宣言》中规定："法律对于所有的人，无论是施行保护和处罚都是一样的。在法律面前，所有的公民都是平等的"。联合国大会通过的《世界人权宣言》中也有规定："不分种族、肤色、性别、语言、宗教、政治或其他见解、社会出身、财产、出生或其他任何区别，享有平等的人格尊严和权利、平等的法律保护，不受任何歧视"。法律面前人人平等中指的平等享有权利、履行义务、受法律保护的主体是"人人"即每一个人，这与全面发展中的"人"即指每一个人是一致的，人的全面发展中的"人"是指每一个"现实的个人"，马克思认为："全部人类历史的第一个前提无疑是有生命的个人的存在。"[1]法律面前人人平等观念必然要求在司法上平等地保护每个人的合法权益，一律依法追究任何人的违法行为，在守法上平等地保障每个人依法享有

---

〔1〕《马克思恩格斯选集》(第1卷)，人民出版社1995年版，第67页。

法律规定的权利和履行法律规定的义务，为人人平等的全面发展提供有利条件。

五、人民民主观念教育对人的全面发展的作用

人民民主观念教育是培养受教育者人民民主观念的教育，它对人的全面发展的作用，主要是通过培育人的人民民主观念来实现的。人民民主观念对人的全面发展具有积极意义，它增强了人们的主体性和主体意识，提高了人们的主人翁精神，促进了人的发展。马克思认为自由自觉的劳动是人的类特征，一切社会关系的总和是人的本质，而“人始终是主体”〔1〕，因此，人不仅是劳动和社会关系的产物，而且是劳动和社会关系的主体。从人的作用的角度看，人的主体性在一定程度上体现了人的本质属性，所以人的主体性的发展是人的发展的重要体现。人的主体性主要指人作为活动主体在对客体的作用过程中所表现出来的能动性、自主性和自为性。〔2〕人民民主观念体现了人们在民主法治生活中所体现出来的主体性和主体意识，是作为国家主人的自我意识。人民民主最早是资产阶级在反对封建势力的基础上提出的，但由于劳动人民沦为机器的附庸，成为资本家赚钱的工具，并未真正成为国家的主人，被排斥在民主之外，只有资产阶级才真正掌握国家权利，成为民主的主体，所以资本主义国家民主的主体意识只是局限于资本家，不包括广大劳动者，具有一定的狭隘性。在社会主义国家，民主是社会主义的本质特征，没有民主就没有社会主义，社会主义民主的本质就是人民当家作主，由人民群众在中国共产党的领导下依法管理国家事务和社会事务。在我国，人民当家作主不仅体现在人民群众享有广泛的民主权利，如选举权与被选举权以及言论、出版、集会、结社和信仰自由等，还体现在民主制度的保障，如人民民主专政、人民代表大会制度、

〔1〕《马克思恩格斯全集》（第42卷），人民出版社1979年版，第130页。
〔2〕袁贵仁：《马克思的人学思想》，北京师范大学出版社1996年版，第103页。

共产党领导的多党合作和政治协商制度等。因此，我国广大人民群众人民民主观念的极大丰富，有利于人民参政议政能力和民主素质的普遍提高，有利于发挥人民的自觉性、自主性和自为性，有利于激发人民的主体性，有利于增强人民的主体意识和主人翁精神，从而能促进人的全面发展。

六、党的领导观念教育对人的全面发展的作用

党的领导观念教育是培养党的领导观念的教育，它对人的全面发展的作用，主要是通过培育人的党的领导观念来实现的，党的领导观念对人的全面发展具有积极意义，党“立党为公、执政为民”的本质和“全心全意为人民服务”的宗旨决定了促进人的发展是中国共产党的历史使命，党的领导观念是保证人的全面发展实现的观念基础。党对社会主义法治的领导是思想领导、政治领导和组织领导的统一，这三个方面对人的全面发展起了积极的促进作用，主要表现在：

第一，在思想领导方面，中国共产党以马克思主义为思想指导，引导人们树立正确的社会主义法治观，以解决中国的法治实践问题。马克思主义理论是关于人的学说，人是其理论关注的出发点和归宿，人的发展是其理论的核心。马克思主义理论的出发点是从事实际活动的人，“人就是人的世界，就是国家，社会”〔1〕；强调“物”即物质生产活动及其生产方式的基础作用，更强调“人”在物质生活资料活动中的主体地位；其追求的最高价值原则和归宿是人的全面发展，指出人类社会的高级阶段是共产主义社会即以人的全面发展为基本原则的社会形式。因此，马克思主义理论是以人为出发点、以人为主体、以人为目的的，以人为本是其应有之义。党的思想领导观念就是要求中国共产党领导的社会主义法治事业以马克思主义理论为指导，必然要求立法、执法、司法和法律监督的各个环节体

〔1〕《马克思恩格斯选集》（第1卷），人民出版社1995年版，第1页。

现以人为本的精神：在立法上要充分体现广大人民群众的根本利益，推进立法民主化进程；在执法上要坚持执法为民，尊重和保障人权，加强权力监督；在司法上应当以“为当事人服务”为宗旨，保障当事人的主体地位，方便公民参与诉讼活动，从而为促进人的全面发展创造良好的法治条件。

第二，在政治领导方面，中国共产党将党的路线、方针、政策通过法定程序上升为法律，成为国家意识，从而引导广大人民群众树立正确的法治原则、法治方向和法治立场，为人的全面发展明确目标和方向。中国共产党是中国特色社会主义事业的领导核心，代表先进生产力的发展要求，代表先进文化的前进方向，代表最广大人民的根本利益，归根结底是为了满足人民群众美好生活的需要。中国共产党“立党为公、执政为民”本质和“全心全意为人民服务”宗旨决定了党的理论、路线、纲领、方针、政策和各项工作为人民服务的性质。党的政治领导观念必然要求我国的宪法和法律由党领导广大人民群众制定，体现党的意志和人民群众的共同意志的统一，这样我国的宪法和法律才能维护广大人民群众的根本利益，满足人民现实的物质文化生活需要，进而提高人民的素质，促进人的全面发展。

第三，在组织领导方面，政法机关党员对人民群众的成长具有先锋模范作用。中国共产党党员是中国工人阶级中有共产主义觉悟的先锋战士，不仅具备全心全意为人民服务的精神，还培养了全心全意为人民服务的能力。党的组织领导观念要求政法机关党员立足本职工作，做到求真务实、甘当公仆、文明执法和廉洁自律，不断提高自己的素质，时刻保持先进性，充分发挥自己的才能，在人民群众中发挥引导和示范作用。

七、服务大局观念教育对人的全面发展的作用

服务大局观念教育是培养人们服务大局观念的教育，它对人的全面发展的作用，主要是通过培育人的服务大局观念来实现的。服

务大局是社会主义法治的重要使命，是政法工作的神圣职责。在我国现阶段的大局是中国特色的社会主义事业，具体而言就是推动社会主义经济建设、政治建设、文化建设、和谐社会和生态建设，社会主义法治就是服务于这个大局。服务大局观念就是认识到社会主义法治为经济、政治、文化、和谐社会和生态文明建设服务的观念形态，它是为人的全面发展创造稳定社会环境的观念基础。

第一，服务经济建设观念有利于为人的全面发展提供物质基础。马克思指出："人们在自己生活的社会生产中发生一定的、必然的、不以他们的意志为转移的关系，即同他们的物质生产力的一定发展阶段相适应的生产关系……物质生活的生产方式制约着整个社会生活、政治生活和精神生活的过程。"[1]服务经济建设观念有利于加快社会主义经济建设，不断完善社会主义市场经济，大力发展社会生产力，增强社会主义国家的综合国力，促进社会财富的增加，从而不断满足广大人民群众日益增长的美好生活需求，提高人们的物质生活水平。同时生产力的发展也大大缩短了劳动时间，使人们拥有了更多的自由支配时间，马克思强调"时间是人的发展的空间"[2]，因此增加的自由时间是人们用以提升自己的空间，有利于促进人的全面发展。因此，服务经济建设观念有利于社会主义经济建设，从而为实现人的全面发展提供物质基础和时间保障。

第二，服务政治建设观念有助于为人的全面发展提供有力保障。社会主义民主政治建设是社会主义事业前进方向的有利保证。社会主义民主政治建设是多方面的，民主权利的扩大丰富了人民的民主内容，从政治民主发展到经济社会文化民主；民主形式的完善开拓了人民行使民主权利的具体途径，实现间接民主和基层直接民主的统一；民主制度的建立使得人民民主权利获得了制度保障，民主不再是一句空话。服务政治建设观念有利于社会主义民主政治建设，从而保障了人民当家作主，增强人们的社会责任感，强化人们勇于

---

〔1〕《马克思恩格斯选集》（第2卷），人民出版社1995年版，第32页。
〔2〕《马克思恩格斯全集》（第47卷），人民出版社1979年版，第532页。

思考和探索的精神，激发人们的积极性、主动性和创造性，进而实现人的全面发展。

第三，服务文化建设观念有利于为人的全面发展提供精神支柱。在当代中国，“发展先进文化，就是发展有中国特色社会主义的文化，就是建设社会主义精神文明”[1]。在现代社会，“科学技术是第一生产力”，人是生产力中的主导因素，科学文化与人的结合是现代生产力的必然要求，能激发人们的潜力和创造力，满足人们对科学文化知识的诉求，进而为人的全面发展提供精神动力。法律素质的提高可以培养人的高尚理想、塑造人的优良品德、陶冶人的情操、提升人的精神境界，为人的全面发展提供思想基础和道德支撑。总之，服务文化建设观念有利于社会主义精神文明建设，提高人们的法律素质，从而利于改造人们的主观世界，增强人们的积极性和主动性，为人的全面发展提供精神支柱。

第四，服务和谐社会和生态建设观念有助于为人的全面发展提供良好的社会环境。社会主义和谐社会，是在中国特色社会主义道路上，中国共产党领导全体人民共同建设、共同享有的和谐社会，以民主法治、公平正义、诚信友爱、充满活力、安定有序、人与自然和谐相处为总特征，使社会问题和矛盾在稳定有序的状态下得到解决，不断消除社会生活中的不和谐因素，达到人与社会、人与自然、人与自身关系的和谐统一。

第四节 社会主义法治观念教育实现人的全面发展功能的过程分析

社会主义法治观念教育实现人的全面发展功能的研究既需要横切式的描述，即静态的考察，也需要纵剖式的分析，即动态的考察，上两节已经静态地、横切式地分析了社会主义法治观念教育及具体

---

〔1〕 江泽民：《在庆祝中国共产党成立八十周年大会上的讲话》，人民出版社 2001 年版，第 18 页。

形式在人的全面发展方面具有的积极功能，本节需要进一步明确这些功能的形成和发挥的动态过程。这一过程实际上是教育系统按一定统治阶级的期待培养个体的法治观念和行为的过程，统治阶级的功能期待是功能发挥的起点，个体的法治观念和行为的形成是功能发挥的终点。个体法治观念和行为的养成总是在教育行为（活动）中实现的，教育行为（活动）又以教育功能取向为指导，教育功能取向又必须反映一定统治阶段的功能期待。因此，社会主义法治观念教育实现人的全面发展功能经历了四次转化：统治阶级功能期待向教育系统功能取向的转化、功能取向向功能（教育）行为的转化、功能（教育）行为向个体观念的转化、个体观念向个体行为的转化，从而形成了四个阶段即社会主义法治观念教育功能取向的确立阶段、功能行为的发生阶段、初级功能结果的产生阶段（个体观念的解放）和次级功能结果的实现阶段（人的活动能力、社会关系、个性和需要的发展）。

一、功能取向的确立阶段

从统治阶级的功能期待到教育系统功能取向的确立过程，是社会主义法治观念教育发挥人的全面发展功能的第一个过程。社会主义法治观念是社会主义社会占统治地位的法治观念，是统治阶级的法治观念。社会主义法治观念教育承载着传递主导法治意识形态的任务，是为统治阶级的利益服务的，所以在功能期待上只能体现为统治阶级的功能期待，也就是说社会主义法治教育的功能期待要与中国共产党领导的广大人民的根本利益相一致，即对人的全面发展的要求。统治阶级的功能期待是统治阶级对教育活动所期望的结果，表明了教育功能的一种理想状态，但它和教育系统功能取向的确立是不同的，两者之间存在着一个转化的过程。统治阶级的功能期待产生在先，教育系统功能取向的确立在后，功能期待对功能取向的确立具有一定的指导和规范作用，功能取向的确立是功能期待在社会实践中的转化。这一转化过程是一个复杂的过程，多种因素会在不同方面对转化的过程产生影响，主要体现在两个方面：一是客观因素，统治阶级的功能期待向教育系统功能取向确立的转化需要具备一定外部客观条件，包括社会经济、政治、文化环境等现实因素；二是主观因素，社会主义法治观念教育系统自身对统治阶级功能期待的认识和态度。

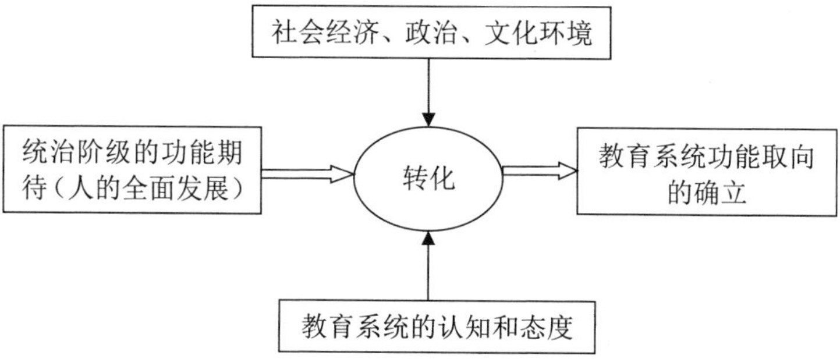

第一，社会主义法治观念教育系统对统治阶级功能期待的转化需要具备一定的社会经济、政治和文化条件。经济制度和经济体制对统治阶级功能期待的转化具有巨大影响，经济体制可以分为自然经济和市场经济，两者对人的发展的影响是不同的：自然经济养成了人的依赖性，市场经济增强了人的独立性；自然经济维护人的不平等，市场经济确立了人的平等地位；自然经济封闭人的社会交往，市场经济促进人的社会交往；自然经济泯灭了人的活力，市场经济激发了人的创造力。由此可见，只有在市场经济条件下统治阶级的功能期待即人的全面发展才能有效地实现，教育系统才能确立起与其相一致的功能取向。政治制度对统治阶级功能期待的转化也具有重要影响，政治制度有专制政治和民主政治之分，专制政治忽视了人的主体性和价值，压制了人的个性，而民主政治增强了人的主体性，丰富了人的个性。因此，只有在民主政治条件下统治阶级的功能期待即人的全面发展才能有效地实现，教育系统才能确立起与其相一致的功能取向。社会文化对统治阶级功能期待的转化也具有很大影响，教育在一定意义上是社会文化的组成部分，社会文化的价值取向在一定程度上会影响教育的功能取向，以人为本的文化价值取向有利于促进教育系统确立起与统治阶级的功能期待即人的全面发展相一致的功能取向。

第二，社会主义法治观念教育系统对统治阶级功能期待的转化受到其自身“认知和态度”的制约。功能期待作为统治阶级对人的全面发展的要求，表达了一种理性状态，教育系统反映功能期待对教育功能达到理想状态有一定影响，所以统治阶级的功能期待向教育系统功能取向确立的转化受制于教育系统对功能期待的认知。如果教育系统正确反映了功能期待，那么按这种功能取向所采取的教育行为就会培养出符合统治阶级期待的全面发展的人，使得教育的各种功能趋于协调和优化；如果教育系统错误反映了功能期待，那么按这种功能取向所采取的教育行为就培养不出符合统治阶级期待的全面发展的人，教育的各种功能将趋于失调和劣化。而且教育系统对功能期待的认知越全面越深刻，功能期待向功能取向的转化就越充分，效果就越好；反之，效果就越差。除了认知能力外，教育系统对统治阶级功能期待的态度也是影响转化的重要因素。教育系统对功能期待的态度大致可以分为三种：肯定、漠不关心和否定。一般来说，态度越肯定，信赖度越高，转化的热情越高，转化的动力也就越大，反之亦然。具体而言，如果教育系统对功能期待持肯定态度，它对功能期待就易于认同，统治阶级的功能期待也易于转化为教育系统的功能取向；如果教育系统对功能期待是漠不关心的，它就没有多大热情认同功能期待，既不促进也不排斥功能期待向功能取向的转化；如果教育系统对功能期待持否定态度，它对功能期待就难以认同，统治阶级的功能期待也就难以转化为教育系统的功能取向。

由此可见，社会主义法治观念教育系统功能取向的确立是一个复杂的过程，既要受外部社会经济、政治、文化环境的制约，也要受其系统自身的认识和态度的影响，是在多种因素的综合影响下的。转化的结果可能会出现三种不同情况：一是转化的结果确立了满足统治阶级功能期待的正向的功能取向（即人的全面发展的功能取向）；二是转化的结果确立了与统治阶级功能期待相违背的负向的功能取向；三是转化的结果没有确立相应的功能取向。因此，我们有必要控制外部环境和影响教育系统的认知和态度来促使正向功能取向的确立。

二、功能行为的发生阶段

从教育系统功能取向的确立到功能行为的发生，是社会主义法治观念教育发挥人的全面发展功能的第二个过程。所谓的功能行为是指“可能导致产生一定的功能结果的所有教育行动，具体包括教育制度的建立、教育结构的确立、教育目标的设定、教育内容的编制以及教育手段的选择等”[1]。社会主义法治观念教育作为一种社会系统，是根据人的意志建立起来的，因此，对教育功能取向的选择即期望教育发挥什么样的作用，是教育所必须解决的第一个问题，只有确立了教育功能的取向，才能进一步考虑教育行动的问题，即如何实现教育的问题。教育功能取向一旦确立，就会对功能行为具有指导和规范的作用，而各种具体功能行为的生成也在不同程度上反映了教育功能的取向。具体而言，教育制度（教育系统内部的规章和规范）是对功能取向在制度安排上所做的权威性反映；教育结构是指“教育机构总体的各个部分的比例关系及组合方式”[2]，是对功能取向在教育机构方面的反映；教育目标是对功能取向在结果追求上所做的反映；教育内容是对功能取向在知识、观念等内容体系方面的反映；教育手段是对功能取向在具体实现方式上的反映。由此可见，功能取向和功能行为之间存在着一个转换过程，如图所示这一过程受到物质、精神、制度和人的四个方面因素的制约。

〔1〕 吴康宁：《教育社会学》，人民教育出版社 1998 年版，第 404 页。
〔2〕 张云霞：《教育功能的社会学研究》，武汉大学出版社 2011 年版，第 92 页。

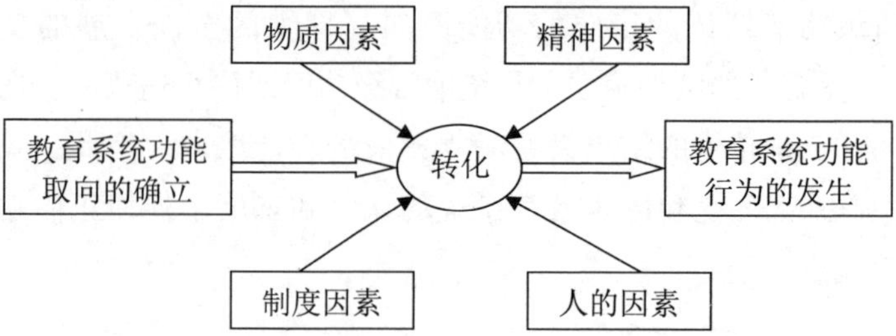

第一，物质因素对功能取向向功能行为的转化存在影响。社会主义法治观念教育功能的实现必然要同社会大系统之间建立起物质交换关系，需要有一定的物质投入。“要改变一般人的本性，使它获得一定劳动部门的技能和技巧，成为发达的和专门的劳动力，就要有一定的教育或训练，而这就得花费或多或少的商品等价物。”〔1〕同样，社会主义法治观念教育实现人的全面发展功能也需要一定的物质基础，包括各种设备、设施的建设和更新以及各种先进教育手段（如多媒体、机房和网络）的运用，需要硬件的投入。社会的物质投入充分就有利于功能取向转化为功能行为，从而为教育行为的操作和运行提供极大可能，反之，则不利于功能取向向功能行为的转化，会延缓功能行为的发生。

第二，精神因素对功能取向向功能行为的转化存在影响。这里的精神因素是指社会对社会主义法治观念教育投入的关注，是社会对它的精神支持和重视程度。重视与否以及重视的程度直接影响功能取向向功能行为转化的积极性和效果，如果社会对社会主义法治观念教育非常重视，将其作为素质教育的重要组成部分和衡量人才素质的重要指标，就会促进功能行为的生成；反之，则延缓功能行为的发生；而且重视的程度越高，转化的积极性也越高，转化的效果也就越好。

第三，制度因素对功能取向向功能行为的转化存在影响。制度因素包括教育政策和教育法律法规，是功能取向向功能行为转化的

〔1〕《马克思恩格斯选集》（第2卷），人民出版社1995年版，第174页。

权威性和规范性的指导。教育政策是“国际政治、经济组织或各国国家机关及其代表为实现一定的教育发展的预期目标而采取的合法行为以及由此而形成的行为准则”[1]，如1985年以来每五年中央宣传部、司法部发布的《关于在公民中开展法制宣传教育的五年规划》。教育法律法规是指国家机关依照法定权限和程序制定和公布的教育方面的规范性文件的总称，[2]如2011年全国人民代表大会常务委员会通过的《关于进一步加强法制宣传教育的决议》，2016年全国人大常委会发布的《关于开展第七个五年法治宣传教育的决议》。这些教育政策和法律法规越充分，对功能行为的发生越具有规范性，越能指导教育目标、内容、师资、教材、方法和途径的安排和落实，反之亦然。

第四，人的因素对功能取向向功能行为的转化存在影响。人的因素主要是指教育者的专业素质，包括品德、知识和技能等，它对功能行为的效果具有极为重要的作用。教育者的品德不仅包括伦理道德和社会公德，还包括法律职业道德，是引导受教育者发展的重要素质，教育者越具有高度的责任感、强烈的进取心、坚忍不拔的毅力和为人师表的自觉性，这些品德渗透到教育活动中，就越能增强教育行为的效果。教育者的基础知识和法律专业知识是影响教育效果的重要决定因素，在一定程度上教育者的知识水平（包括广博的社会科学人文知识和完备的法律专业知识）与教育效果之间成正相关关系，也就是说教育者的知识越丰富，教育效果越明显，反之亦然。教育者的教育技能也是其必需的素质，是有效实施教育的前提和保证。韦伯认为：“教育家者，亦即艺术家也。质而言之，即教育上之艺术家也。故于语言，于行动，不可不具有艺术家的能力。以前者言之，则必长于词辩，巧于衍述。以后者言之，则必精于图画，巧于手工”[3]。教育者的各种教育能力的强弱，如信息处理和

---

[1] 肖昊：《教育发展》，武汉大学出版社2004年版，第234页。

[2] 张云霞：《教育功能的社会学研究》，武汉大学出版社2011年版，第91页。

[3] 转引自邓胥功：《教育学大纲》（下），上海华通书局1933年版，第494页。

传递能力、分析问题能力、表达沟通能力、组织管理能力、独立创造能力、了解学生能力和交际能力，直接影响教育效果的好坏。

由此可见，社会主义法治观念教育功能行为的发生不是一个简单的过程，从功能取向到功能行为的转化受到物质因素、精神因素、制度因素和人的因素的多重制约，其转化结果存在多种可能：一是发生了满足统治阶级功能期待的正向的功能行为；二是发生了不符合统治阶级功能期待的负向的功能行为；三是没有发生相应的功能行为。因此，我们应该通过调控这些制约因素，积极引导正面影响，消除负面影响，促使正向功能行为的发生。

三、初级功能结果的产生阶段

从教育系统功能行为的发生到初级功能结果的产生，是社会主义法治观念教育发挥人的全面发展功能的第三个过程。初级功能结果在教育过程中表现为个体法治观念的解放，它是功能期待、功能取向和功能行为个体内在化的表现形式，是社会主义法治观念教育实现人的全面发展功能的释放结果。思想观念解放是人全面发展的重要内容。人的全面发展本身就内含着精神生活的丰富和精神世界的充实，意味着人从自身的旧思想、旧观念和旧的思维方式中解放出来。它通常以思想观念解放为先导，思想观念的解放就是人自身的发展，是人摆脱了自身的束缚，获得了精神的自觉和自由。人的全面发展离不开思想观念的解放，思想观念解放的过程也就是人的全面发展过程。法治观念集中体现了社会核心价值观念，法治观念的解放无疑对人的全面发展具有重要价值，产生了深远影响，使人获得了强大的精神动力，如自由、平等、民主、正义、人权等观念的提出，成为激励人们自觉追求和为之奋斗的强大思想动力。社会主义法治观念教育初级功能结果的产生即个体法治观念的解放是一个复杂的过程，这一阶段受到客观和主观因素的影响，客观因素表现为非主导法治观念文化对个体法治观念解放的影响，主观因素则表现为受教育者自身素质对其法治观念解放的制约。

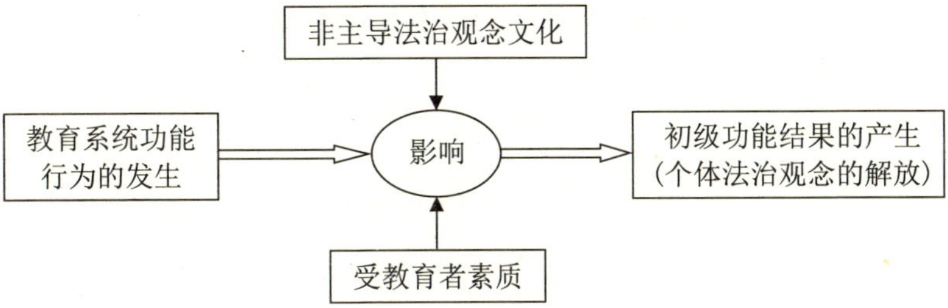

第一，对教育系统功能行动起制约作用的客观因素是非主导法治观念文化，尤其是封建法制观念残余和西方资本主义法治观念的影响。从教育系统功能行为到初级功能结果的转化是为了追求个体法治观念的解放，也就是个体社会主义法治观念的形成即主导法治观念的确立，这一过程中非主导法治观念可以起到推动和破坏的作用。从价值取向上看，非主导法治观念既有与社会主义法治观念同向的部分，也有异向的部分，同向的非主导法治观念可以作为社会主义法治观念的有益补充，可以促进主导法治观念的确立，而异向的非主导法治观念由于会阻碍社会主义法治观念的形成，会遭到批判和扬弃。从表现形式看，非主导法治观念既可以通过显性的方式，也可以是隐性的方式加以影响，显性方式的影响是明确的，隐性方式的影响是潜移默化的。我们把“价值取向”和“表现形式”作为参照系，可以将以上影响归结为显性的同向影响、显性的异向影响、隐性的同向影响和隐性的异向影响四种类型。显性的同向影响是以明示的方式强化教育系统功能行动的作用，显性的异向影响是以明示的方式弱化教育系统功能行为的作用，隐性的同向影响和异向影响是以暗示的方式，或强化或弱化教育系统功能行为的作用，但积累到一定程度也会转化为显性影响。

非主导法治观念文化的影响类型表

		价值取向不同	
		同向	异向
表现形式不同	显性	显性同向	显性异向
	隐性	隐性同向	隐性异向

第二，对教育系统功能行动起制约作用的主观因素是受教育者的素质。外因是事物变化的条件，内因才是事物变化的根据。受教育者的法律认知、情感和意志情况在不同程度上会影响功能行动向初级功能结果的转化效果，影响个体法治观念的生成。从法律认知看，如果受教育者原有的法律认识与教育系统功能行为所传递的法治观念文化性质一致，那么他就容易理解、接受和认同；如果受教育者原有的法律认识与教育系统功能行为所传递的法治观念文化性质不一致，那么他就有可能拒绝和抗拒。从法律情感看，如果受教育者对社会主义法治观念表现为关切和喜欢的心理反映，那么就容易引起他的情感认同和共鸣，即肯定性情感，有利于初级功能结果的发生；如果受教育者对社会主义法治观念表现为漠不关心和厌恶的心理反应，则会引起他的情感歧异和反感，即否定性情感，不利于初级功能结果的发生。从法律意志看，如果受教育者具有坚忍不拔、坚强不屈和坚持不懈的意志力，那么他就能形成强大而持久的精神动力，对所形成的法治观念不容易放弃；如果受教育者意志薄弱，那么他则难以形成坚定持久的精神动力，容易怀疑、动摇和放弃。根据受教育者法律认识、情感和意志的不同情况，我们可以总结出八种影响类型：一是同质法律认知、肯定法律情感和坚强法律意志结合型，这一类型极大地促进了受教育者形成统治阶级所期待的法治观念，且持续时间长久；二是同质法律认知、肯定法律情感和薄弱法律意志结合型，这一类型也促进了受教育者形成统治阶级所期待的法治观念，但可持续的动力不足；三是同质法律认知、否定法律情感和坚强法律意志结合型，这一类型中受教育者的法律认

识和法律情感之间发生了强烈的冲突和失调；四是同质法律认识、否定法律情感和薄弱法律意志结合型，这一类型中受教育者的法律认识和法律情感之间也发生了一定程度的冲突和失调；五是异质法律认识、肯定法律情感和坚强法律意志结合型，这一类型中受教育者有可能改变原有的异质的法律认知，但由于他意志坚强固守原有的异质法律认识，所以改变的可能性相对小些；六是异质法律认识、肯定法律情感和薄弱法律意志结合型，这一类型中受教育者有很大可能改变原有的异质的法律认知，因为他意志薄弱，容易动摇和放弃，所以改变的可能性相对大些；七是异质法律认识、否定法律情感和坚强法律意志结合型，这一类型中受教育者极力拒绝和抗拒教育系统功能行为所传递的法治观念，固守原有观念难以改变；八是异质法律认识、否定法律情感和薄弱法律意志结合型，这一类型中受教育者也会拒绝和抗拒教育系统功能行为所传递的法治观念。

受教育者素质的影响类型表

影响类型	法律认知	法律情感	法律意志
同质法律认知、肯定法律情感和坚强法律意志结合型	同质	肯定	坚强
同质法律认知、肯定法律情感和薄弱法律意志结合型	同质	肯定	薄弱
同质法律认知、否定法律情感和坚强法律意志结合型	同质	否定	坚强
同质法律认识、否定法律情感和薄弱法律意志结合型	同质	否定	薄弱
异质法律认识、肯定法律情感和坚强法律意志结合型	异质	肯定	坚强
异质法律认识、肯定法律情感和薄弱法律意志结合型	异质	肯定	薄弱
异质法律认识、否定法律情感和坚强法律意志结合型	异质	否定	坚强
异质法律认识、否定法律情感和薄弱法律意志结合型	异质	否定	薄弱

由此可见，在初级功能结果产生的过程中，受到了来自外部观念文化和教育者自身素质的影响，如果以统治阶级的功能期待为参照物，功能行为转化的结果有三种情况：一是受教育者形成了社会主义法治观念，表现为正向的功能结果；二是受教育者拒斥社会主义法治观念，表现为负向的功能结果；三是受教育者对社会主义法治观念比较冷漠，表现为零功能。所以，我们应该控制非主导法治观念文化的影响和提高受教育者的素质来促使个体法治观念的解放和正向功能结果的发生。

四、次级功能结果的实现阶段

从初级功能结果的产生到次级功能结果的实现，是社会主义法治观念教育发挥人的全面发展功能的第四个过程，这一过程实际是功能结果自身的转化过程。社会主义法治观念教育实现人的全面发展的功能具有层次性，它首先引起的是个体法治观念的解放即社会主义法治观念的生成，这是直接的或初级的功能结果，也是它区别于其他教育的根本标志，以个体法治观念的解放为核心延伸出来的人的活动能力、社会关系、个性和需求的发展，是它的间接的或次级的功能结果，两者依次展开共同构成了完整的功能结果体系。人的活动能力、社会关系、个性和需求与人的行为密切相关。人的活动是指“人的社会性的、自觉的、有目的的认识世界和改造世界的一切行为过程”〔1〕，所以人的活动能力在一定程度上可以说是人的行为能力。人的社会关系是指“人们在社会活动中和相互交往过程中结成的各种关系”〔2〕，通常是通过人的行为建立起来的。人的个性是指“个人带有倾向性的比较稳定的心理特征的总和。表现在性格、气质、智力、兴趣、爱好等方面”〔3〕。它可以通过人的行为展

〔1〕 李淮春主编：《马克思主义哲学全书》，中国人民大学出版社1996年版，第256页。

〔2〕 李淮春主编：《马克思主义哲学全书》，中国人民大学出版社1996年版，第568页。

〔3〕 宋希仁、陈劳志、赵仁光主编：《伦理学大辞典》，吉林人民出版社1989年版，第63~64页。

现出来。人的需要是人行为的内在动力，人的行为在一定意义上表达了人的需要。由此可见，人的行为是个体法治观念解放和人的活动能力、社会关系、个性和需要发展的中介和桥梁。初级功能结果并不是直接地、自然而然地转换为次级功能结果，两者的转化必须具备一定条件，是在一定环境中完成的，受到社会法治环境和教育系统自身的纠偏机制的制约。

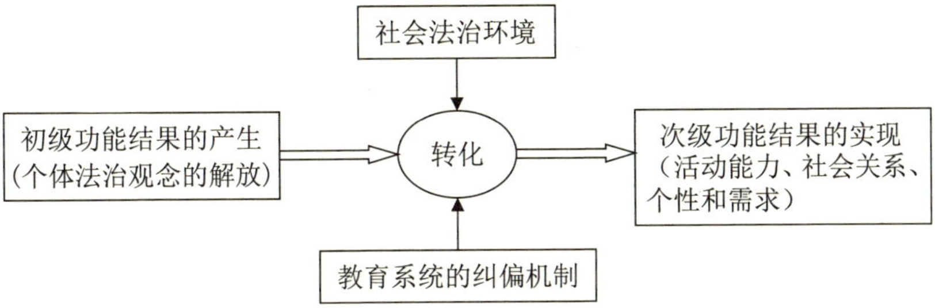

第一，影响次级功能结果实现的外部社会因素主要是法治环境。社会主义法治观念教育不是一个封闭的系统，是处在社会环境尤其法治环境之中，与日常的立法、执法、司法和守法实践有密切关系。这些因素会对次级功能结果的实现产生自发的影响，既有积极的正面的影响，也有消极的负面的影响，所以我们要特别注意法治环境的复杂性，现实生活中立法公正、依法执法、司法正义、积极守法的良好法治环境，有利于强化个体的法治观念，对个体行为产生积极影响，有利于提升人的活动能力、协调人的社会关系、解放人的个性和满足人的需要；现实生活中糟糕的法治环境，会抑制和消解个体法治观念解放的正面效果，对人的行为产生消极影响，不利于人的活动能力的提升、社会关系的协调、个性的解放和需要的满足。

第二，影响次级功能结果实现的内部因素是教育系统的纠偏机制。社会主义法治观念教育不仅是培养人们社会主义法治观念的重要途径，在《关于加强学校法制教育的意见》中明确提出："小学法制教育主要是使小学生初步了解一些与日常社会生活密切相关的法律常识，进行法制观念的启蒙教育……中学法制教育主要是对学生进行社会主义民主与法制观念教育……高等学校法制教育要以培养大学生社会主义法律意识为核心。”社会主义法治观念教育还对人的观念和行为具有纠偏作用，具体表现在：一方面，它传递的是社会主导法治观念，为引导人们的行为和评价人们的行为提供了可靠的依据；另一方面，它可以通过观察和测试等方式发现受教育者的法治观念及相关行为的不足和偏差，进而采取针对性的措施弥补这些缺陷，具有改变不良思想和行为的作用。教育系统的纠偏机制越充分，越能有效地发现受教育者存在的问题，越能及早纠正不良思想和行为，越有利于符合统治阶级期待的次级功能结果的实现，反之亦然。

由此可见，在次级功能结果实现的过程中，受到了来自外部法治环境和教育系统纠偏机制的制约，如果以统治阶级的功能期待为参照系，初级功能结果的转化出现了三种情况：一是实现了统治阶级的功能期待，人的活动能力、社会关系、个性和需要获得了发展，表现为正向功能；二是未达到统治阶级的功能期待，人的活动能力、社会关系、个性和需要未获得预期发展，表现为负向功能；三是没有发生相应的次级功能结果，表现为零功能。所以，我们应该通过控制社会法治环境和教育系统的纠偏机制促使正向次级功能结果的发生，实现人的活动能力、社会关系、个性和需要的发展，最终实现人的全面发展。

综上所述，社会主义法治观念教育发挥人的全面发展功能的过程就是上述四次转化和四个阶段依次展开的过程，下图是以图式的方式将每个阶段连接起来，展示了功能发挥的全景，这一过程的每一阶段都会受到来自社会和教育系统等多方面因素的影响，因而最后的功能结果未必都能实现统治阶级的功能期待。基于上述对各种影响因素的分析，我们可以因势利导，发挥各种因素的正面影响，控制负面影响，使整个功能的发挥过程从统治阶段的功能期待出发，经过功能取向确立、功能行为发生、初次功能结果和次级功能结果展示，最终达到功能期待。只有这样社会主义法治观念教育才能真正实现人的全面发展。

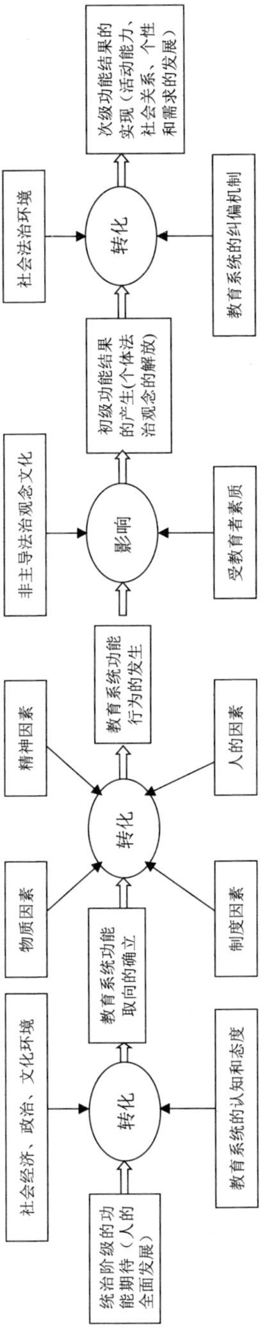
统治阶级的功能期待（人的全面发展）
社会经济、政治、文化环境
教育系统的认知和态度
转化
教育系统功能取向的确立
物质因素
制度因素
精神因素
人的因素
转化
教育系统功能行为的发生
非主导法治观念文化
受教育者素质
影响
初级功能结果的产生(个体法治观念的解放)
社会法治环境
教育系统的纠偏机制
转化
次级功能结果的实现（活动能力、社会关系、个性和需求的发展）

CHAPTER4 第四章

社会主义法治观念教育实现人的全面发展的基本机制

研究社会主义法治观念教育实现人的全面发展的基本机制，首先要了解“机制”的内涵。“机制”一词“原指机器的构造和工作原理”[1]，在《当代汉语词典》中泛指“一个工作系统的组织或部分之间相互作用的过程和方式”[2]。“机制”一词最初用于自然科学领域，引申为自然事物或系统的内在机理、内在联系和运动规律。现在它被广泛应用于各个学科，其中包括政治、经济、文化、社会、教育等多种社会科学领域，机制的基本含义包括以下几个方面的内容：一是组成方式。机制作为一个整体，是由若干要素按照一定方式构成。二是作用方式。组成机制的各要素总是按照一定的方式相互作用。三是生成方式。按照某种方式组合在一起的各要素，通过相互作用而使系统整体地生成、运行，并产生特定的功能。[3]

机制运用于社会主义法治观念教育系统时，是指这个系统内部要素结构及其相互关系的具体运作方式，包含了三层意思：第一，它是社会主义法治观念教育各个构成要素的总和，各构成要素的存在是机制存在的前提；第二，它是各构成要素之间形成的构成方式、作用方式和运行方式，机制总是以一定的方式将各要素有机联系起

---

〔1〕 刘文英主编：《哲学百科小辞典》，甘肃人民出版社 1987 年版，第 500 页。

〔2〕《当代汉语词典》，中华书局 2009 年版，第 680 页。

〔3〕 吴潜涛、刘建军：《新时期思想政治教育史论》，安徽人民出版社 2004 年版，第 183 页。

来；第三，它是一个动态的过程。当把它进一步运用于社会主义法治观念教育实现人的全面发展时，是指这一系统内部各构成要素相互联系和相互作用的联结方式以及通过规律性的相互作用实现人的全面发展的整体功能或整体目标的运行方式，主要包括动力机制、整合机制、内化外化机制和评价机制。动力机制解决的是社会主义法治观念教育实现人的全面发展的外在动力和内在动力问题；整合机制和内化外化机制解决的是社会主义法治观念教育实现人的全面发展的运行问题，整合机制侧重于教育系统的输出，内化外化机制侧重于受教育接受或输入；评价机制解决的是社会主义法治观念教育实现人的全面发展的效果问题。由此可见，整个过程是一个连续完整的过程，从动力机制开始，经整合机制释放，由内化外化机制实现，最后由评价机制检验，其中动力机制是出发点，它由动力主体、动力源、动力传递媒介和动力方向四个要素构成；整合机制是条件，它包括内部整合机制和外部整合机制两个方面；内化外化机制是关键，它由观念内化机制和行为外化机制两个层次组成；评价机制是落脚点，它以个体是否提高主体意识、获得先进文化和成为自由自觉的人为具体判断标准。

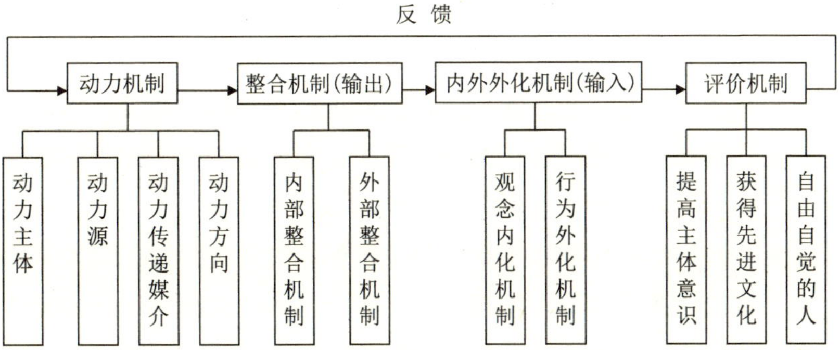

第一节　社会主义法治观念教育实现人的全面发展的动力机制

一、动力机制的概念

动力问题是社会主义法治观念教育实现人的全面发展的重要问题，是其他机制的基础和前提。研究和探讨这一机制的有效动力，有利于从理论上弄清楚动力产生的规律，并在实践上采取积极措施，增强社会主义法治观念教育的活力，发挥其促进人的全面发展的功能。动力原意是指推动机械作功的各种作用力，后扩展为比喻推动工作、事业等前进和发展的力量。[1]社会主义法治观念教育实现人的全面发展的动力是指推动社会主义法治观念教育实现人的全面发展的各种力量，这种推动力是由多种因素构成，是一种整体的力量。

动力机制是指推动事物运动和发展的各种因素或力量之间的相互联系和相互作用的联结方式和运行方式，其本质是描述动力构造、产生、发生作用的过程、机理和方式。动力机制具有以下几个特点：第一，整体性。推动事物前进和发展的力量是复杂的，其动力因素是多元的，所以动力机制是一个合力整体，是由多个相互联系和相互作用的动力因素组成的动力系统。第二，规律性。动力机制是一个有机系统，它不是几个动力因素的简单的、机械的相加，而是遵循一定作用和运行机理形成的合力，无论我们是否意识到，它都客观地发挥着作用。第三，动态性。由于动力机制是一个系统结构，是在多种因素的共同影响下形成和发展的，既受到系统外部因素的影响，也受到系统内部因素的制约，动力因素的变化直接影响动力机制的变化，所以从矢量上看动力机制是一个动态的过程。

社会主义法治观念教育实现人的全面发展的动力机制，是指社会主义法治观念教育实现人全面发展功能的各种动力因素及其相互

---

〔1〕 任超奇：《新华汉语词典》，崇文书局2006年版，第200页。

之间的联系、作用和运行的方式和机理。根据不同的标准，这一动力机制可以划分为不同类型。按动力来源，动力机制可分为外部动力机制和内部动力机制，外部动力机制主要是指系统外部政府教育政策的支持；内部动力机制是指系统内部教育者（主要是学校）的教育理念和受教育者的个体需求的影响。按动力方向，动力机制可分为正动力机制和负动力机制，正动力机制是指政府的教育政策、学校的教育理念和受教育者的个体需求与动力方向一致时所形成的动力机制，负动力机制是指教育政策、学校的教育理念和受教育者的个体需求与动力方向不一致时所形成的动力机制。深入分析动力机制的各种影响因素，准确把握其作用和运行规律，及时反映其矢量的动态变化，有助于增强社会主义法治观念教育促进人的全面发展的实现动力，并使这一机制持续有效地运行。

二、动力机制的结构

社会主义法治观念教育实现人的全面发展的动力机制是一个系统结构，是主体以一定的动力源为基础，通过动力媒介的相互传递形成合力，以达到预期动力方向的有机体，主要的构成要素有：动力主体、动力源、动力传递媒介和动力方向。

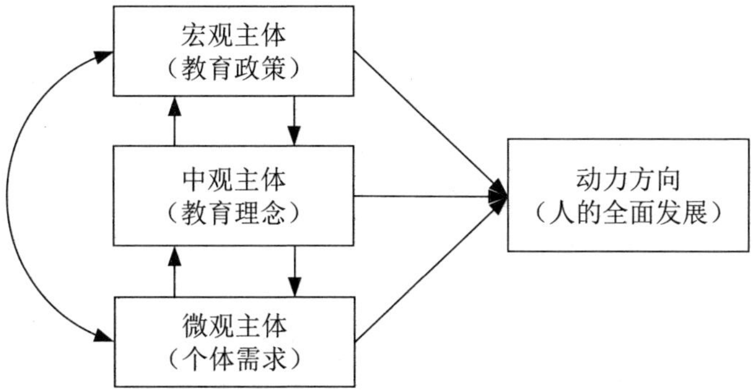

（一）动力主体

动力主体是指动力的提供者，是动力机制的主体性要素，它始终把握着动力的方向和性质，既可以促进事物的发展，也可以阻碍事物的发展。推动社会主义法治观念教育实现人的全面发展的动力主体可以分为三个层次：一是宏观主体，即政府；二是中观主体，是实施教育活动的各种教育机构，主要是学校；三是微观主体，即受教育者个体。具体而言，政府是统治阶级的利益代表，是表达统治阶级功能期待的重要主体；学校是促使功能取向确立转化为功能行为发生的实践主体；受教育者是最终将功能期待转化为个体身心发展的接受主体。不同层次的主体为社会主义法治观念教育实现人的全面发展提供了不同的动力形式或动力源，因此，这些主体的积极性、主动性和创造性直接影响社会主义法治观念教育整体功能即人的全面发展的实现。

（二）动力源

动力源是指动力的来源，是推动事物发展的力量源泉。社会主义法治观念教育实现人的全面发展也具有深厚的动力源泉，主要体现在政府的教育政策、学校的教育理念和受教育者的个体需求上，它们分别产生了不同形式的驱动力，即政策导向力、价值导向力和需求导向力。第一，政策导向力。政策是人们思想和行为的导向标，解决了人们的方向问题，使人们了解统治阶级或阶层提倡什么反对什么，肯定什么否定什么，引导人们养成与其相一致的思想和行为。在社会主义法治观念教育实现人的全面发展的过程中，政府的教育政策具有重要的导向作用，如果政府的教育政策注重以人为本，提倡社会主义法治观念教育关注人、重视人和实现人的全面发展，那么教育活动的性质、目标和内容必然指向人的全面发展，教育过程必然会向着有利于宏观主体所希望的方向发展；反之，缺乏政府的高度重视和正确领导，社会主义法治观念教育可能会偏离人的全面发展的方向。第二，价值导向力。教育理念是一种价值取向，直接指导各种教育活动的选择，如教育目标的确立、教育计划的制订、教育过程的实施、教育评估的反馈等，不同的教育理念对教育活动的价值导向大相径庭。在社会主义法治观念教育实现人的全面发展的过程中，如果学校的教育理念是以人为本的价值取向，也就是说学校重视教育的个体发展功能，注重人的活动能力、社会关系、个性和需求的发展，将人的解放、发展和完善作为教育活动的出发点和归宿，那么社会主义法治观念教育就会朝着有利于"人的全面发展"的方向前进；反之亦然。第三，需求导向力。需要表达了主体对客体的一种依赖和摄取的状态，"'需要'作为一般的范畴，表明了有机物、人和整个社会的一种特殊状态即摄取状态；这种状态就是它们的生存和发展的客观根据和各种积极形式的来源。"[1]需要是人类一切实践活动的出发点，一定的需要必然产生反映这一需要的目的性意识即动机，一定的动机又必然支配一定的行为，最终满足主体的需要。已经获得满足的需要又会引起新的需要，形成新的动力，不断循环、永无止境。在社会主义法治观念教育实现人的全面发展的过程中，受教育者对法治观念满足人的物质和精神需要的诉求，是推动社会主义法治观念教育实现人的全面发展的又一重要动力来源，只有受教育者形成这一需求，才会主动选择和接受旨在实现人的全面发展的法治观念，才会更好地增强社会主义法治观念教育的效果。反之，受教育者没有形成这样的需求，他对"法治观念是否体现人的全面发展"的关心程度和关注热情就会降低，进而影响社会主义法治观念教育实现人的全面发展的效果。

（三）动力传递媒介

动力传递媒介是指动力从一个主体传递到另一个主体的介体。[2]介体是动力的传递者和沟通者，是连接不同动力主体动力源的纽带和桥梁，也是促使不同动力主体互动的中介，它能整合宏观、中观和微观三个层次主体的动力源，形成社会主义法治观念教育运行的合力。不同主体之间的动力传递，可以促使不同动力源的互补和整

〔1〕李连科：《论人的需要》，载《关于人的学说的哲学探讨》，人民出版社 1982 年版，第 244~270 页。

〔2〕张耀灿等：《思想政治教育学前沿》，人民出版社 2006 年版，第 278 页。

合，一方面可以避免动力内耗，另一方面可以消除动力摩擦，减少动力源之间的冲突和消解，实现动力源之间的动态平衡。动力传递媒介最重要的是利益传导，正如马克思反复强调过的："把他们连接起来的唯一纽带是自然的必然性，是需要和私人利益。"[1]宏观主体、中观主体和微观主体可以通过利益因素有机地联系在一起，并共存于社会主义法治观念教育的动力系统中。在宏观主体和中观主体之间是中观主体自身利益的满足，中观主体必须保持教育理念与宏观主体教育政策的一致，只有这样才能培养出宏观主体所需的人才，才能获得更多的政策支持，从而增强中观主体的动力。在中观主体和微观主体之间是微观主体可以从中观主体那里获得的物质利益和精神利益，这促进人的全面发展，从而增强了微观主体的动力。在微观主体和宏观主体之间，只有微观主体获得了全面发展，宏观主体的政策利益才能得以实现，才能赢得人们的普遍认同，进而增强宏观主体的动力。

（四）动力方向

动力方向是指动力机制的明确指向，也是不同层次动力的合力方向。在社会主义法治观念教育实现人的全面发展的动力机制中，宏观主体的以人为本教育政策导向、中观主体的以人为本教育理念导向、微观主体的人的全面发展的需求导向，三种动力相互渗透和传递，其动力方向必然是指向人的全面发展，它是不同层次主体的动力方向整合后的总的动力方向。人的全面发展能把不同层次的主体凝聚起来，并把各种驱动力包括政策导向力、价值导向力和需求导向力调动起来，它是各种力量的汇合点和连接点，是社会主义法治观念教育的动力方向。

三、构建动力机制的原则

社会主义法治观念教育实现人的全面发展的动力机制是在一定

[1]《马克思恩格斯全集》（第3卷），人民出版社2002年版，第185页。

的指导原则下构建起来的，指导原则的正确与否直接影响到这一动力机制的质量和效果，其所遵循的指导原则有以人为本原则、方向性和科学性相统一原则以及正强化和负强化相结合原则。

（一）以人为本原则

“以人为本”是一种以人为主体、以人为目的和手段、以人为动力和以人的发展为终极目标的价值取向和思维方式。坚持以人为本作为构建动力机制的基本原则具有十分重要的意义，能够保证动力方向即人的全面发展的实现。将这一原则运用到社会主义法治观念教育实现人的全面发展的过程，必然要求尊重人、解放人和塑造人。尊重人，就是要尊重人的主体地位和作用，人“是全部人的活动和人的关系的基础”[1]，既是劳动的主体，也是社会关系的主体。只有尊重动力主体的主体地位，充分发挥他们的自主性、能动性和创造性，才能调动政府、学校和受教育者的积极性和主动性，从而提升动力机制的效果。解放人，就是要冲破约束人的各种束缚。动力主体的解放首先是思想和观念的解放，它必然带来教育政策、教育理念的创新以及教育需要的提出，从而增强动力机制的驱动力。塑造人，就是使人不断完善，实现人的全面发展。人的全面发展是人类社会的共同理想和终极目标，“社会和国家的目的在于使一切人类的潜能以及一切个人的能力在一切方面和一切方向都可以得到发展和表现。”[2]塑造人就是要求社会主义法治观念教育塑造全面发展的人，从而保证动力机制的动力方向。由此可见，社会主义法治观念教育只有坚持以人为本，尊重人、解放人和塑造人，把动力主体的主动精神和创造精神发挥出来，才能对动力机制的构建提供强大的推动力。

（二）科学性和方向性相统一原则

构建社会主义法治观念教育实现人的全面发展的动力机制，首

---

〔1〕《列宁全集》（第55卷），人民出版社1990年版，第19页。

〔2〕［德］黑格尔：《美学》（第1卷），朱光潜译，商务印书馆1979年版，第59页。

先，要坚持动力机制的科学性，所谓科学性就是要求动力机制符合事物发展的客观要求。只有以科学的态度和精神树立社会主义法治观念教育的动力观，才有可能揭示动力机制内部结构之间的内在联系，才能弄清楚社会主义法治观念教育的运行方式和工作机理，为其实现人的全面发展提供科学依据。所以在构建动力机制中要坚持科学性的原则，探索推动社会主义法治观念教育实现人的全面发展的规律性和真理性，真正把握其运行动力的内在规律。其次，要坚持动力机制的正确方向，就是要坚持社会主义法治观念教育的政治方向，即要坚持马克思主义的指导思想，坚持社会主义核心价值体系，保证社会主义方向。最后，构建动力机制的科学性原则和方向性原则是辩证统一的，没有科学性，方向再正确，由于动力机制难以有效运转，社会主义法治观念教育往往事倍功半，甚至事与愿违；没有正确的方向，由于价值取向的偏差，即使动力机制遵循了科学规律，也不能产生正面效应和价值。因此必须将两者结合起来，以正确的方向引导社会主义法治观念教育的价值追求，以严谨的科学性保证社会主义法治观念教育按规律办事，以达到事半功倍的效果。总之，科学性和方向性相统一，必然促使动力机制正确、科学和健康地发展。

（三）正强化和负强化相结合原则

所谓正强化是指肯定和加强不同动力主体（包括政府、学校、受教育者）具有积极意义的动机，它对鼓励人们形成与动力方向相一致的动力源具有正面的促进作用，一般可以通过激励的方式来实现。激励是“给人以行动的动力，使人的行为指向特定的目标和维持人的行为”[1]，它能激发人们形成积极的行为动机或心理推动力，维持人们的动机朝着预期的目标努力。激励的方式多种多样，有物质激励、精神激励、褒奖激励等。物质激励是通过物质利益来

〔1〕［美］史蒂文·阿尔特曼等：《管理科学与行为科学——组织行为学：实践与理论》（上），魏楚千等译，北京航空航天大学出版社1990年版，第148页。

激发动力主体正确的行为动机；精神激励主要是从感情出发，使动力主体感受到情感的感召力，动之以情，调动主体的积极性；褒奖激励是对动力主体积极的心理推动力给予肯定和表扬的激励，引导主体形成正确的行为动机。所谓负强化是指弱化和否定不同动力主体（包括政府、学校、受教育者）具有消极意义的动机，它对人们形成的与动力方向不一致的动力源具有削弱的作用，一般可以通过批评和处罚的方式来实现。正强化和负强化是两种截然不同的方式，但两者的目的是一致的，都是为了推动社会主义法治观念教育实现人的全面发展，正强化使与动力方向即人的全面发展相一致的动机得到鼓励和褒扬，负强化使与动力方向即人的全面发展不一致的动机得到抑制和消除。所以，我们要坚持正强化和负强化的结合，以正强化为主、以负强化为辅，构建社会主义法治观念教育的强势动力机制。

第二节　社会主义法治观念教育实现人的全面发展的整合机制

一、整合机制的概念

"整合"一词，最早是由英国哲学家赫伯特·斯宾赛在其《第一原理》中提出来的，他认为整合是指"一个新的统一整体的建构、序化过程，这个过程是由该系统的整体作用及系统核心的统摄、凝聚作用而导致的众多相关部分或因素集合"〔1〕。整合实际上是一个由不同部分联合为有机整体的过程，通过整合整体能够提高自身的完整性和功能水平。整合机制就是指影响整合诸因素的相互联系及其功能，以及整合的作用原理。〔2〕因此，社会主义法治观教育实现

〔1〕 李彦西：《欠发达省区高等教育资源整合机制研究》，武汉理工大学2010年博士学位论文，第31页。

〔2〕 张耀灿、马奇柯：《论思想政治教育的整合机制》，载《学校党建与思想教育》2005年第4期，第30页。

人的全面发展的整合机制是指为了发挥人的全面发展的整体功能，影响社会主义法治观念教育整合诸因素的相互联系及其功能，以及整合的作用机理，它包含了以下三层意思：

第一，整合的对象。社会主义法治观念教育系统是由诸多要素构成的，这些要素具有不同程度的自主性，发挥着相对独立的功能，这些功能之间既可能相互协调，也可能相互冲突，因此要发挥系统的最大功能即人的全面发展需要整合各构成要素。一方面，需要对社会主义法治观念教育系统内部要素进行整合，这里的教育系统是狭义意义上的教育，特指学校教育，其内部要素包括教育主体、教育内容、教育方式和教育目标等；另一方面，由于教育系统处于开放的社会系统中，还需要对教育系统与其他系统进行整合。

第二，整合的方式。整合是使系统一体化的过程，必然要求诸要素之间相互依赖、相互耦合、相互作用和相互促进，在功能上互补，在利益上一致，从而形成统一的有机整体。由此可见，协调、协同是整合机制的重要方式，协同学的创始人哈肯提出协同理论是"一个由大量子系统所构成的系统，在控制变量达到临界值时，子系统之间通过非线性的相互作用产生协同现象和相干效应，使系统形成一定功能的自组织结构，在宏观上便产生了时间结构、空间结构或时—空结构，出现了新的有序状态"[1]。也就是说系统内部各个子系统之间相互作用达到了协调一致，就会出现新的有序结构，这是哲学上矛盾统一性的具体表现。如果社会主义法治观念教育诸要素紧密联系、恰当组合、相得益彰，就会优化系统的整体功能，即人的全面发展，使系统整体功能大于各要素功能之和；反之，就会弱化系统的整体功能，导致系统的整体功能小于各要素功能之和。

第三，整合的目标。目标是整合机制的核心，整合实际上是围绕目标的整合，是以目标为中心所进行的各种活动。没有整合的目标，整合就变成一盘散沙；只有围绕目标进行整合，才能使诸要素

〔1〕郭治安、沈小峰编著：《协同论》，山西经济出版社1991年版，第100页。

有的放矢，发挥系统的最大功能。在社会主义法治观念教育实现人的全面发展过程中，其整合机制的目标是人的全面发展，功能内含着目标，社会主义法治观念教育的人的全面发展的整体功能是教育目标的内在根据，也是整合目标的客观依据。

总之，一旦社会主义法治观念教育系统建立起有效的整合机制，诸要素之间的活动便由它们的耦合关系所支配，相互的冲突关系退为次要地位，因此，诸要素协同运行，有利于系统总体目标或整体功能的实现。

二、教育系统内部整合机制

社会主义法治观念教育系统内部整合机制是多层次的，一方面是系统内部各要素自身的整合，包括教育主体的整合、教育内容的整合以及教育方式的整合等；另一方面是系统内部各要素之间的整合，如教育主体、教育内容、教育方式和教育目标之间的协调配合。只有这样才能形成有效的内部整合机制。

（一）教育主体

社会主义法治观念教育的教育者和受教育者之间是主体间双向互动关系，两者都是主体，但其地位具有相对性，社会主义法治观念教育主体的整合主要体现在两者的互动关系中。当教育者将社会主义法治观念施加于受教育者时，教育者是活动的承担者，是活动的主体，在教育中占主导地位，一方面教育者自觉地、积极地认识和了解社会主义法治观念的内容，另一方面受教育者是他施加影响的对象，是他在教育活动中认识的对象，他根据不同的对象进行因材施教，在这一意义上，受教育者是客体，是教育者展开教育活动必不可少的重要条件。总之，在这一活动中，教育内容和受教育者是教育者进行教育活动所指向的复合客体。当受教育者认识、理解、把握社会主义法治观念时，受教育者是活动的完成者，他并不是消极的、被动的，而是富有能动精神的活动主体，一方面他根据自己的兴趣、爱好、情感和需要自主地、积极地认识和接受教育内容，另一方面他也要认识教育者，适应教育者的教学方法，在这一意义上，教育者是客体，是受教育者展开学习活动不可或缺的重要条件。总之，在这一活动中，教育内容和教育者是受教育者进行学习活动所指向的复合客体。由此可见，教育者和受教育者是在教与学的过程中相互作用的，这一过程就是一个双向互动的过程，也是教育者和受教育者相互合作、相互协调的过程。

（二）教育内容

社会主义法治观念教育的内容体系包括了“法律权威观念；权利观念、公平正义观念、平等观念；人民民主观念、党的领导观念、服务大局观念”三个层次分明、相互联系的方面，其中法律权威观念是前提，权利观念、公平正义观念和平等观念是核心，人民民主观念、党的领导观念和服务大局观念是关键。这些内容既包括了一般法治观念教育的知识和理念，又包括了与中国国情相结合的部分，应当有机地结合起来，相互协调、相互促进，不可以偏概全、顾此失彼。只有这样才能保证社会主义法治观念教育内容的真实性和完整性。没有法律权威观念，权利观念、公平正义观念和平等观念就失去了“法律”的支撑，人民民主观念、党的领导观念和服务大局观念就丧失了“法律”的约束，这些观念离开法律权威观念只能成为空谈；没有权利观念、公平正义观念和平等观念，法律权威观念就失去了“法律”的灵魂，人民民主观念、党的领导观念和服务大局观念就丧失了“法律”的宗旨，这些观念离开了权利观念、公平正义观念和平等观念只能成为空想；没有人民民主观念、党的领导观念和服务大局观念，法律权威观念、权利观念、公平正义观念和平等观念就丧失了“法律”的方向，只能成为空话。由此可见，社会主义法治观念教育的内容具有多层次性和复杂性，有必要加强各内容要素之间的协同和配合，以提高教育内容的整体效果。

（三）教育方式

社会主义法治观念教育方式的整合机制是指在教育过程中实施

社会主义法治观念教育的各种方式相互联系、相互作用、相互制约，共同产生合力，促进教育目标的实现。由于不同的教育方式具有相对的独立性和差异性，我们可以通过协调和控制，使各种教育方式相互互补、相互促进，整合教育力量，实现教育目的。学校教育作为实施社会主义法治观念教育的重要场所，要形成以课程教学为主要渠道，课内课外紧密联系的网络和体系。依托课堂对学生进行比较系统的社会主义法治观念教育，课外利用第二课堂和社会实践活动对学生进行生动、有趣、直观的法治观念教育，如播放法制教育电视录像和电影，组织“模拟法庭”，开展法律咨询活动，组织旁听相关审判活动等。

（四）教育主体、教育内容、教育方式和教育目标的协同

教育主体、教育内容、教育方式和教育目标的协同是指在社会主义法治观念教育过程中，这四个要素在方向上保持一致。这是教育目标协调的结果。整合是围绕目标展开的，整合的目标实际上是教育的目标，即人的全面发展，在社会主义法治观念教育实现人的全面发展过程中，其内部整合机制是由以人的全面发展为教育目标协调教育主体、教育内容、教育方式实现的。首先，教育主体与教育目标协同。教育目标可以调节教育者的教育理念，使其坚持以人为本的教育理念，与教育目标保持一致。教育目标还可以调节受教育者的需要，激发其全面发展的需求，使其与教育目标保持一致。其次，教育内容与教育目标协同。教育内容是根据教育目标确定的，是教育目标的具体化，必须与教育目标的方向保持一致，教育目标是人的全面发展，教育内容如权利观念、公平正义观念、平等观念等也必须体现人的全面发展。最后，教育方式与教育目标协同。教育方式是实现教育目标的手段，是为教育目标服务的，因此教育方式如课堂教学、第二课堂、社会实践等必须与教育目标的方向保持一致。如下图所示，通过教育目标的协调，教育主体、教育内容和教育方式保持了方向上的一致性，产生了最大的教育合力。

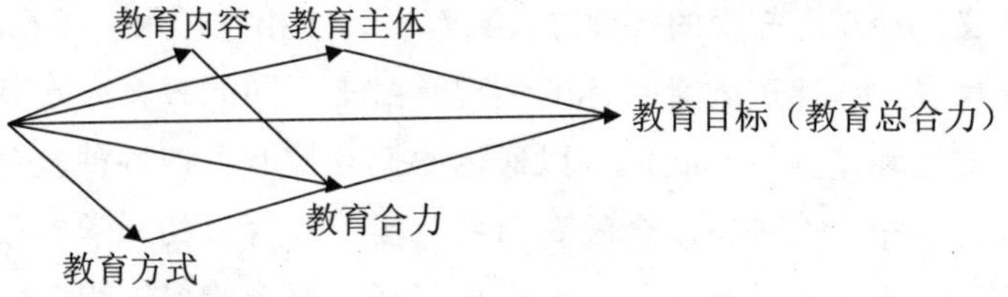

三、教育系统外部整合机制

学校教育是系统化传递社会主义法治观念的场域，作为一个开放的系统，它不断与外部环境如家庭、工作单位和大众传媒发生物质、信息的交换，“系统作为某一时刻形成的具有某种程度稳定性和边界的整体，它还在持续进行着跨越边界与环境进行交换的过程。”[1]这些外部环境以各自的方式向个人传播一定的法治观念，有的是公开的，有的是暗示的，有的是直接的，有的是间接的，最终对教育效果形成不同的影响力。因此为发挥最大的教育合力，有必要对教育系统外部环境进行整合。

（一）家庭

家庭在个体法律社会化中扮演着重要的角色，它对个体法律人格的塑造具有重要意义，奠定了个体法律社会化的基础。一方面，父母对法律的基本态度对子女的法律认知、情感、评价取向产生重要影响。一个人的基本价值观念、道德意识是在早期的与家庭成员的互动过程中形成的，[2]子女在与父母的日常互动中从父母对法律的基本态度获得了社会法治观念的最初经验，如父母对法官、警察的赞扬、敬佩或拒绝、批评，使子女逐渐把这些价值观念内化，形成与父母一致的法律态度。另一方面，父母对法律的看法也影响子女的法律行为选择。虽然父母对法律的看法不涉及具体的法律规范，但它对日后子女的法律行为影响很大。总之，家庭是传播法治观念

〔1〕 谢立中主编：《西方社会学名著提要》，江西人民出版社 2001 年版，第 411 页。
〔2〕 王子琳主编：《法律社会学》，吉林大学出版社 1991 年版，第 119 页。

的重要渠道，但是它是通过父母这一中介实现的，子女所接受和加以内化的法治观念是以父母已形成的法治观念为基础的，而且这种影响是通过父母的言谈、举止和态度等潜移默化地实现。由于子女法治观念的形成来源于父母已形成的法治观念，而父母的法治观念与社会主导法治观念即社会主义法治观念既有相一致的部分，也有不一致的部分，那些不一致的部分有可能影响学校教育（学校教育是传播社会主义法治观念的主要场域）的进程。所以，我们有必要对家庭影响进行整合，因势利导，增强它对学校教育的正面影响效果。

（二）工作单位

工作单位是个体的职业谋生领域，在工作中每个人必然承担一定角色，必须了解社会对该工作的要求和限制，了解其职业道德和职业规范。职业道德和职业规范是从业者在职业生活中所应具备的道德品质和所应遵守的行为规范的总和，它们在一定程度上传递着包括道德观念和法治观念在内的社会价值观念和行为准则。人们通过职业生活接触各自不同的职业规范，形成了对法律的基本态度。人们在工作中是否遵守职业规范以及违反职业规范是否受到制裁，直接影响人们的法治观念和法律行为的选择。因此，我们有必要加强对职业规范的监督，积极引导其正面影响效果。

（三）大众传媒

大众传媒是指人们进行沟通和信息交流的各种手段与工具，主要指报纸、杂志、书籍、广播、电视、电影、网络等。[1]社会规范和包括法治观念在内的价值观念通过这些通信手段中被迅速传播。大众传媒有利于人们了解各种法律制度，增长法律知识，培育法治观念，日益成为影响个体法律社会化的重要因素。大众传媒有着其他传播方式所不具有的优势：一是它的影响对象广泛，由于传媒方

---

〔1〕马和民：《新编教育社会学》，华东师范大学出版社2002年版，第400页。

式的多元化，尤其是广播、电视等方式受文化水平限制较少，不同层次的个体都可以接受大众媒体的信息传播。二是它能够超越时间和空间的限制，加强其影响力。三是它的内容丰富、形式多样，包括各种与法律有关的影视作品、法律类新闻、法院审判直播、案例解说等，在不同层次和方面影响着人们的法治观念。大众传媒对人们法治观念的影响既有积极作用，也有消极作用，其传播的内容与社会主导法治观念即社会主义法治观念既有相一致的方面，也有不一致的方面，如果引导方式不恰当那些不一致的方面有可能影响学校教育的进程。所以，我们有必要加强对大众传媒的引导和整合，加强其对学校教育的影响力。

（四）家庭、工作单位、大众传媒和学校教育的协同

家庭、工作单位、大众传媒和学校教育的协同是指在社会主义法治观念教育过程中，这四个系统在方向上保持一致，形成最大合力。但这四个系统的地位和作用是不同的，学校教育是系统地、规范地传递社会主义法治观念即社会主流法治观念的主场域，家庭、工作单位和大众传媒是传播的重要渠道，在社会主义法治观念教育实现人的全面发展过程中，其外部整合机制是由学校教育协调家庭、工作单位和大众传媒资源实现的。一是家庭与学校教育的协同，加强父母法治观念的再教育，使其与社会主流法治观念保持一致。二是工作单位与学校教育的协同，加强社会主义法治观念对职业规范的指导，使权利与义务、职权与职责相统一，保障公平正义、平等人权，使其在方向上与学校教育保持一致。三是大众传媒与学校教育的协同，加强大众传媒的政治方向性，传播社会主导的法治观念和法治信念，保持与学校教育在方向上的一致。如下图所示，通过学校教育的协调，家庭、工作单位和大众传媒能够保持方向上的一致性，产生最大的合力。

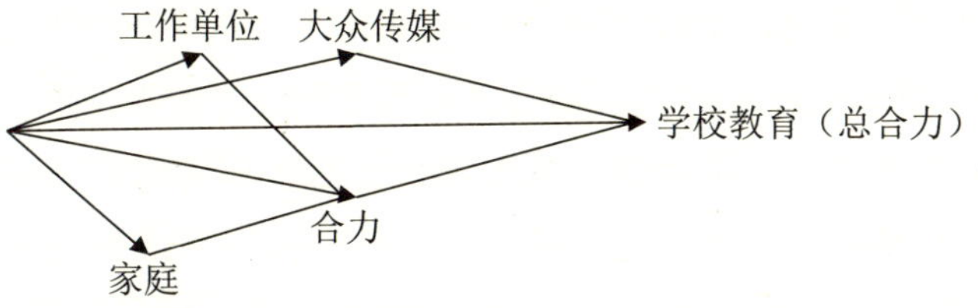

综述所述，社会主义法治观念教育实现人的全面发展的整合机制包括内部整合机制和外部整合机制两个方面，内部整合机制以教育目标即人的全面发展为整合目标协同了教育主体、教育内容和教育方式等教育系统的内在要素，形成了与教育目标方向相一致的教育合力；外部整合机制以学校教育为整合目标协同了家庭、工作单位和大众媒体等多种外部环境资源，形成了与学校教育方向相一致的总合力。这两种机制相结合，使得学校教育整合了外部环境资源，而教育目标又整合了学校教育资源，最终系统内外的全部资源都指向了人的全面发展，从而保证了社会主义法治观念教育的“人的全面发展”的方向。

第三节　社会主义法治观念教育实现人的全面发展的内化外化机制

一、内化外化机制的概念

内化是外部物质动作向内部精神动作转化的过程，[1]是一个由外向内的过程。法国社会学家涂尔干最早提出“内化”的概念，他认为内化指的是社会意识向个体意识的转化，即把社会意识形态的诸要素移植于个体意识之内。[2]之后瑞士心理学家皮亚杰提出了内化在“运算”中的作用，由对感觉、知觉、动作的协调，发展到对表面现象水平动作的协调，再发展到对逻辑运算精神动作的协调，

〔1〕 鲁洁、王逢贤主编：《德育新论》，江苏教育出版社1994年版，第374页。
〔2〕 杨韶刚：《道德教育心理学》，上海教育出版社2007年版，第151页。

实现了外部动作向内部动作的转化，即内化。美国心理学家布卢姆也强调："内化是把某些东西结合进心理或身体之中去；把另一些个人的或社会观念、实际做法、标准或价值观，作为自己的观念、实际做法或价值观。"〔1〕外化则是内部精神动作向外部物质动作转化的过程，〔2〕是一个由内向外的过程。也就是说外化是"从内部的、智力方面的动作向外部的、以运用实物的方式体现出来的动作的转化"〔3〕。总之，内化解决的是认知问题，外化解决的是行为问题，内化是外化的前提和基础，外化是内化的发展和归宿，两者密切联系、不可分割。

社会主义法治观念教育实现人的全面发展的内化机制是指在外部环境的影响下，通过教育者的引导和帮助，受教育者将旨在实现人的全面发展的社会主义法治观念要求主动转化为自身的法治观念和信念，成为支配、控制自己行为的内在力量的过程和原理。这一阶段存在着社会所要求的法治观念和个体内部法治观念的矛盾运动，内化与否取决于两者的耦合程度。社会主义法治观念教育实现人的全面发展的外化机制是指在外部环境的影响下，通过教育者的引导和帮助，受教育者将已经形成的旨在实现人的全面发展的法治观念转化为行为，并养成良好的行为习惯的过程和原理。这一阶段中存在着个体内部法治观念水平和行为规范之间的矛盾运动，外化与否取决于个体知向行转化的程度。内化外化机制之间是对立统一的辩证关系。两者的对立表现在：第一，两者在社会主义法治观念教育实现人的全面发展过程中所处阶段不同，内化是将社会所要求的法治观念转化为个体法治观念的阶段；外化是将个体法治观念转化为外在行为的阶段。第二，两者所产生的结果不同，内化是使个体形成社会主义法治观念，外化则是个体在这种观念意识支配下产生的

〔1〕［美］B. S. 布卢姆：《教育目标分类学》（第2分册　情感领域），施良方、张云高译，翟葆奎校，华东师范大学出版社1989年版，第28页。

〔2〕鲁洁、王逢贤主编：《德育新论》，江苏教育出版社1994年版，第377页。

〔3〕高占祥等主编：《中国文化大百科全书》（教育卷），长春出版社1994年版，第726页。

行为。两者的统一体现在：第一，两者目标一致，最终都是为了实现人的全面发展，内化体现为观念的更新，外化体现为以行为为中心的个体活动能力的提升、社会关系的丰富、个性的解放以及需求的满足；第二，两者互相渗透、互相转化，个体的法治观念是在其行为实践中形成的，行为实践是个人法治观念强化、指导和支配的结果。

二、观念的内化机制

在社会主义法治观念教育实现人的全面发展的内化活动过程中，影响内化的基本要素及各要素之间的关系对内化产生了深远影响，这些要素之间相互促进、相互制约的关系反映了各要素的地位和作用，形成了内化过程的结构模式，决定了内化结果的表现形式。

（一）观念内化的结构模式

观念内化的结构模式反映了内化结构基本要素之间的相互关系和运作原理，观念内化客体和内化主体是观念内化活动的两级，是一对基本关系。观念内化客体是指在内化过程中，由教育者传播、被受教育者接受的社会主义法治观念，它属于人主观精神的范畴。社会主义法治观念是先进的、科学的法治观念，它反映了社会历史发展的客观要求，代表了法治文化的前进方向，体现了人的全面发展的价值取向，是合规律性和合目的性的统一。观念内化主体是指在内化活动中，接受内化客体即社会主义法治观念的个体，具有广泛性。观念内化客体与内化主体之间存在着一种张力关系，如何将社会所要求的法治观念转化为个体内在的法治观念是内化过程的关键，它是在外界环境的自发影响和教育者的自觉引导下由协同作用引发的观念自组织运动实现的。教育者的自觉引导对观念自组织运动具有积极的推动作用，“一个学校能不能为社会主义建设培养合格的人才，培养德智体全面发展、有社会主义觉悟的有文化的劳动者，关键在教师。”[1]外界环境对观念自组织运动也具有潜移默化的作用，“人创造环境，同样，环境也创造人”[2]，人始终是环境的产物。一般来说，教育者的影响是自觉的、可控的、有目的的积极影响，环境影响是自发的、不可控的、无目的的积极的或消极的影响。

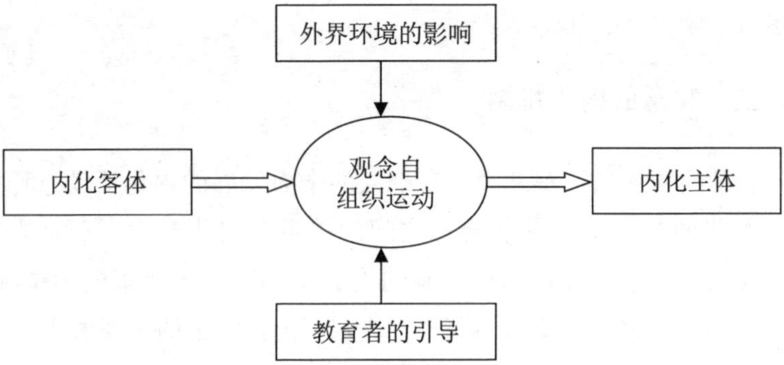

协同论是研究各种开放系统中自组织形成的条件和规律，以促使系统内部相互协调从无序变为有序的理论，观念系统同样适用。所谓自组织是指事物本身自主地有序化、有机化和系统化的过程。哈肯认为，在协同理论中系统形成的有序结构主要是由系统内部的要素自发组织和建立起来的，这就是事物的自组织特征。人的思想是一个高度的自组织系统，[3]内化主体法治观念的形成也是一个在协同作用下自组织的动态过程。内化主体只有在外部控制参量（包括外界环境的影响和教育者的引导）达到一定程度，即临界处，引起法治观念结构丧失稳定性的时候，才会进入自组织状态即观念的自我加工、自我调节和自我重组的过程，从而形成新的观念结构。法治观念结构失去稳定性是由内化主体原有法治观念与外来法治观念的内在矛盾引起的，这一矛盾驱使原有法治观念结构的自组织运

〔1〕《邓小平文选》（第2卷），人民出版社1994年版，第108页。
〔2〕《马克思恩格斯选集》（第1卷），人民出版社1995年版，第92页。
〔3〕冷浩然等主编：《思想政治工作中的哲学问题》，上海人民出版社1997年版，第108页。

动，从而变不稳定为稳定，变无序到有序。协同作用下的自组织过程，有一对重要的参量，分别是快弛豫参量和慢弛豫参量，快弛豫参量是在临界处阻尼变大衰减快的参量，不能左右系统的转变进程，处于次要地位；慢弛豫参量是指在临界点出现无阻尼现象的参量，外界条件有利于它的生长。[1]在法治观念的自组织运动中，社会主义法治观念具有科学性和先进性，具有慢弛豫参量的性质，因为无阻尼性能够得到其他观念的响应，并不断扩大影响，从而成为支配法治观念演化进程的主导力量；其他法治观念可以看作是快弛豫参量，因为阻尼大（或缺乏科学性或缺乏先进性）得不到更多观念的响应，不能成为主宰法治观念演化进程的主导力量。所以，内化客体即社会主义法治观念内化为主体法治观念的情形有两种：一是同化，当内化客体即社会主义法治观念与内化主体原有法治观念的方向相一致时，社会主义法治观念就会被接纳到原有法治观念结构中，经过加工处理与原有法治观念结构达到融合，成为原观念结构的一部分，从而不断修正和完善原有法治观念结构。在这种内化过程中，社会主义法治观念并没有引起内化主体原有法治观念结构的质的变化。二是顺应，当内化客体即社会主义法治观念与内化主体原有法治观念的方向不一致时，社会主义法治观念由于具有慢弛豫参量的性质，能够支配快弛豫参量，即内化主体原有的法治观念的进程，从而打破原有法治观念结构，使原有法治观念顺从和适应社会主义法治观念，进而形成以社会主义法治观念为基础的新的观念结构。在这种内化过程中，社会主义法治观念引起了内化主体原有法治观念结构的质的变化。

（二）观念内化的具体表现

通过观念的自组织运动，社会主义法治观念能够内化为主体的法治观念，这种内化的结果主要表现为对社会主义法治观念的认同和信仰：认同是内化的初级阶段，信仰是内化的高级阶段，认同是

---

[1] 郭治安、沈小峰编著：《协同论》，山西经济出版社1991年版，第85页。

信仰的前提和基础，信仰是认同的提升和升华。

1. 社会主义法治观念的认同

认同在《现代汉语大词典》中指："①跟自己有共同之处而感到亲切；②承认、认可。"[1]社会主义法治观念的认同是指受教育者对社会主义法治观念的普遍接受、认可和赞同。受教育者对社会主义法治观念的认同主要来源于社会主义法治观念对人们的权利、平等、公平正义、人民民主等一系列公认价值理念的满足和维护。一旦受教育者形成了这样的认同，就会自觉相信社会主义法治观念的正确性和合理性，并将其作为自己生活的一部分。这种认同具有如下特点：一是自愿性，法律规范的认同既有强制性认同如消极守法，又有自愿性认同如积极守法，社会主义法治观念的认同是一种自愿性的认同，人们接受不接受、认可不认可、赞同不赞同它，完全取决于人们的主观意愿，没有外在的强制力。二是价值性，社会主义法治观念认同是一种价值认同，人们接受、认可和赞同它，实际上是认同一种价值取向，是人们的一种价值判断，是人们对法律权威、公平正义、平等、权利、人民民主、党的领导和服务大局的价值期盼。

2. 社会主义法治观念的信仰

只有被受教育者认同的社会主义法治观念，才有可能转化为对其的信仰。信仰是指"对某种宗教或主张极度相信、崇拜而奉为言行的准则"[2]。社会主义法治观念的信仰是指受教育者对社会主义法治观念极度相信、崇拜而奉为自己言行的准则。在这种信仰中，受教育者对社会主义法治观念的信奉和崇拜，使受教育者对其产生了强烈的依归感和依恋感，激发了受教育者对法律权威、公平正义、平等、权利、人民民主、党的领导和服务大局的信任和尊重，乃至神圣的感情和为之献身的精神。受教育者坚信社会主义法治观念的价值、意义和作用的真理性，具体而言，他对法律权威的树立、公

[1] 中国社会科学院语言研究所词典编辑室编：《现代汉语大词典》（修订本），商务印书馆1996年版，第1067页。

[2] 任超奇：《新华汉语词典》，崇文书局2006年版，第971页。

平正义的实现、正当权益的保护、法律面前人人平等的保障、人民民主的实现、党的领导的保证、服务大局的保障坚信不疑。一旦受教育者形成这样深厚的情感和高度的坚定性，就具有了强有力的辨别能力和抵制能力，不容易受其他法治观念的影响和干扰，能够达到“富贵不能淫，贫贱不能移，威武不能屈”[1]的境界，所以说信仰是内化的升华和高级阶段。

三、行为的外化机制

在社会主义法治观念教育实现人的全面发展的外化活动过程中，制约外化的各种要素及其相互关系对外化产生了极大影响。这些要素相互联系、相互促进、相互制约的互动形成了外化过程的结构模式，显现出了外化结果的表现形式。

（一）行为外化的结构模式

行为外化的结构模式反映了外化结构基本要素之间的相互关系和运作原理，内化主体和外化行为是行为外化活动的两级，是一对基本关系，涉及的是主体知与行的矛盾运动。外化行为是指内化主体在内化了的社会主义法治观念的支配和指导下，做出的实践行为。如何将主体内化的社会主义法治观念转化为个体的外在行为是外化过程的关键，它是在外界环境的自发影响和教育者的自觉引导下通过人格动力结构实现的，并通过反复实践进一步形成行为习惯和个性。

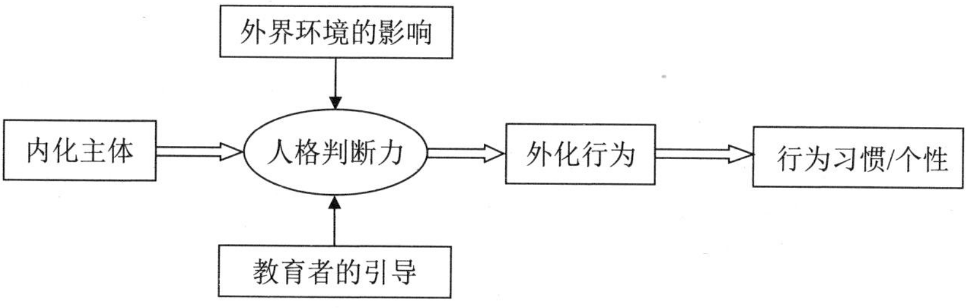

〔1〕文心工作室编著：《中文经典100句：孟子》，中央编译出版社2007年版，第299页。

人格动力结构是人的行为产生的内在根据，它是由“三级结构十种力量”构成的，第一级结构：人格需要力，包括生理需要力、安全需要力、归属和爱的需要力、尊重需要力、完善与成就需要力。第二级结构：人格判断力，包括思想道德力量、智慧力量、意志力量、反省力量。第三级结构：人格动力与行为。[1]根据人格动力结构理论，一般情况下人的动机和行为是在“外界环境的刺激下，人格需要力和人格判断力共同作用的结果”[2]。所以内化主体的外化行为也是个体人格需要力和人格判断力共同作用的结果。内化主体所接受的社会主义法治观念通过影响和改变人格判断力可以提高人格动力结构的效果，也就是说社会主义法治观念对人的动机和行为的影响，主要通过影响人格判断力来实现的。具体表现在：第一，社会主义法治观念以马克思主义为指导，是科学的、先进的思想观念，其具体内容如平等、人权、公平正义体现了人类崇高的精神品质，能够为人的行为提供正确的方向，具有思想道德力量。第二，社会主义法治观念是在总结我国法治建设经验和其他社会主义国家法治建设教训基础上的智慧成果，反映了社会历史发展的客观规律和广大人民群众的根本利益，它改善了人们的法律知识结构和法律思维结构，如服务大局观念改变了人们只关注局部利益而不重视整体利益的思维方式，从而改善人们行为的方式和方法，具有智慧力量。第三，社会主义法治观念是人们对法追求的价值目标，展示了法治所应达到的理想状态，指引了人们前进的方向，能够激发人们不畏强暴、顽强护法的精神，具有意志力量。第四，社会主义法治观念本身就是对封建法制观念和资本主义法治观念的超越，具有批判性和反思性，能够引导人们反省自身的法治观念，具有反省力量。总之，内化主体通过接受社会主义法治观念，改善和提高了自身的

[1] 陈秉公主编：《思想政治教育学基础理论研究》，吉林大学出版社 2007 年版，第 150 页。

[2] 陈秉公主编：《思想政治教育学基础理论研究》，吉林大学出版社 2007 年版，第 155 页。

人格判断力（人格判断力是影响个体做出行为选择的决定力量），从而影响和完善个体的外化行为：如果没有人格需要力，在社会主义法治观念影响下的人格判断力可以直接产生正确的动机和行为，如为了满足他人财产所有权、政治权利等绝对权利，个体必须承担不得侵害的义务；如果具有人格需要力（它为人的行为提供了倾向性），社会主义法治观念影响下的人格判断力会对它的合理性做出肯定的或否定的判断，从而产生正确的动机和行为，如个体产生了当人大代表的需求，经过“人格判断力”的判断，认为可以参加人大代表的选举，肯定了这一需求，于是产生了行使被选举权的行为；再如个体产生了羁押他人的倾向，经过“人格判断力”的判断，认为人身自由是不可侵犯的，从而否定了这一倾向，不产生相应行为。

（二）行为外化的具体表现

通过人格动力结构的运行，内化主体的社会主义法治观念转化为外化行为，这种外化的结果表现为守法行为和其他行为，守法行为是指个体在社会主义法治观念支配下自觉遵守法律的行为，具有法律意义并产生法律效力，而其他行为则是个体在社会主义法治观念指导下做出的但不具有法律意义、不产生法律效力的行为，如纯粹的经济行为、政治行为、道德行为等。

1. 守法行为

对社会主义法治观念的认同和信仰能使人们从内心里接受体现社会主义法治观念的法律规范，法律规范不再是人们的对立面，人们在情感上认可和认同它，并在行动上自觉遵守，如：人们认可和认同平等观念，就容易理解我国选举权的平等性问题，既会保障自己选举权的行使，也会尊重他人选举权的实现。因此，内化主体法治观念的外化行为首先表现为守法行为。守法行为是人们遵守法律规范的行为，可以分为义务性守法行为和权利性守法行为。义务性守法行为是指人们做了法律所要求的事情或不做法律禁止的事情，在这种状态中守法者主要是履行法律义务。权利性守法行为是指人们在法律规定的范围内做出相应的行为选择，在这种状态中守法者主要是行使法律权利。总之，无论是义务性守法行为还是权利性守法行为都是人们在充分认同法律规范蕴含的价值观念的基础上做出的主动自觉的行为，具有主动守法的内在自觉，是人们自愿守法、自律守法和积极守法的表现。

2. 其他行为

内化主体在内化了的社会主义法治观念支配下的行为，不仅仅有守法行为，还包括不纳入法律范畴的各种纯粹的经济行为、政治行为、道德行为等，这些行为虽然不发生法律效果，但也会在社会主义法治观念影响下发生。如在纯粹的经济行为中，具有了民主观念，就会在经济管理中运用民主的方式集思广益，提高经济效益；又如在纯粹的道德行为中，一个人具有了公平正义观念，就容易养成公正的道德品质，处处以公正的态度接人待物，时时以公正的方法处理事物，成为具有公正品质的人。由此可见，社会主义法治观念不仅影响人们法律领域的行为，还会影响非法律领域的行为，人的行为从法律领域拓展到非法律领域，表明内化主体外化行为的不断深化。

第四节　社会主义法治观念教育实现人的全面发展的评价机制

一、评价机制的概念

评价是“对事物或人的价值的判定或判断”〔1〕。评价是一种特殊的人类认识活动，它的认识对象是价值即客体属性是否满足主体需要，其目的在于判断价值的有无和大小。在评价过程中，存在着一对重要范畴即主体和客体，主体是指具有意识的现实的人，是评价活动的认识者；客体是指评价活动所指向的对象即价值关系。因此，评价是一种人们对价值关系的认识，反映了以人为主体、以价

〔1〕 贾崇吉、杨致武主编：《中华伦理道德辞典》，陕西人民出版社 1992 年版，第 282 页。

值关系为客体的关系。由于价值关系也是一种主客体关系，在评价活动中，存在着两种不同层次的主客体关系：首先是价值关系，它是价值主体和价值客体之间的关系；其次是评价关系，是评价主体对由价值主体和价值客体及其价值关系构成的评价客体的评价。也就是说，评价客体是由价值主体和价值客体及其关系组成，并与评价主体一起构成评价活动系统。

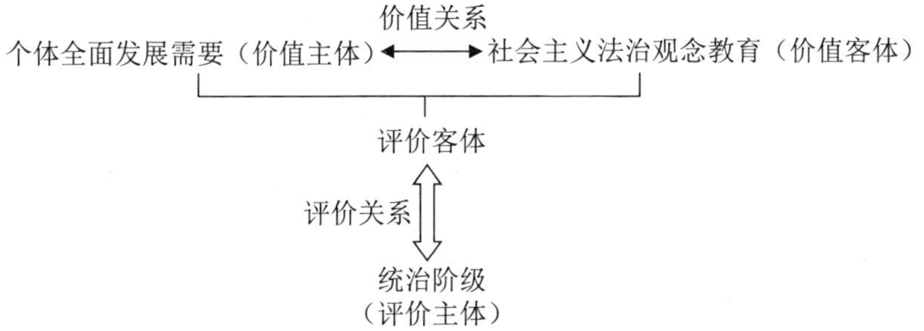

根据上述对评价的分析，社会主义法治观念教育实现人的全面发展的评价机制是指人们根据一定的标准和原则，对社会主义法治观念教育能否实现个体全面发展以及实现的程度进行判断的过程和原理。评价主体和评价客体是这一评价机制的关键要素，它涉及“谁评价”和“评价谁”的重要问题，其中评价主体不是个体评价主体，而是社会评价主体，是特指统治阶级，在我国是指以中国共产党为领导的广大人民群众，由中国共产党为代表；评价客体是指社会主义法治观念教育作为一个整体和系统满足个体全面发展的状况，社会主义法治观念教育只是评价客体的一部分，个体全面发展的需要也是评价客体的一部分，这两者及其关系才是完整的评价客体。在这一评价活动中也存在着两层主客体关系，第一层是价值关系，反映了社会主义法治观念教育的内在属性是否满足个体全面发展需要的关系；第二层是评价关系，反映了评价者对社会主义法治观念教育能否满足个体全面发展以及满足的程度的评价。这一评价机制是以社会主义法治观念教育实现个体全面发展的价值为逻辑起点而获得关于价值判断的逻辑结果。这一评价机制是社会主义法治观念教育实现人的全面发展的有机组成部分，是整个教育活动的重要环节，通过分析和评估社会主义法治观念教育的全过程及效果，能够对教育过程进行信息的反馈和调控，及时掌握教育方向、调整教育计划、优化教育结构，为保证个体全面发展的实现提供客观依据。

二、评价机制的标准

评价标准是人们在评价活动中对社会主义法治观念教育是否满足个体全面发展以及满足的程度进行判断的准则和依据，是评价机制能否得出正确结论的关键。它是对社会主义法治观念教育价值观、目的以及社会主义法治观念教育的实际情况的综合反映。在这一机制中社会主义法治观念教育的价值观和目的都指向人的全面发展，所以人的全面发展是评价机制的根本标准。根本标准具有原则性、抽象性和概括性的特点，它又是由若干具体标准构建起来的有机体系。具体标准是根本标准的具体化和系列化，是根本标准在评价活动中的具体展示，是评价活动的直接依据，主要指以下方面：是否有利于提高个体的主体意识、是否有利于个体获得先进文化以及是否有利于个体成为自由自觉的人。

（一）是否有利于提高个体的主体意识

主体意识是人对自身作为主体的意识，包括对主体地位、主体能力和主体价值的认识。主体意识起源于对象性实践活动，在对象性活动中，人与客观世界形成了主客体关系，人处于主动、能动、积极、支配的地位，客观世界处于被动、受动、消极、受挫的地位，从而使人意识到或认识到自身作为主体的地位，形成主体意识。人的主体意识的觉醒是人的全面发展的前提和基础，人的主体性的充分发挥是人的全面发展的内在条件。人对自身作为主体的认识越深刻，人在对象性活动中的自觉性就越大，就越能激发人的主动性、能动性和创造性，就越能发挥自身的内在潜能和本质力量，从而推动人的全面发展。所以个体的主体意识和主体性很大程度上决定了其发展的状况。社会主义法治观念教育能够提高个体的主体意识和增强个体的主体性，如平等意味着个体主体地位的平等，平等观念能够使个体认识到每个个体都是主体，而且主体地位是平等的；人权意味着人作为人所享有的权利，人权观念能够使个体认识到每个个体在社会生活中具有独立的主体资格；人民民主意味着人民当家作主、人民是国家的主人，人民民主观念能够使个体认识到自身在管理国家事务中的主体地位。所以，是否有利于提高个体的主体意识成了评价社会主义法治观念教育实现人的全面发展价值的重要标准。

（二）是否有利于个体获得先进文化

人是一种文化存在物，通过创造文化超越了自身的自然属性，“建立一种自己特有的生存体系，建立自己的‘第二自然’，这就是文化。”[1]人是文化的动物，以文化的方式发展，“文化上的每一个进步，都是迈向自由的一步。”[2]人的全面发展和文化的发展是相互影响和相互作用的，人的全面发展以文化发展为支撑，文化发展以人的全面发展为条件。从文化的角度看，人的全面发展实际上是文化的发展，人的发展程度表明了文化的发展程度，文化的发展程度决定了人的发展程度。文化的发展是文化的上升运动，实际上是指先进文化的发展，先进文化体现了人类社会的前进方向，反映了社会生产力的发展要求，代表了广大人民群众的根本利益，对人的全面发展起到积极的推动作用。社会主义法治观念教育有利于个体获得先进文化，它是以社会主义法治观念为内容的教育形式，其本质是传递社会主义法治观念。而社会主义法治观念坚持以马克思主义为指导，是先进的、科学的法治观念文化，是社会主义先进文化的重要组成部分。它能够强化个体的真、善、美品德，提升个体的

〔1〕衣俊卿：《文化哲学——理论理性和实践理性交汇处的文化批判》，云南人民出版社 2001 年版，第 52 页。

〔2〕《马克思恩格斯选集》（第 3 卷），人民出版社 1995 年版，第 456 页。

精神境界，提高个体的素质，保证个体发展的“全面发展”的方向。所以，是否有利于个体获得先进文化成了评价社会主义法治观念教育实现人的全面发展价值的另一重要标准。

（三）是否有利于个体成为自由自觉的人

恩格斯指出：“自由不在于幻想中摆脱自然规律而独立，而在于认识这些规律，从而能够有计划地使自然规律为一定的目的服务。”〔1〕因此，自由是对必然的认识和对客观世界的改造，也就是说，在现实的实践关系中，主体获得了对客体（自然、社会、自身）必然性的认识，摆脱了必然性的束缚，从而使实践活动成为一种合规律性和合目的性的活动，使主体在实践关系中达到内在尺度和外在尺度的统一，进而可以按自由自觉的意志改造自然、社会和自身，这样的主体就成了自然、社会和自身的主人即全面发展的人。因此全面发展的人必然是自由的人，即“人终于成为自己的社会结合的主人，从而也就成为自然界的主人，成为自身的主人——自由的人”〔2〕。由此可见，自由作为对客观必然的认识，是人的全面发展的实现条件，也是人的全面发展的实质。社会主义法治观念教育能够促使个体成为自由自觉的人，一方面，从法律的角度看，自由是法律所许可的事情，也就是说自由是法律范围内的自由，社会主义法治观念教育传递法治观念，有利于个体理解各种法律规范，从而掌握自由的边界，实现自由；另一方面，社会主义法治观念教育渗透和内化个体的法治观念，使个体自觉接受和遵守法律规范，变外界限制为自我限制，进而成为主体的自觉。因此，是否有利于个体成为自由自觉的人成了评价社会主义法治观念教育实现人的全面发展价值的又一重要标准。

三、评价机制的原则

原则是人们行为和活动必须遵循的准则，是主客观的统一。评

〔1〕《马克思恩格斯选集》（第3卷），人民出版社1995年版，第455页。
〔2〕《马克思恩格斯选集》（第3卷），人民出版社1995年版，第760页。

价机制的原则是以对社会主义法治观念教育评价规律的认识为基础的，人们在对其能否满足人的全面发展以及满足程度的评价过程中所必须遵守的基本要求，是指导评价活动的基本法则。

（一）方向性原则

教育价值是指教育客体满足一定主体需要的内在关系，这个主体既可以是人可以是社会，因此，教育价值也就是教育对人或社会需要的满足。教育价值观则是人们对教育价值内在本质的稳定认识和基本态度，对教育价值的不同认识会形成不同的教育价值观：一种观点认为教育价值在于完善和发展人的本性，另一种观点认为教育价值在于促进和维持社会的繁荣和发展。教育价值观进一步决定着教育价值取向，即“人们依据某种价值观，根据自身需要，对教育活动作出选择和判断时所持的一种倾向性”[1]，而教育价值取向影响评价活动的倾向或方向。因此，在社会主义法治观念教育实现人的全面发展的评价机制中，它的教育价值是满足人的全面发展的需要，以此为基础的教育价值观决定了教育价值取向是以人的全面发展为方向，也决定了评价活动的“人的全面发展”的取向。唯有此，这一评价机制才能对社会主义法治观念教育个体价值的实现做出判断，从而引导社会主义法治观念教育适应个体发展的需要，朝着个体发展需要的方向前进，以实现它的个体价值，即人的全面发展。因此，这一评价机制发挥着“指挥棒”的作用，它有目的、有计划地引导个体法治观念遵循社会发展的要求，影响个体法治观念的形成。

（二）静态评价与动态评价相结合原则

社会主义法治观念教育在一定时期和范围内是相对稳定的，其实现人的全面发展的效果也是客观的，静态评价就是对社会主义法治观念教育是否满足人的全面发展以及满足程度的现实状况进行评

〔1〕王汉澜主编：《教育评价学》，河南大学出版社1995年版，第32页。

述和估价，体现了评价客体已达到的水平和已取得的成果，是对评价客体实际效果的评估。但是社会主义法治观念教育是一个动态的过程，其对人的全面发展价值的实现也是不断发展的，因此，动态评价不可忽视。动态评价是对社会主义法治观念教育是否满足人的全面发展以及满足程度的发展状态进行的评述和估价，它着重关注评价机制的纵向比较，注重评价客体的历史状态和发展趋势，从而发现历史过程中的不足和成绩，探究发展规律。因此，评价机制有必要在动态中进行，把评价客体放在整个社会主义法治观念教育的发展过程和中国特色社会主义法治建设的实践活动中去评价。这样，既可以看到社会主义法治观念教育满足人的全面发展的历史状况，也可以看到其现实效果，还可以看到其发展趋势。静态评价是动态评价的基础，没有对每一个历史阶段的现实状态的评价，就不会有对其发展趋势的动态把握；动态评价是静态评价的必然结果，只有动态评价才能有效把握评价机制的本质，得出正确的结论。因此，在社会主义法治观念教育实现人的全面发展的评价机制中，我们要坚持静态评价和动态评价相结合，完整地反映人的全面发展的实现效果。

（三）继承性与创新性相结合原则

继承即承继和承袭，创新即创造和革新，两者既有区别又有联系，相互依存、不可分割。继承是承受前人留存的物质或精神遗产，本质上是对前人知识和文化等的学习，这种承受不是简单地接受，而是一种扬弃，即吸收其精华、剔除其糟粕，所以继承之中蕴含着创新，是创新的基础。创新最早由美国经济学家熊彼特在1912年的《经济发展理论》一书中提出："创新"就是建立一种生产函数，把一种从未有过的关于生产要素与生产条件的"新组合"引入生产体系。〔1〕所以创新意味着对传统的超越，在于打破旧传统，在继承的

〔1〕 金炳华主编：《马克思主义哲学大辞典》，上海辞书出版社2003年版，第413页。

基础上创造新传统。继承与创新是社会主义法治观念教育实现人的全面发展评价机制的重要方式，我们既要注重对传统方式的继承，也要重视在继承中的创新：一方面，社会主义法治观念教育属于法学教育的范畴，而法学教育长期以来形成了丰富的优良传统，积累了很多值得借鉴的经验，如民主的方法、讨论的方法、说服教育的方法、批评与自我批评的方法、理论联系实际的方法等，总结和继承这些传统，对评价机制的运行具有重要的指导意义；另一方面，社会主义法治观念教育是法学教育的有机组成部分，是种属关系，其内涵和外延不能完全等同于法学教育，必然要求其在继承中创新，在创新中发展。因此，我们既要对传统方法和经验进行改造以适应社会主义法治观念教育评价机制的特殊规律，也要解放思想、革新观念、与时俱进，在新形势下积极探索社会主义法治观念教育评价机制的新思路和新方法。

CHAPTER5 第五章

社会主义法治观念教育实现人的全面发展的实践之路

社会主义法治观念教育实现人的全面发展的实践之路，其主旨在于考察社会主义法治观念教育的现实状态，探讨应该从哪些方面入手，才能更好地实现人的全面发展。本章从两个方面着手，对此问题进行了探讨。首先，在现实的反思中，认清社会主义法治观念教育存在的问题，认识到这些问题制约了人的发展。其次，要不断完善社会主义法治观念教育，一方面，坚持以人为本，不断完善教育内容；另一方面，注重开拓创新，构建多元化教育路径。

第一节 在反思中认清社会主义法治观念教育存在的问题及对人发展的制约

自 1985 年中宣部、司法部制定《关于向全体公民基本普及法律常识的五年规划》以来，全国展开了轰轰烈烈的全民普法活动，目前我国已经进入第七个五年法治宣传教育规划，随着法制宣传教育的推进，社会主义法治观念教育也取得了不少成绩，但也存在着一些问题。认真反思社会主义法治观念教育出现的问题及对人发展的制约，是加强和改善社会主义法治观念教育的重要前提条件。

一、我国社会主义法治观念教育存在的问题

社会主义法治建设是关系全局的重大问题，因而有必要培养人

们的法治观念，进行社会主义法治观念教育，但在实践中，我国社会主义法治观念教育还存在着一些问题，主要表现为认识的不合理、教育方法僵化、教育者自身的有限性、教育效果不理想等方面。

（一）认识的不合理

目前我国社会主义法治观念教育是依托法治教育进行的，对法治教育的重视程度反映了对其认识的状况，总的来说，我国对法治教育不够重视，人们对社会主义法治观念教育地位的认识不合理、对其重要性认识不充分。小学的法治教育是依托思想品德课进行，中学的法治教育依托政治课进行，大学的法治教育则依托思想道德修养与法律基础课进行，在教学内容和课程设计上缺乏系统性、连续性和层次性。在小学的《品德与社会》教材中几乎没有明确涉及法治教育的内容，即使有些法治教育内容渗透在社会生活常识中，多数也是轻描淡写，不能引起重视。在初中的《思想品德》教材中只有初一下册的第四单元“做知法守法用法的人”和初二下册有设置法治教育的内容，而其他都未涉及。高中的《思想政治》教材中除高一在介绍经济制度时略微涉及消费者权利和高三在介绍政治制度时涉及部分宪法内容外，其他都未涉及。在高校，《思想道德修养与法律基础》教材是由“思想道德修养”和“法律基础”两部分组成，其中法律基础部分只占总篇幅的1/3，大概50页左右，课时只有12个学时左右，大概占总48个学时的1/3，与原来单独开课的36学时的“法律基础”相比，无论在教学内容上还是学时上都有大幅削减。所以，从课程设置和教材安排上看，我国的法治教育尚未得到足够重视，既没有体现贯穿于大中小学教育始终的连续性，也没有体现每一阶段应该有所侧重的层次性，这种封闭的、断层的法治教育状况严重滞后于社会发展的需求。法治教育的整体状况让人堪忧，在仅有的教育活动中也只重视法律知识的灌输，而忽视法治观念的传授，“只重知识性教育，轻理念性教育，制度内容的讲解要大于制度价值的分析，法律技能的培养要多于法律理念的熏陶，教育的重点不是制度背后的价值与精神，更多则是制度本身。”[1]由此可见，人们对社会主义法治观念教育的认识不充分、不合理，阻碍了社会主义法治观念教育对人的全面发展的实现。

（二）教育方法僵化

社会主义法治观念教育途径单一，主要是依托课堂进行，缺乏课外校外的其他教学渠道，使得本应丰富多彩的教育活动变成单一的课堂教学。在课堂教学中，教学方法陈旧、单一，主要使用灌输式的方法，大多教师局限于填鸭式地讲解抽象和枯燥的法律概念和条文，有甚者直接照本宣科，教师只负责讲、学生只负责听，教学过程变为记笔记的过程，教学活动成了单向性的活动，缺乏教师和学生的双向互动同时教学中较少引用案例分析，法律知识与现实生活的分离和脱节，难以引起学生的兴趣，不利于调动学生的学习积极性和主动性，不利于学生法治观念的养成。由于缺乏实践教学，学生没有对法治实践的直观感受，难以形成真实的心理体验，难以获得心理认同，这种重课堂理论教学而轻课外实践教育的方式极大阻碍了法治观念的培育。因此在缺乏多元的、立体的教育方法体系的情况下，单一的教育方法难以发挥良好的教育效果。

（三）教育者自身的有限性

社会主义法治观念教育是一项理论性、实践性很强的综合教育，需要一支具有专业理论知识和一定法律实践经验的教师队伍。但是，在现实中，大中小学的法治教育大多是非法学专业的教师，他们没有经过专业培训，既没有深厚的法学理论功底，也没有丰富的法律实践经验，缺乏一定的法律素养和法学思维，难以向学生传授法治观念。同时，他们还担任着一定思想品德或思想政治的教学，大多数的教学重心放在了这些方面，忽视了法治观念的教学，甚至认为法治教育谁都可以胜任。因此，学校对任课老师的专业要求不高，

---

〔1〕 王晓慧：《我国高校法制教育的现实困境与理性选择》，载《河南师范大学学报（哲学社会科学版）》2009年第4期，第243页。

对其教学活动的评价和监督机制不到位。与其他专业教师相比，担任法治教育的教师缺乏进一步培训和进修的机会，造成了先天不足、后天难补的局面。他们自身专业素质的有限性使他们对法律知识和法治观念的讲解不够深入、不够透彻，直接影响了教育效果。

（四）教育效果不理想

在现实生活中，社会主义法治观念教育效果不理想，受教育者的法治观念和法治精神没有获得充分解放和发展，具体表现为法律权威观念淡薄、权利观念模糊、民主观念缺失、平等观念偏差等。

1. 法律权威观念淡薄

权威是一种使人信从的威望和力量，恩格斯指出："权威，是指把别人的意志强加于我们；另一方面，权威又是以服从为前提的。"[1]所以，权威是一种以威望为基础使人对其信服的力量。法律权威意味着法律获得了这样的威望和力量，使人们对它能够信仰和遵从，其地位高于任何权力、个人意志、政策以及人情，它是中国特色社会主义法治社会的根本特征，也是判断个体是否具有法治观念的基本尺度。郑永流在《农民法律意识与农村法律发展——来自湖北农村的实证研究》一书中分析了农民的法律意识，对"人情与国法"的关系进行了调查：问卷中有"生活中往往有人情大于国法的现象，您的看法是怎样的?"这样一题，全部回答者中，认为"对"的有137人（占20.63%），认为"不对"的有294人（占44.28%），认为"不完全对"的有231人（占34.7%）。[2]柯卫在《社会主义法治意识与人的现代化研究》一书中对大学生的法治观进行了调查：在遵守法律最主要原因的选择上，只有10.3%的大学生选择法律具有至上权威。[3]由此可见，当前我国公民法律权威观念比较淡薄，

---

〔1〕《马克思恩格斯选集》（第3卷），人民出版社1995年版，第224页。

〔2〕郑永流等：《农民法律意识与农村法律发展——来自湖北农村的实证研究》，中国政法大学出版社2004年版，第9页。

〔3〕柯卫、朱海波：《社会主义法治意识与人的现代化研究》，法律出版社2010年版，第174~175页。

法律尚未真正树立起权威，未获得至上的地位，在现实社会中，“人情大于国法”的现象仍然存在，这对人们法治观念的培育起了弱化的作用，阻碍了人们法治观念的养成。

2. 权利观念模糊

权利观念最早源自西方的自然法理论，认为在自然状态下，人们普遍地拥有自然权利，这些权利与生俱来，是天赋的人权，在洛克看来，这些天赋人权包括生命权、自由权和财产权，在美国的《独立宣言》中规定为生命权、自由权、和追求幸福的权利。这些自然权利在政治社会中表现为法律上的权利，并由法律保障。人们是否具有权利观念是其能否正确行使权利和实现正当利益的关键，对人的发展具有重要意义。但是，目前我国公民的权利观念比较模糊，柯卫博士将其表现总结为：不知法定权利为何物，更不敢理直气壮地行使；不相信法定权利的真实性；要么只讲权利，不讲义务，要么只讲义务，不讲权利，不知道权利与义务的统一性和不可分割性；不懂得法定权利的有待实现性，不知道如何将法定权利变成自己的现实利益；以为法定权利的行使是不要条件和不受限制的。〔1〕孙育玮等在《都市法治文化与市民法律素质研究》一书中分析了市民法律素质，对上海市民的运用法律的状况进行了调查：总体上看，自己感到在生活或工作中运用过法律的上海市民不到半数，只占38.3%，而对法律知道一些以及知道很多的上海市民达77.8%，这说明很多人对法律只是停留在认知的层面上，并没有将自己知道的法律知识付诸实践。〔2〕由此可见，公民对权利的认识不够充分，对权利的真实性不够信任，对权利的行使不够主动，对权利的保障不够积极，这在很大程度上阻碍了人们权利观念的养成，致使权利观念模糊。

---

〔1〕 柯卫：《当代中国法治的主体基础——公民法治意识研究》，法律出版社2007年版，第174页。

〔2〕 孙育玮等：《都市法治文化与市民法律素质研究》，法律出版社2007年版，第156页。

3. 民主观念缺失

在社会主义国家，民主即人民当家作主，人民是国家的主人，这是社会主义的本质属性。公民的民主观念与社会、个人的发展息息相关，是国家政治文明发展的重要标志，也是公民个体发展的基本尺度。但在现实生活中，我国公民的民主观念还比较淡薄，存在缺失，主要体现在：一是民主权利观念的薄弱。人们的民主权利集中体现在政治权利中，政治权利是社会成员主张公共利益的基本资格，而选举权则是社会成员参与国家政治生活、决定由谁来制定国家政策和法律的基本权利，是主张公共利益和政治权利的集中体现。但在现实中，公民不仅对是否享有政治权利存在偏差的认知，而且对政治权利的认识也不全面，不知道自己究竟享有哪些政治权利。孙永芬教授对广东省六个社会阶层（产业工人、农业劳动者、管理者、知识分子、私营企业主和个体工商户、企事业单位一般职员）的政治心态进行了调查，其数据表明：只有2/3的人认为是自己应该享有的政治权利，只有1/4的人主动积极参加选举投票。这反映了我国民众的公民意识还比较薄弱，其中，尤以农业劳动者的权利意识最为薄弱。[1]孙育玮等在对上海市民法律素质的调研中表明：当问到宪法规定我国公民享有哪些政治权利时，人们最认可的是选举权和被选举权（90.9%），其次是平等的权利（71.6%）和言论自由的权利（67.1%），有2/3的人（71.6%）不知道公民享有出版自由的权利。[2]二是民主参与观念的淡薄。我国公民的政治参与热情不高，多数对政治活动漠不关心，呈现“事不关己高高挂起”的心态。选举人大代表是实现政治权利的最主要的方式，而人们对参与投票不感兴趣、对投票结果也不关心。从孙永芬教授对广东省六个社会阶层的调研中可以看出：从实际的参与比例来看，每次都参加

---

〔1〕 孙永芬：《中国社会各阶层政治心态研究——以广大调查为例》，中央编译出版社2007年版，第257页。

〔2〕 孙育玮等：《都市法治文化与市民法律素质研究》，法律出版社2007年版，第207页。

的人数还不到1/3。在各阶层中，以知识分子、国家公务员、工人的参与比例最高，均超过40%；农业劳动者、私营企业主和个体工商户、企事业单位一般职员的参与比例较低，都不到20%，农业劳动者、私营企业主和个体工商户的参与比例都只有12%多。[1]

4. 平等观念偏差

平等主要是指法律面前人人平等，是对每一个人主体资格的认可。平等观念表明每个人意识到自己获得了平等对待，得到平等发展的机会，并以此促进人的发展。但是在现实生活中，人们对平等的认识存在偏差，对"法律面前人人平等"的真实性表示怀疑，对其具体内容的理解也有误区。陈星波在《对大学生加强民族观、宗教观与法治观教育研究》一书中对大学生法治观进行了调查，其数据表明：在对"法律面前人人平等"这一个重要法则看法选择上，有27.4%的大学生认为是一种宣传，有24.3%的大学生认为是不可能实现的，有48.3%的大学生认为经过努力最终可以实现。[2]孙育玮等在对上海市民法律素质的调研中表明：多数（90.8%）市民不清楚"法律面前人人平等"中的法律是泛指一切有权机关制定的规范性文件，有半数以上的人（62%）认为这里的法律是指全国人大常委会制定的规范性文件。[3]由此可见，人们对"法律面前人人平等"的期望不高，在观念上表现出一种不信任感，在行为中自然很难真正做到法律全面人人平等。

二、我国社会主义法治观念教育存在的问题对人发展的制约

社会主义法治观念教育存在的问题严重影响了公民法律权威、权利、平等、民主等观念的培育，从而影响公民个体的发展。人的

〔1〕 孙永芬：《中国社会各阶层政治心态研究——以广大调查为例》，中央编译出版社2007年版，第209页。

〔2〕 陈星波、字如祥编著：《对大学生加强民族观、宗教观与法治观教育研究》，云南民族出版社2007年版，第236页。

〔3〕 孙育玮等：《都市法治文化与市民法律素质研究》，法律出版社2007年版，第208页。

全面发展是一种基于个体内在需要的自觉发展，个人法治观念的淡薄、模糊和偏差，弱化了自身的独立性和主体性，必然不利于人的发展。

（一）法律权威观念淡薄对人的发展的制约

“法律必须被信仰，否则它将形同虚设。”[1]法律的权威正是人们信仰法律的基础，也是实现法治社会的标志，而法治社会的建立则为人的充分、自由发展提供了制度保障。法律权威观念的淡薄制约了人的发展，主要体现在两个方面：第一，造成法律虚无主义的盛行，认为个人权威高于法律权威，法律是可有可无的，必然使法律保障人们正当利益的功能丧失殆尽，人们的合法权益自然容易遭到侵害。这样，个人意志凌驾于法律之上，依法行事变成了依领导人个人意志行事，“往往把领导人说的话当做‘法’，不赞成领导人说的话就叫做‘违法’，领导人的话改变了，‘法’也就跟着改变。”[2]这种“权大于法”、蔑视法律权威的观念，必然会无视人的尊严，侵害人的权利和自由。第二，忽视法律在社会生活中的作用，不懂得运用法律充分争取自己的权益，促进自身的发展，而当自己的合法权益遭到侵害时，也不懂得运用法律的武器保障自己的正当利益。邓世豹等学者对广东省法治环境状况进行的调查表明：对于当认为自己的合法权益受到侵害时首先想到的解决途径，其中，16~28 岁年龄阶段的人，有 31.1%选择通过法律途径解决（包括上法院、找律师、找司法所）；29~40 岁有 27.8%；41~59 岁有 32.6%；60 岁以上的有 30.5%。按平均计算，有 30.7%的人愿意通过法律途径解决问题。其余大部分人主要寻求政府、本单位、新闻单位、熟人、私了、忍了算了等途径解决。[3]这样的观念必然不利于人们对权利和自由的保护，影响了人的健康发展。

---

〔1〕［美］伯尔曼：《法律与宗教》，梁治平译，三联书店 1991 年版，第 28 页。

〔2〕《邓小平文选》（第 2 卷），人民出版社 1994 年版，第 146 页。

〔3〕邓世豹主编：《中国法治进程 2005——以广大省法治环境调查为例》，法律出版社 2006 年版，第 47 页。

（二）权利观念模糊对人的发展的制约

权利是人生存和发展的前提，忽视权利就是否定人的本体价值和目的性，人们权利观念模糊，会制约人的发展，表现在：第一，对权利的认识不清晰。权利观念模糊首先体现在公民对权利了解的不充分上，过去“重权力轻权利”“重义务轻权利”的错误观念影响了人们对权利认知的积极性，有些人不知道自己究竟享有哪些合法权利，也不关心自己可以享有哪些权利，自然也就不清楚自己可以在哪些方面获得发展，以致权利难以实现，发展难以达成。第二，对权利的行使不明确。在传统的封建社会，人们养成了绝对服从义务的奴性守法个性，“在那里，人的命运和牲畜一样，就是本能、服从与惩罚。”〔1〕新中国成立后，社会主义计划经济体制强调义务优先的观念，人们相对被动地、消极地履行义务，较少积极地、主动地行使权利，不清楚权利行使的范围和程度，自然也就不明白自身可以发展的程度。第三，对权利的维护不到位。我国公民维权的热情不高，对权利的维护不充分。孙育玮等在对上海市民运用法律状况的调查表明：只有 14.4% 的人使用过法律知识来维护自己的合法权益。〔2〕可见，公民维权意识的淡薄，个人合法权利难以得到维护和声张，个人权利受到压制，阻碍了公民个体的发展。

（三）民主观念缺失对人的发展的制约

民主是人们自己决定自己事务的权利，是人们获得自由、成为主人的重要方式，而民主观念的缺失必然给人的发展造成许多不利影响，表现在：第一，束缚人的自由。民主就是确保人在广泛的社会领域中作为社会的权力主体而存在，能够根据自己的意志决定各种事务，这是意志自由的表现，所以民主必然包含了自由的意思，

---

〔1〕［法］孟德斯鸠：《论法的精神》（上册），张雁深译，商务印书馆 1961 年版，第 27 页。

〔2〕孙育玮等：《都市法治文化与市民法律素质研究》，法律出版社 2007 年版，第 211 页。

民主社会中的人必然是自由的人，是具有自由个性的人。因此，缺乏民主观念的人，只会听从他人的决定、服从他人的意志，从而受制于他人，自然也就丧失了自由。第二，制约人的自主性。自主是自由的必然延伸，民主也意味着人的自主，不论是直接民主还是间接民主，都是“成为自己的社会结合的主人”[1]，能够“完全自觉地自己创造自己的历史”[2]。民主观念的缺失会制约人的自主性，“人民大众在政治上不能自主，仍然需要或只能依附于另外一些人凌驾于他头上来决定他的利益和命运，那么，人民就很难通过真实的民主选举手段来决定忠实于自己的政治代表，也很难保证自己的政治代表始终不变地代表自己的政治利益实施对国家的管理，更难于在广泛的社会领域直接参与政治事务”[3]，也就难以实现自身的利益。总之，缺乏民主的观念和精神，其结果就是压制了人的主体性，剥夺了人的自由，使其不能成为社会和自己的主人，从而限制了其自身的发展。

（四）平等观念偏差对人的发展的制约

平等意味着人与人之间的同等对待，每个人都获得同等的发展机会，而且“每个人的自由发展是一切人的自由发展的条件”[4]，因此，每一个社会成员在谋求自身个性发展、个人自由和自我价值实现的时候，必须以平等态度对待他人，尊重和保障他人同等的个性发展和自我价值实现的自由，不得侵害他人的权利。人的全面发展是所有社会成员的全面发展，而不是某些人的全面发展，每个人的发展不是牺牲他人的发展，而是为他人的发展创造条件，他人的发展反过来又促进自身的发展，所以，每一个人都是目的和手段的统一，只有每一个人都自由发展才有一切人的自由发展。如果每一

---

〔1〕《马克思恩格斯选集》（第3卷），人民出版社1995年版，第760页。

〔2〕《马克思恩格斯选集》（第3卷），人民出版社1995年版，第634页。

〔3〕包心鉴：《论民主政治建设中的人的全面发展》，载《社会主义研究》1990年第1期，第18页。

〔4〕《马克思恩格斯选集》（第1卷），人民出版社1995年版，第294页。

个社会成员不是以平等的态度对待他人，而是以自我为中心，自私自利，我行我素，只顾自己权利和自由的实现，而不尊重他人权利和自由，其结果是影响了他人的发展，他人受制约的发展反过来又束缚自身的发展，致使人与人之间失去合作的关系，相互斗争，社会处于混乱状态，人的发展也会处于不利的境地。

第二节　在以人为本中完善社会主义法治观念教育内容

为了更好地促进社会主义法治观念教育实现人的全面发展，有必要不断完善教育内容，坚持教育内容体现以人为本的精神，保证教育内容朝着人的全面发展的方向完善。所以，在选择和构建教育内容时，有必要坚持以人为本的原则，既十分注重法治观念的人文精神，也充分重视教育的人本关怀。

一、坚持以人为本的法治观念全面促进人的发展

在以人为本指导思想下坚持和完善社会主义法治观念教育内容，有利于促使社会主义法治观念与人的全面发展的内在合一，而教育内容是教育目的的具体化，因此坚持以人为本有助于促进社会主义法治观念教育实现人的全面发展。

（一）以人为本的法治观念的基本内涵

人类文明发展史上较早就有了类似于“以人为本”的思想，在古代中国主要体现为以民为本的思想，在西方则表现为人本主义思潮，这些思想渊源都在不同程度上内涵了“以人为本”的精神。在中国，最早出现“以人为本”一词的是《管子》：“夫霸王之所始也，以人为本。本理则国固，本乱则国危。”[1]之后以孔孟的仁学和民本主张为代表的儒家学说逐渐成为主导思想，经过历代发展，形成了古代中国系统的“以民为本”的思想。“以民为本”思想虽

〔1〕《管子》，梁运华校点，辽宁教育出版社1997年版，第83页。

然在一定程度上关注了民众的利益，减轻了他们的负担，但总体而言“民本”思想是为统治阶级服务的，是手段而不是目的。在西方，古希腊时期圣哲普罗泰戈拉就提出了“人是万物的尺度，存在时万物存在，不存在时万物不存在”〔1〕的著名论断，最早表达了以人类为中心、人是万物标准的思想。到了文艺复兴时期，人本主义思潮得到了空前的发展，“张扬人的个性为己任，用人性否定神性，用人权反对神权，用理性反对蒙昧，突出人的世俗幸福和个人自由。”〔2〕但是西方资本主义国家的人本思想实际上是以资本为本，还不是真正的“以人为本”。

马克思在批判地继承西方人文主义、人本主义以及人道主义的基础上，提出了“人的本质”“人的全面发展”“人类解放”等一系列“以人文本”的科学思想，其所创立的唯物史观本质上也是以人为本的发展观，以人为出发点，以人的全面发展为奋斗目标，人是历史的创造者，人“是全部人的活动和人的关系的基础”〔3〕，“创造这一切、拥有这一切并为这一切而斗争的，不是‘历史’，而正是人，现实的、活生生的人。‘历史’并不是把人当做达到自己目的的工具来利用的某种特殊的人格。历史不过是追求着自己目的的人的活动而已。”〔4〕学界对“以人为本”的表述也不尽相同，虞崇胜教授总结了“以人为本”的科学内涵，认为可以从三个方面来理解：其一，它是一种对人在社会发展中的主体作用和地位的肯定。它既强调人在社会发展中的主体地位和目的地位，又强调人在社会发展中的主体作用。其二，它是一种价值取向，即强调尊重人、解放人、依靠人、为了人和塑造人。其三，它是一种思维方式，就是要求我们在分析、思考和解决一切问题时，既要坚持运用历史的尺度，也要确立并运用人的尺度，要关注人的生活世界，要对人的生存和发

〔1〕苗力田主编：《古希腊哲学》，中国人民大学出版社1989年版，第185~186页。

〔2〕［美］菲利普·李·拉尔夫等：《世界文明史》（上卷），赵丰等译，商务印书馆1998年版，第811~812页。

〔3〕《列宁全集》（第55卷），人民出版社1990年版，第19页。

〔4〕《马克思恩格斯全集》（第2卷），人民出版社1957年版，第118~119页。

展的命运确立起终极关怀，要关注人的共性、人的普遍性、共同人性与人的个性，要树立起人的自主意识并同时承担责任。[1]

韦伯认为："任何一项事业的背后都存在某种决定该项事业发展方向和命运的精神力量。"[2]社会主义法治观念是广大人民群众对社会主义法治实践的主观认识，"以人为本"是蕴藏在其后的价值取向和精神力量。以人为本的法治观念，是新时期法治观念文明的集中体现，是科学发展观在法律领域的具体运用，它内在地要求法的各个方面都要以人民的根本利益为出发点和目的，维护人的尊严和价值，保障人的权利和自由，调动人的主体性，提高人的素质，从而实现人的全面、协调、可持续发展。具体而言：

第一，以人为主体，这里的"人"是指现实的人，是当代广大人民群众，包括以工人、农民和知识分子为主的社会主义劳动者、社会主义建设者、拥护社会主义的爱国者、拥护祖国统一和致力于中华民族伟大复兴的爱国者。社会主义社会充分尊重了人民的主体地位，人民掌握了国家政权，成为社会和国家的主人，自然也就成为法律的主人，成为法律的真正主体。

第二，以人为出发点和目的，就是以广大人民群众的根本利益为出发点和目的。社会主义法律反映人民群众的共同意志，必然会实现好、维护好、发展好广大人民的根本利益，不断满足人民日益增长的物美好生活需要，摆脱了法律奴役人的状态，重新回归于人。

第三，以人权为终极价值。人权是人全面发展的核心，"权利不过表明人类逐渐摆脱了外部世界对自己的控制和奴役；表明了人类对统治自己的以及力量的依附已逐渐趋于瓦解；也表明人类已经具有了支配自己外部世界的力量。"[3]"以人为本"的法治观念的核心是坚持权利本位，正确处理权利与权力、权利与义务的关系，在立

---

〔1〕 虞崇胜：《树立"以人为本"的广义政治观》，载《武汉大学学报（哲学社会科学版）》2004年第4期，第454~455页。

〔2〕［德］马克斯·韦伯：《新教伦理与资本主义精神》，于晓、陈维纲等译，生活·读书·新知三联书店1987年版，第98页。

〔3〕 葛洪义：《论法律权利的概念》，载《法律科学》1989年第1期，第18~22页。

法中分配好权利，在执法中落实好权利，在司法中保障好权利，权利是人全面发展的现实表现。

第四，以促进共同富裕为己任，做到发展成果由人民共享。“社会主义财富属于人民，社会主义的致富是全民共同致富”[1]，为人的发展提供物质和精神条件，促进人的全面发展。要做到全体人民共享发展的成果，朝着共同富裕的方向前进，就必须用共同富裕的思想指导社会主义立法，公平配置法律权利和义务，既协调权利义务内部结构的配置，也协调不同主体之间的权利义务配置，从而体现社会正义，这样才能实现权利同富，真正实现法律回归于人、属于人，才能体现人是法律的根本。

总之，在社会主义法治建设中，“以人为本”的法治观念进一步证明了社会主义法治观与其他法治观在几个基本问题上的根本区别，即法治是谁的法治，是为了谁的法治，怎样法治，如何评价法治。“以人为本”的社会主义法治观，就是主张社会主义法治是以人民为主体的法治，是为了最广大人民群众根本利益和人的全面发展的法治，是最终由人民群众来评价一切法治行为成败得失的法治。坚持“以人为本”的法治观念，就是不放弃法治的道德立场，将价值追求和科学规律相结合，是构建社会主义和谐社会和全面建设小康社会的基本法治理念。

（二）“以人为本”指明了法治观念的根本方向：人的全面发展

“以人为本”实际上是以人的发展为本，就是不断地促进人的发展，也就是说，“以人为本”旨在实现人的全面和自由的发展，两者是内在同一的。社会主义法治观念将“以人为本”作为目标导向，其最终关怀必然是人的全面发展，表现在一切为了人、一切依靠人和实现人的解放。

1. 一切为了人

一切为了人是“以人为本”的根本宗旨，它包含三层意思：首

---

[1] 《邓小平文选》（第3卷），人民出版社1993年版，第172页。

先，为了人的发展，即人的发展是目的。“以人为本”是对以神为本和以物为本的否定，是对人在社会生活中的主体地位和作用的充分肯定，人不是手段而是目的，人的生存和发展是最高的价值目的，一切为了人实质是一切为了人的发展。发展不仅仅表现为经济的增长、科技水平的提高、人们生活的改善和社会的全面进步，归根结底是人的发展，人的发展统领经济、政治和社会的发展，是发展的根本目的。其次，为了一切人的发展，即实现最广大人民群众的发展。人的发展要惠及全体人民，所以“必须坚持把人民群众利益放在第一位，把改善人民生活作为发展经济的出发点和归宿。从最广大人民的根本利益出发谋发展、搞建设，切实保障人民群众的经济、政治、文化权益”[1]。这就要求我们必须正确处理全局利益和局部利益、群众利益和个体利益、长期利益和短期利益的关系，真正做到权为民所用，情为民所系，利为民所谋。最后，为了人的一切发展，即发展是全方面的。“以人为本”的理念体现在社会经济生活的各个方面，包括居住、就业、教育、文化、卫生、环境、交通、公共安全等，以此保障人们在政治、经济、文化、社会等多方面的权利。“以人为本”的法治观念必然也体现三个“为了”：一切为了人的发展，就是尊重和保障人的发展权；为了一切人的发展，就是保护最广大人民群众的合法权益；为了人的一切发展，就是充分实现人的各种政治权利、经济权利、社会权利和文化权利，最终促进人的全面发展。

2. 一切依靠人

“以人为本”是以人为主体，即尊重人的主体地位和发挥人的主体作用，也就是要一切依靠人，人是历史的创造者。“以人为本”的法治观念主张人民群众是推动社会主义法治建设的根本力量，在各项法治实践活动中，把人民群众放在根本的位置，也就是说，在立法中要反映人民群众的利益诉求，在执法、司法中要坚持群众路线，

---

〔1〕《中国共产党第十六届中央委员会第五次全体会议文件汇编》，人民出版社 2005 年版，第 44 页。

这样才能充分满足人民群众的自身需求，促进人的全面发展。一方面，在立法中依靠人民，反映人民的意志和利益。不断扩大人民群众的立法参与，拓宽参与立法的渠道和机会，如进一步完善人民代表大会制度、进一步健全立法听证制度，从制度上保证法律体现人民的意志，从而保障人民利益诉求的满足。另一方面，在执法、司法中依靠人民，走群众路线。坚持群众路线，从群众中来，到群众中去，才能了解人民群众对执法司法工作的要求和需求；坚持群众路线，深入群众，深入基层，才能使执法司法工作的各项政策和措施具有可操作性和现实性，有效解决人民群众遇到的实际法律问题和困难，切实满足人民群众自身的需求。

3. 实现人的解放

人的解放是“人和自然界之间、人和人之间的矛盾的真正解决，是存在和本质、对象化和自我确证、自由和必然、个体和类之间的斗争的真正解决”〔1〕。“以人为本”意味着一切为了人、一切依靠人，最终是为了实现人的解放，这是马克思主义的最高理想和最终归宿，也是“以人为本”的法治观念的价值取向和最高目标。要实现人的解放就要消灭资产阶级的法及其经济基础、政治基础，废除私有制，消灭剥削和社会分工，促使“代表着资产阶级利益的资本主义的法向着代表广大劳动人民利益的社会主义的法转变，实现无产阶级当家作主，这是实现人的自我解放以及整个人类解放的政治法律前提”〔2〕。因此，社会主义国家建立人民政府，实行代议制，由议员代表人民，用法律的形式保障人民在政治上、经济上和文化上的解放。社会主义法是实现人类解放的必经阶段，而“以人为本”的法治观念是社会主义法的直接反映，是对资本主义法的批判和超越，将最终指向人类解放。

---

〔1〕《马克思恩格斯全集》（第42卷），人民出版社1979年版，第120页。

〔2〕刘和清：《法与人类解放：马克思法制观与当代中国法制建设》，吉林大学2009年博士学位论文，第72页。

二、坚持以人为本的原则构建教育内容

社会主义法治观念教育实现人的全面发展，指明了教育的目的是培养全面发展的人，教育目的从根本上决定了教育内容，教育目的体现了以人为本的精神，必然要求我们在教育内容的选择和构建上也体现以人为本的原则，具体做到：注重法治观念的人文精神、重视教育的人文关怀。

（一）注重法治观念的人文精神

人文精神是人类的一种基本精神，总体上反映了人们对自身价值和尊严的关注，其内核是以真、善、美为最高的价值目标，以人的全面发展为终极关怀。“相对于科学精神而言，人文精神是指对于人的观照，尤其是对于人的生存意义、命运境况及人类发展、出路与终极指向的观照。”〔1〕坚持“以人为本”的原则构建社会主义法治观念教育内容，必然要求法治观念体现人文精神，人文精神是法治观念的文化思想基础和合理性基础。所谓法治观念的合理性，就是要追寻法治观念的意义、法治观念对社会生活的满足程度以及法治观念中所表达的精神本质。李瑜青等学者认为，对法的合理性追问是与以人文精神为基础的人类文明密切相关的，“实证法学对法的合理性询问有其进步的意义，强调社会生活的有规则、有秩序，是以人文精神为基础的人类文明所要求的……把法的合理性建立在法和社会相联系的环节上并做这样的思考是法律社会学所做的努力，法律总应是为人服务的，维护人应享有的自由、平等、尊严，并在现实生活中找到实现这些人文理想的途径，这是以人文精神为基础的现代文明所要求的……人们确立了理性的绝对权威，并以理性具有的自然法作为衡量的标准或尺度，自然法学由此对法的合理性的寻问，促进了人们对良法的思考，而这也是以人文精神为基础的现

〔1〕王东莉：《德育人文关怀论》，中国社会科学出版社2005年版，第63页。

代文明所要求的。”[1]马克思也强调了“法典就是人民自由的圣经”[2]。由此可见，法的合理性追问与人文精神是内在契合的，法治观念作为对法现象的主观反映，必然也是以人文精神为其合理性的基础，表达了对人的基本价值、生存意义和人格尊严的关怀。所以，法治观念必然体现一定的人文精神，而人文精神的内核是以追求真、善、美为最高价值取向，因此，法治观念注重人文精神，也就是注重追求真、善、美。

何为真、善、美？马克思在《1844年经济学哲学手稿》中有经典的论断：“动物只是按照它所属的那个种的尺度和需要来建造，而人懂得按照任何一个种的尺度来进行生产，并且懂得处处都把内在的尺度运用于对象；因此，人也按照美的规律来构造。”[3]这里所说的“任何物种的尺度”是指任何事物自身的客观规律，“内在固有的尺度”是指主体自身的需要，“美的规律”就是以上两者的高度统一。马克思所指的这三个尺度或规律，也就是真、善、美的基本尺度。所以，“真”就是主体对客体本质和规律的充分把握，表现为合规律性；“善”就是人在自然关系、社会关系和自身关系中的需要得到满足的正向价值，表现为合目的性；“美”就是在以主观尺度对客观世界进行改造的活动中对人的自由自觉的类本质的肯定和呈现，表现为合规律性与合目的性的统一，主体与客体的和谐。

法治观念之“真”是指法治观念对客观规律的正确反映，它包含两个层次：第一，它是对外部客观世界规律性的真实反映。法治观念作为社会上层建筑的意识形态部分，决定于社会存在，是对社会存在及其规律的主观反映，即要符合自然规律和社会规律。自然界和人类社会发展的客观规律是法治观念之真存在的根本依据，也要与自己所处时代的生产力和生产关系相适应、相一致。正如孟德斯鸠在《论法的精神》中指出：“法是由事物的性质产生出来的必

[1] 李瑜青等：《人文精神与法治文明关系研究》，法律出版社2007年版，第62页。
[2] 《马克思恩格斯全集》（第1卷），人民出版社1995年版，第176页。
[3] 《马克思恩格斯选集》（第1卷），人民出版社1995年版，第47页。

然关系。"[1]这里的必然关系就是客观规律。马克思也强调："立法者应该把自己看作一个自然科学家。他不是在创造法律，不是在发明法律，而仅仅是在表述法律，他用有意识的实在法把精神关系的内在规律表现出来。"[2]第二，它是对法律自身规律性的真实反映。法律作为一种社会文化和调整社会关系的手段，也具有自身的规律性，如结构体系、运行制度等，李庚香博士指出："没有法律体系的内部和谐与协调，当代中国的和谐社会建设和和谐世界的追求就是没有法理依据的。"[3]法治观念只有正确揭示法律自身的规律，才能制定出真实有效的法律。这两种形式的法治观念之"真"是密切联系的，前者强调的是法律实质内容的真，后者强调的是法律形式内容的真，两者相互融合，才是"真"的境界。

法治观念之"善"是指法治观念反映了满足主体需要的正面价值。这些正面价值是衡量法治观念善恶的标准，"根据古往今来的说法大体包括：正义、公正、公平、平等、自由、权利或人权、民主、法治、权力、秩序、安全、效益或效率。用现代的法理念加以概括：其中，正义大抵可以涵盖公正、公平、平等；自由可以涵盖权利或人权；民主可以涵盖法治、权力；秩序可以涵盖安全；效益可以涵盖效率。"[4]也就是说，法治观念必须具备一定的道德品格，能够增进社会的发展和人类的福祉，这就是"善"。

法治观念之"美"是指法治观念达到了合规律性与合目的性的统一，使得人们获得了心灵的愉悦和自由。法治观念之美应该是法治观念之善和法治观念之真的和谐之美，它既克服了由于片面注重法治观念之真而造成的理性主义倾向，也克服了由于过分注重法治之善而造成的感性主义倾向；既消除了因单纯强调法治观念的客观规律性而忽视和压制人性，又消除了因单纯强调法治观念的目的性

---

〔1〕［法］孟德斯鸠：《论法的精神》（上册），张雁深译，商务印书馆 1961 年版，第 1 页。

〔2〕《马克思恩格斯全集》（第 1 卷），人民出版社 1995 年版，第 347 页。

〔3〕李庚香：《法美学》，大象出版社 2007 年版，第 136 页。

〔4〕吕世伦主编：《法的真善美——法美学初探》，法律出版社 2004 年版，第 267 页。

和价值性而脱离客观实际而无法实现。所以，法治观念之美是对法治观念之真和法治观念之善的综合和超越，实现了主体和客体的统一、人性与物性的统一、理性与感性的统一，尽可能使人们实现和拥有情感上和精神上的愉悦感和自由感，这样，人们才会在愉悦中自然而然地亲近它、接受它，使其内化为主体的品质和行为的准则，从而提高了人的素质，促进了人的发展。

（二）重视教育的人文关怀

所谓人文关怀就是“反对把人作为一个死的‘东西’来研究，因为人本身就是一个活生生的丰富多彩的生命，它要求尊重人的需要、情感，并有高尚的道德情操和欣赏美、创造美的能力；它提倡每个人在自由生活的同时承担必不可少的对他人、对社会、对自然的责任；它要求关怀人的终极意义，弘扬道德价值和审美意蕴，培养健全的人格和高尚的时代风尚”〔1〕。社会主义法治观念教育人文关怀的内容非常丰富，表现为尊重人、肯定人、关注人，尤其是关切人的精神世界，包括关心精神需要和提升精神品质。

首先，社会主义法治观念教育关心了人的精神需要，满足了人的精神需要。人具有各种各样的需要，根据美国心理学家马斯洛在《动机与人格》中提出的“人的需要层次理论”，人的需要可分为生理需要、安全需要、归属需要、尊重需要和自我实现需要五个层次。马克思将人的需要划分为生存需要、享受需要和发展需要。所以教育对人的关怀也是多方面的，既有物质的关怀，也有精神的关怀，社会主义法治观念教育的人文关怀主要是对人的精神世界的关怀，引导人们从关怀工具性法律法规需要到关怀价值性法治精神需要的提升。纯粹的法律规范教育，容易使人陷入法律工具主义的危险，一方面，法律工具主义把法律看成是国家的、阶级的、政策的、经济的和道德的工具；另一方面，它将法律看作是一大堆有关立法的、

〔1〕 王啸：《“人是价值的存在”及其教育学意蕴》，载《高等教育研究》2001年第5期，第7~11页。

行政的和司法的程序、规则和技术，法律变成了技术和手段，造成法律价值的缺失，法治精神被抛弃。而社会主义法治观念教育注重的是培养人们的法治观念，它超越了法律规范教育的工具性和功利性，侧重于人们观念思想的提升，增强了人们对法律的价值感，从而使人们获得精神上的愉悦和满足。

其次，社会主义法治观念教育提升了人的精神品质，丰富了人的精神世界。精神生活是人类社会生活的重要部分，对精神生活的追求是人区别与动物的根本标志，人就是在不断地精神超越中实现自我。人的精神需要是多种多样的，人对精神的追求具有高级与低级之分，高级精神的追求旨在实现至善至美，低级精神的追求只满足于低级趣味。社会主义法治观念教育就是要引导人们追求真、善、美的高级精神内容，关注人格独立、社会平等、公平正义、权利自由的价值理念，提升人的精神品质，丰富人的精神世界。

第三节　在开拓创新中构建社会主义法治观念教育多元化路径

改革开放以来，伴随着我国社会主义法治建设和法治宣传教育的稳健推进，社会主义法治观念教育逐渐成为人们关注的重点，这必然要求我们从多方面、多层次推进和改善社会主义法治观念教育，构建多元化的实践路径，以促进人的全面发展更充分的实现。

一、建立和完善社会主义法治观念学校教育制度

学校教育是传递社会主义法治观念的主渠道，它具有系统性、严谨性和专业性等特征，具有自身的优越特性，所以我们应该充分发挥学校教育的功能，不断完善社会主义法治观念学校教育制度，构建多层次的纵向教育格局并建立多渠道的横向教育平台，以实现良好的教育效果，培养人们的社会主义法治观念。

（一）构建多层次的纵向教育格局

社会主义法治观念教育要注重连续性和阶段性，根据不同阶段学生的心理特点、认识水平、思维能力和生活经验，确定不同的教育目的、内容和方法，由浅入深、循序渐进地开展，既坚持教育目标和内容的连贯性，又重视不同阶段教育目标和内容的阶段性，使社会主义法治观念教育贯彻于法治教育的始终，使法治教育贯穿于大中小学教育的始终，既在中小学阶段展开，也在大学阶段展开，而且前后阶段要相互衔接，前一阶段是后一阶段的前提和基础，后一阶段是前一阶段的延伸和深化。这样才能克服以往各阶段法治教育各自为政，相互割裂，目标上缺乏统一性和层次性，内容上缺乏连接性和渐进性的做法。将大中小学法治观念教育置于法治教育整体之中，做好各阶段法治教育的衔接，才能实现社会主义法治观念教育的整体性和系统性，才能有利于实现人的可持续发展。

在小学阶段，针对小学生具体形象思维的认知特点，要注重社会主义法治观念的渗透教育。由于小学生理性思维能力的局限，在这一阶段不适宜直接传递和教授平等观念、公平正义观念、权利观念等抽象的价值观念，而是应该在小学的《品德与社会》课程中渗透这些内容，安排能与社会主义法治观念相结合的生活常识，在生活常识中认识各种具体的事件或事例，从事件或事例中了解哪些是关于平等的事件、哪些是关于公平正义的事件、哪些是关于权利的事件。在这一阶段，使学生从接触事实入手了解事实本身，形成直观的感性认知，这是实现社会主义法治观念渗透教育的有效方式，也是这一教育在小学阶段的重要任务。这一阶段的渗透教育要坚持连续性，使其贯彻于小学教育的整个过程，在《品德与社会》的十二册教材中都要安排相应地能体现社会主义法治观念的生活事件，保障教育的连贯性。

在中学阶段，针对中学生既具有具体形象思维、又发展了一定抽象逻辑思维的认识特点，要注重社会主义法治观念教育与道德教育的结合，要重视法治实践教育。亚里士多德认为公民的守法与其德性密切相关："大多数合法行为几乎都出于德性整体，法律要求人们全部合乎德性而生活，并禁止各种邪恶之事。为教育人们去过共同生活所制订的法规就构成了德性的整体。"[1]法律与道德密切联系，法律以道德为价值基础，道德教育中强调的正义、公平、人权、秩序、诚信等，为社会主义法治观念教育提供了价值取向，社会主义法治观念体现了人类的伦理精神。因此，只有不断强化学生的道德观念，逐步培养其道德认知力和道德判断力，才能不断增强学生对社会主义法治观念的认可度和接受力，所以在《思想品德》课程中要坚持社会主义法治观念教育与道德教育的融合，并贯穿于整个中学教育的始终。在这一阶段，除了课堂理论教学，另一重要的教育方式是法治实践活动，要注重学生对法治实践的直观体验，如组织学生到法院旁听案件庭审，参观监狱、管教所等。

在大学阶段，针对大学生具有较强理性思维能力的特点，对社会主义法治观念教育内容的安排，应该侧重于在法律法规和法律制度的知识性传授基础上，重视对蕴藏于其中的精神和价值的分析，这样才有利于大学生社会主义法治观念教育的深化和升华，体现出整体社会主义法治观念教育的循序渐进的特点。根据大学生生活的不同阶段，可以制定不同的教学计划：对于低年级的学生，重点开设法治教育的公共基础课程，在教学中通过对法律法规和法律制度的讲解使其充分理解蕴藏于其中的社会主义法治观念；对于高年级的学生，可以针对不同的专业设置不同的法治教育选修课程，将社会主义法治观念与具体专业相结合，使其认识到具体专业中体现的社会主义法治观念。至此，学生对社会主义法治观念的认识经历了从具体到抽象再到具体的完整过程，实现了对社会主义法治观念认识的质的飞跃。

（二）建立多渠道的横向教育平台

社会主义法治观念学校教育要取得良好的教育效果，除了重视

---

[1] [古希腊] 亚里士多德：《尼各马科伦理学》（修订本），苗力田译，中国社会科学出版社1999年版，第99页。

纵向教育体系中课堂教学的主渠道作用外，还要努力构建多样化的横向教育平台，把社会主义法治观念学校教育向校园文化建设延伸，向少年先锋队组织、共青团组织和党组织建设工作拓展，形成多渠道的教育平台。

1. 以校园文化建设为载体开展社会主义法治观念教育

校园文化是学校各种文化生活方式的总和，“是学校师生的课外文化活动、学校长期形成并为师生员工所广泛认同的校园精神以及培育这种精神所需要的文化环境的总和，是学校师生员工在长期的办学过程中培育形成并共同遵循的最高目标、价值标准、基本信念和行为规范。”[1]以校园文化建设为载体开展社会主义法治观念教育，具有广泛的渗透性，是提高学生法治观念的有效方式，具体体现在：第一，充分发挥校园文化中各种媒体的重要作用。进一步完善校报、宣传橱窗、广播、网络等校园文化阵地的建设，通过这些平台大力开展学生法律维权和自我保护的法治宣传。尤其是要重视校园网络的功能，建设具有趣味性的法治网站，开办宣传社会主义法治观念的主题网和栏目。网络具有的交互性和及时性的特点，可以及时解决学生在实际生活中遇到的法律问题，从而增强学生对法律的心理体验和对法治实践的感受，有助于法治观念的形成。第二，充分发挥校园文化中社团组织的重要作用。学生社团可以分为信仰型社团、学术型社团、实用型社团和娱乐型社团四种类型，[2]在信仰社团中加强马克思主义理论的学习，可以为法治观念的形成奠定正确的政治方向；学术型社团可以开展社会主义法治观念教育，通过演讲、讨论会、辩论会等各种形式开展教育活动，调动学生学习社会主义法治观念的主动性和积极性；实用型社团（如法律协会）可以鼓励学生参与法治实践活动，如在社区或村镇进行社会主义法治观念宣讲，向群众普及社会主义法治观念，可以促进和提升自己

[1] 张德、吴剑平主编：《校园文化与人才培养》，清华大学出版社2001年版，第3页。

[2] 王志坚：《高校学生社团与和谐校园文化建设》，载《教育探索》2008年第6期，第116页。

对法治观念的理解，从而增强其法治观念。总的来说，以校园文化建设为载体拓宽了社会主义法治观念教育的途径，增强了教育的影响力，提高了教育的效果，促进了学生养成社会主义法治观念。

2. 以少年先锋队组织、共青团组织和党组织为平台强化社会主义法治观念教育

少年先锋队、共青团和中国共产党都是我国的先进组织，其中少年先锋是由中国共产党委托共青团领导的中国少年儿童的群众性组织，是少年儿童学习共产主义的学校，其目的是使其成为有理想、有道德、有文化、有纪律的一代新人；共青团是中国共产党领导的先进青年组织，是广大青年在实践中学习建设具有中国特色社会主义和共产主义的学校，其基本任务是锻炼其成为有理想、有道德、有文化、守纪律的共产主义事业的接班人。由此可见，在学校中发展少先队员、共青团员和党员，是加强学生思想政治工作的重要途径，是提高学生思想政治素质的有效方式，能够引导学生朝着正确的政治方向努力。纪律教育是少年先锋队、共青团和中国共产党的重要工作内容，无论是发展新成员活动还是平时的组织活动，把社会主义法治观念教育贯穿于学生纪律教育的始终，可以让学生深刻认识到中国共产党是社会主义法治建设的核心力量，认清党的领导、人民当家作主和依法治国的辩证关系，坚持党的领导至上、人民民主至上和依法治国至上的统一。所以，少年先锋队组织、共青团组织和党组织的理论学习和纪律教育，可以对学生中的先进分子树立社会主义法治观念起到强化作用。

二、建立和完善社会主义法治观念普及教育制度

社会主义法治观念教育是面向广大人民群众的普及教育，是普法教育的重要组成部分。建立和完善社会主义法治观念普及教育是全体社会成员的共同任务，也是加快普及社会主义法治观念的重要途径。我国《宪法》第 24 条明确规定：“国家通过普及理想教育、道德教育、文化教育、纪律和法制教育，通过在城乡不同范围的群

众中制定和执行各种守则、公约，加强社会主义精神文明的建设。”这一宪法规定使普法教育活动具有了根本法的依据，也确立了普法教育在我国社会生活中的重要地位。1985年中共中央宣传部、国家司法部的《关于向全体公民基本普及法律常识的五年规划》和同年全国人大常委会通过的《关于在公民中基本普及法律常识的决议》，启动了在全体公民中普及法律的活动，这些规定是我国普法教育的政策和法律依据。此后，普法教育就成了提高公民法律意识和法律素质以及加快社会主义法治建设的重要基础性工程，其中培养全体公民的法治观念是普法教育的重要任务和工作重心，“我们进行法治建设，与其说需要进行法律教育，进行所谓的全民普法，不如说将最浅显的法治理念、法律的精髓和实质告诉民众，传授给民众。”〔1〕所以，要培养全体公民的社会主义法治观念，有必要建立和完善社会主义法治观念普及教育制度。

（一）在普法教育主体方面，构建多方参与的“大普法”格局

建立和完善社会主义法治观念普及教育，必须确立多方参与的普法理念，在普法教育主体方面，构建多方参与的“大普法”格局。普及教育是一个系统工程，需要全社会的共同参与，需要整合各种普法资源，动员各方力量参与到普法中来，不仅涉及具有普法职责的政府部门，还涉及其他机关、组织和个人。这些普法资源包括：一是作为立法机关的各级人大应做好普法宣传工作，扩大群众参与立法的渠道，把参与立法的过程变为普法宣传的过程，使人们在参与立法的过程中获得对法的亲身体验，这样有利于人们树立正确的法治观念。二是作为执法机关的各级政府应积极开展各种普法宣传活动，一方面是整合行政系统的司法资源，集中司法局、公证部门等司法人员、公证人员以及法律工作者的力量，将法律服务的过程变为普法宣传的过程，通过解决群众的切身利益问题，强化人们对

〔1〕彭拴莲：《法律教育，还是法治教育?》，载《思想·理论·教育》2004年第10期，第33页。

法治的心理体验，这样有助于人们树立正确的法治观念；另一方面是发挥文化宣传部门的作用，如通过协调文化局加大法治文艺的创造和演出，通过图书馆、博物馆扩大法治文化的宣讲，加强对社会主义法治观念的宣传。三是作为司法机关的各级法院，通过公开庭审，组织群众旁听，将审理过程变为普法宣传的过程，从而使群众接受教育。只有理顺了这些部门、组织和个人之间的关系，调动起他们的积极性和参与热情，才能充分整合各方社会资源，全方位地推进社会主义法治观念的普及工作。

社会主义法治观念普及教育主体多方参与的格局，除了各方部门、组织、个人参与外，还需要建立一支素质过硬的法治宣传教育队伍，包括专职和兼职两种。专职法治宣传教育人员是指服务于特定机构，具有一定职责和权限的定岗、定编的人员，是进行法治观念宣传活动的常备军。兼职法治宣传教育人员包括："法治新闻宣传队伍、法治文艺宣传队伍、法治宣讲团队伍、法律志愿者队伍、退休老干部法治宣传队伍。利用新闻媒体喉舌的作用，发挥广播、电视、网络媒体各自的优势，开办生动、活泼的栏目进行法治宣传；要把普法宣传和文化艺术紧密结合，鼓励文艺工作者创作以法治宣传为内容的作品和节目，用公众喜闻乐见的形式寓教于乐，增强普法教育的娱乐性和趣味性；聘请高等院校的法学专业的专家学者组织普法教育宣讲团，就不同专题对已有一定法律基础、文化素质较高、有继续深入学习要求的人群进行较有深度的普法教育；广泛吸纳大中专院校法学专业的学生作为普法宣传志愿者，也给学生们提供了深入生活、学以致用的实践机会；发动退休老干部政治素质较高、愿意为社会贡献力量的积极性，深入社区、街道对外来务工人员和私营业主进行法制宣传教育。"[1]这五支队伍是进行法治观念宣传的重要力量。

---

〔1〕刘颖丽：《我国现阶段普法教育研究》，首都师范大学 2007 年硕士学位论文，第 37~38 页。

（二）在普法教育形式方面，重视大众媒介的普法宣传方式

大众媒介又称“大众传播媒介”，是大众传播过程的中介，是向不特定的公众传递各种社会情报信息的载体，包括报纸、杂志、广播、电视、电影、图书、网络等各种形式，具有传播速度快、范围广、规模大、效果强的特点。大众媒介是我们认识世界和了解世界的窗口，“窗口的尺寸与形状，制约着我们能够从窗口看到什么；由于窗口的位置和观察者的姿势的不同，也决定了所看到内容的差异。”[1]我们要高度重视大众媒介在社会主义法治观念教育中的重要作用，利用大众媒介的优势，开展法治观念教育，塑造公民的法治观念，充分发挥其教育功能。据2007年《都市法治文化与市民法律素质研究》的统计：“大众传媒（主要包括电视、广播、报纸、互联网）在法制宣传教育和市民法律意识培养中的作用越来越突出地显现，已经成为问卷调查中大多数市民认知法律的首选最主要途径（选择“电视广播”的占到50.9%，为最高比例）。”[2]另外，据2007年《对大学生加强民族观 、宗教观与法治观教育研究》中的统计：“大学生对法律知识的获取途径是多方面的，有55.3%的大学生通过教学来了解法律，有55.2%的大学生通过电视来了解法律，有40.9%的大学生通过杂志报纸来了解法律，有21.0%的大学生通过广播来了解法律，有21.0%的大学生通过网络来了解法律，有16.4%的大学生通过其他途径来了解法律。”[3]这充分反映了大众媒介在社会主义法治观念教育中发挥了不容忽视的促进作用，所以我们要最大限度地发挥大众媒介的优势，不断扩大普法宣传的效果。如利用中央和地方电视台的“今日说法”“经济与法”“社会经纬”

---

〔1〕 吉见俊哉等：《媒介和信息化的社会学》，岩波书店株式会社1996年版，第52页。

〔2〕 孙育玮等：《都市法治文化与市民法律素质研究》，法律出版社2007年版，第191页。

〔3〕 陈星波、字如祥编著：《对大学生加强民族观、宗教观与法治观教育研究》，云南民族出版社2007年版，第237页。

“案件聚焦”“法庭内外”“法治在线”“东方110”“东方大律师”等栏目，办好以案说法的节目，结合群众身边的现实生活实例，以大众喜闻乐见的形式深入浅出地进行法律知识普及、法治理念分析以及法治观念的传播；利用全国地方的各种报刊杂志，如《人民法院报》《人民公安报》《法制日报》《中国律师》等，丰富人们的法律知识，增强人们的法治观念；利用互联网平台，办好普法网站，如普法网、法律热线网、法律教育网、法律图书馆、法规数据库等，推动政府网及门户网站，加大普法宣传力度；同时，要坚持与时俱进、开拓创新的精神，不断跟上科技发展的步伐，不断提高宣传手段的科技水平，充分挖掘和探索移动电视、手机网络、车载电子显示屏等新型传播介体，不断增强普法宣传效果。

（三）在普法教育制度方面，加强教育制度的常规化、规范化

社会主义法治观念普及教育的制度化和规范化是普法教育健康发展的重要保障，是社会主义法治建设的必然要求。加强普及教育的制度建设，对促进普法教育的高效率和科学化具有重要作用。当前社会主义法治观念普及教育应围绕以下方面进行：第一，考核制度。领导干部尤其是政法干部的法治观念直接影响社会主义法治建设进程，影响普法教育的实施和推广。因此，应建立社会主义法治观念考核制度，并将考核的结果与各级领导干部的任用结合起来，只有具备一定权利观念、公平正义观念、人民民主观念、服务大局观念等社会主义法治观念的干部，才具有选拔和任用的资格，不具备这些观念的干部在选拔、任用时不予考虑。第二，经费保障制度。经费的投入是普法教育顺利进行的物质基础，社会主义法治观念普及教育作为普法教育的重要组成部，同样需要硬件的建设，没有经费的投入将寸步难行。一方面，将普法的专项经费列入各级政府的财政预算，专款专用，保障普法教育的正常进行；另一方面，积极鼓励其他组织和个人的投入，通过公益活动、慈善活动引导人们对普法教育的捐赠。第三，监督制度。建立各种形式的监督机制，包括立法监督、行政监督、司法监督、社会舆论监督等形式，广泛动

员各方力量监督社会主义法治观念普及教育的运行，对于普及过程中出现的问题，及时向相关普及机关或普及单位反映，以利于各机关、单位及时改进普及的内容、调整普及的方式。第四，奖惩制度。建立社会主义法治观念普及教育的奖惩制度，对于各地宣传社会主义法治观念效果突出的单位和个人，给与充分肯定，广泛推广其中的成功经验；对于宣传教育效果不佳的单位和个人，进行通报批评，要求其重新学习，并责令重新考核。

CONCLUSION 结 语

人的全面发展问题，在理论上是一个常新的课题，在现实中是一个随着社会发展不断推进的过程，因此对人的全面发展的研究始终是一个具有重要价值的课题。随着我国改革开放的深入，人的问题已被提到了非常重要的地位，要实现社会主义现代化建设，要全面建设小康社会和社会主义和谐社会，关键在人，尤其是随着经济全球化进程的加快、知识经济的兴起以及国际竞争的日益激烈，人的问题更是成为世界各国普遍关注的问题，所以如何有效地促进人的发展自然就成了一个具有时代意义的重要课题。人的发展首先是思想观念的进步，人是一种精神存在物、意识存在物，人的活动是一种自由自觉的活动，在社会中只有通过人的各种意识活动的展开，人的各种社会活动才能成为有意识的活动，才能成为自由自觉的活动，所以，无论是人的意识活动还是人的实践活动，一刻也离不开人的意识和精神，因此，人的意识的发展、人的思想观念的进步是人的发展的前提和基础。进入法治社会后，各种法治制度必须有相应的法治观念来支撑，社会主义法治的主体是广大人民，为支撑社会主义法治建设的顺利进行必然要求广大人民具备一定的法治观念。因此在法治社会中法治观念的解放是人的思想观念进步不可或缺的重要部分，这是法治社会对主体的内在要求，也是人成为完整的人的重要内容。社会主义法治观念教育正是通过培育人的法治观念来实现人的全面发展，只有人的法治观念获得解放、法治意识空前觉醒，人们才能自由地通过法治实现自身的自由和解放。也就是说，社会主义法治观念教育培养了人们的法治观念，提高了人们的法律素养，解放了人的思想，为法治实践提供了重要的精神力量，增强了人们在法治建设和社会发展中的主体作用，提高了人的自觉性和能动性，从而不断推进人的全面发展。

总之，人们以社会主义法治观念为核心的法律素质的提高，以平等、权利、正义为基本特征的良好品质的形成，除了有赖于社会法治文化的不断熏陶外，还需要广大人民群众自觉地学习以及在广泛的法治实践和法治社会化过程中加强自我法律修养，更需要社会主义法治观念教育程度的提高。只有不断加强社会主义法治观念教育，法律权威观念、权利观念、公平正义观念、平等观念、人民民主观念、党的领导观念和服务大局观念才能有效地成为人们内在的法律素养，社会主义法治建设才有坚实的思想基础，个人才能得到健康的全面发展。

REFERENCE 参考文献

经典文献

1.《马克思恩格斯全集》(第 1 卷)，人民出版社 1956 年版。
2.《马克思恩格斯全集》(第 2 卷)，人民出版社 1957 年版。
3.《马克思恩格斯全集》(第 3 卷)，人民出版社 1960 年版。
4.《马克思恩格斯全集》(第 4 卷)，人民出版社 1958 年版。
5.《马克思恩格斯全集》(第 16 卷)，人民出版社 1964 年版。
6.《马克思恩格斯全集》(第 19 卷)，人民出版社 1963 年版。
7.《马克思恩格斯全集》(第 20 卷)，人民出版社 1971 年版。
8.《马克思恩格斯全集》(第 23 卷)，人民出版社 1972 年版。
9.《马克思恩格斯全集》(第 25 卷)，人民出版社 1974 年版。
10.《马克思恩格斯全集》(第 26 卷·第 1 分册)，人民出版社 1972 年版。
11.《马克思恩格斯全集》(第 36 卷)，人民出版社 1974 年版。
12.《马克思恩格斯全集》(第 40 卷)，人民出版社 1982 年版。
13.《马克思恩格斯全集》(第 42 卷)，人民出版社 1979 年版。
14.《马克思恩格斯全集》(第 46 卷·上册)，人民出版社 1979 年版。
15.《马克思恩格斯全集》(第 46 卷·下册)，人民出版社 1980 年版。
16.《马克思恩格斯全集》(第 47 卷)，人民出版社 1979 年版。
17.《马克思恩格斯全集》(第 49 卷)，人民出版社 1982 年版。
18.《马克思恩格斯选集》(第 1 卷)，人民出版社 1995 年版。
19.《马克思恩格斯选集》(第 2 卷)，人民出版社 1995 年版。
20.《马克思恩格斯选集》(第 3 卷)，人民出版社 1995 年版。

21.《马克思恩格斯选集》（第 4 卷），人民出版社 1995 年版。
22.《毛泽东选集》（第 1 卷），人民出版社 1991 年版。
23.《毛泽东选集》（第 2 卷），人民出版社 1991 年版。
24.《毛泽东选集》（第 3 卷），人民出版社 1991 年版。
25.《毛泽东选集》（第 4 卷），人民出版社 1991 年版。
26.《毛泽东选集》（第 5 卷），人民出版社 1977 年版。
27.《邓小平文选》（第 1 卷），人民出版社 1994 年版。
28.《邓小平文选》（第 2 卷），人民出版社 1994 年版。
29.《邓小平文选》（第 3 卷），人民出版社 1993 年版。
30.《江泽民文选》（第 1 卷），人民出版社 2006 年版。
31.《江泽民文选》（第 2 卷），人民出版社 2006 年版。
32.《江泽民文选》（第 3 卷），人民出版社 2006 年版。
33. 毛泽东：《关于正确处理人民内部矛盾的问题》，人民出版社 1966 年版。
34.《毛泽东同志论教育工作》，人民教育出版社 1958 年版。
35. 中共中央文献研究室、中共湖南省委《毛泽东早期文稿》编辑组编：《毛泽东早期文稿》，湖南出版社 1990 年版。
36. 毛泽东：《人的正确思想是从那里来的？》，人民出版社 1964 年版。
37. 毛泽东：《毛主席论人民战争》，人民出版社 1967 年版。
38. 邓小平：《邓小平论教育》，人民教育出版社 1995 年版。
39. 邓小平：《建设有中国特色社会主义》，人民出版社 1987 年版。
40. 江泽民：《在庆祝中国共产党成立八十周年大会上的讲话》，人民出版社 2001 年版。
41. 中共中央文献研究室：《江泽民论有中国特色社会主义》（专题摘编），中央文献出版社 2002 年版。
42. 中共中央宣传部编：《毛泽东邓小平江泽民论思想政治工作》，学习出版社 2000 年版。
43. 中共中央文献研究室：《十二大以来重要文献选编》（上），人民出版社 1986 年版。
44. 中共中央文献研究室：《十三大以来重要文献选编》（上），人民出版社 1991 年版。
45. 中共中央文献研究室：《十四大以来重要文献选编》（上），人民出版社 1999 年版。

46. 中共中央文献研究室：《十五大以来重要文献选编》（上），中央文献出版社2005年版。
47. 中共中央文献研究室：《十六大以来重要文献选编》（上），中央文献出版社2005年版。
48. 中共中央文献研究室：《十一届三中全会以来重要文献选读》（下），人民出版社1987年版。
49. 《中共中央关于加强社会主义精神文明建设若干重要问题的决议》，人民出版社1996年版。
50. 《中国共产党中央委员会关于建国以来党的若干历史问题的决议》，人民出版社1981年版。
51. 《中国共产党第十六届中央委员会第五次全体会议文件汇编》，人民出版社2005年版。

著　作

1. 《管子》，梁运华校点，辽宁教育出版社1997年版。
2. ［德］H. 哈肯：《协同学导论》，张纪岳、郭治安译，西北大学科研处1981年版。
3. ［德］H. 哈肯：《高等协同学》，郭治安译，科学出版社1989年版。
4. ［古希腊］亚里士多德：《政治学》，吴寿彭译，商务印书馆1965年版。
5. ［古希腊］亚里士多德：《尼各马科伦理学》（修订本），苗力田译，中国社会科学出版社1999年版。
6. ［法］卢梭：《社会契约论》，何兆武译，商务印书馆1980年版。
7. ［美］E. 博登海默：《法理学——法哲学及其方法》，邓正来、姬敬武译，华夏出版社1987年版。
8. ［法］孟德斯鸠：《论法的精神》（上册），张雁深译，商务印书馆1961年版。
9. ［美］波斯纳：《法律的经济分析》，蒋兆康译，中国大百科全书出版社1997年版。
10. ［法］皮埃尔·勒鲁：《论平等》，王允道译，商务印书馆1988年版。
11. ［美］罗伯特·金·默顿：《论理论社会学》，何凡兴、李卫红、王丽娟译，华夏出版社1990年版。
12. ［英］赫·斯宾塞：《教育论》，胡毅译，人民教育出版社1962年版。

13. ［德］康德：《纯粹理性批判》，邓晓芒译，人民出版社 2007 年版。
14. ［瑞士］布伦诺·S. 弗雷、阿洛伊斯·斯塔特勒：《幸福与经济学：经济和制度对人类福祉的影响》，静也译，北京大学出版社 2006 年版。
15. ［英］弗里德利希·冯·哈耶克：《自由秩序原理》，邓正来译，生活·读书·新知三联书店 1997 年版。
16. ［苏］科恩：《自我论》，佟景韩等译，生活·读书·新知三联书店 1986 年版。
17. ［德］黑格尔：《美学》（第 1 卷），朱光潜译，商务印书馆 1979 年版。
18. ［美］阿尔特曼：《管理科学与行为科学——组织行为学、实践与理论》（上），魏楚千、刘祖荫、卢兴华、孙建国译，北京航空航天大学出版社 1990 年版。
19. ［美］B. S. 布卢姆等编：《教育目标分类学》（第一分册），罗黎辉、丁证霖、石伟平、顾建明译，华东师范大学出版社 1986 年版。
20. ［印度］克里希那穆提：《一生的学习》，若水译，群言出版社 2004 年版。
21. ［美］伯尔曼：《法律与宗教》，梁治平译，生活·读书·新知三联书店 1991 年版。
22. ［美］哈罗德·J. 伯尔曼：《法律与革命——西方法律传统的形成》，贺卫方、高鸿钧、张志铭、夏勇译，中国大百科全书出版社 1993 年版。
23. ［美］菲利普·李·拉尔夫等：《世界文明史》（上卷），赵丰等译，商务印书馆 1998 年版。
24. ［德］马克斯·韦伯：《新教伦理与资本主义精神》，于晓、陈维纲等译，生活·读书·新知三联书店 1997 年版。
25. ［意］加林：《意大利人文主义》，李玉成译，生活·读书·新知三联书店 1998 年版。
26. 《费尔巴哈哲学著作选集》（下卷），荣震华、王太庆、刘磊译，生活·读书·新知三联书店 1962 年版。
27. ［法］柏格森：《时间与自由意志》，吴士栋译，商务印书馆 1958 年版。
28. ［法］让-保罗·萨特：《存在主义是一种人道主义》，周煦良、汤永宽译，上海译文出版社 1988 年版。
29. 喻中：《中国法治观念》，中国政法大学出版社 2011 年版。
30. 刘旺洪：《法律意识论》，法律出版社 2001 年版。
31. 柯卫：《当代中国法治的主体基础——公民法治意识研究》，法律出版社 2007 年版。

32. 郑永廷：《社会主义意识形态研究》，中山大学出版社 1999 年版。
33. 黄稻：《社会主义法治意识》，人民出版社 1995 年版。
34. 付子堂：《马克思主义法律思想研究》，高等教育出版社 2005 年版。
35. 中共中央政法委员会编：《社会主义法治理念读本》，中国长安出版社 2009 年版。
36. 魏胜强、张玫瑰：《社会主义法治理念解读》，河南人民出版社 2008 年版。
37. 孙国华：《社会主义法治论》，法律出版社 2002 年版。
38. 孙晓楼：《法律教育》，中国政法大学出版社 1997 年版。
39. 李龙：《法制建设与道德教育》，武汉大学出版社 1997 年版。
40. 邢国忠：《社会主义法治理念教育研究》，中国社会科学出版社 2011 年版。
41. 黄楠森：《人学原理》，广西人民出版社 2000 年版。
42. 陈志尚：《人学原理》，北京出版社 2004 年版。
43. 袁贵仁：《马克思的人学思想》，北京师范大学出版社 1996 年版。
44. 李连科：《关于人的学说的哲学探讨》，人民出版社 1982 年版。
45. 陈桂生：《人的全面发展理论与现时代》，上海教育出版社 1988 年版。
46. 袁贵仁、韩庆祥：《论人的全面发展》，广西人民出版社 2003 年版。
47. 陈志尚：《人的自由全面发展论》，中国人民大学出版社 2004 年版。
48. 韩庆祥：《马克思开辟的道路——人的全面发展研究》，人民出版社 2005 年版。
49. 郭湛：《主体性哲学——人的存在及其意义》，云南人民出版社 2002 年版。
50. 董耀鹏：《人的主体性初探》，北京图书馆出版社 1996 年版。
51. 刘豪兴、朱少华：《人的社会化》，上海人民出版社 1993 年版。
52. 骆郁廷：《精神动力论》，武汉大学出版社 2003 年版。
53. 郝登峰：《现代精神动力论》，广东人民出版社 2005 年版。
54. 苗力田：《古希腊哲学》，中国人民大学出版社 1989 年版。
55. 车铭洲：《西欧中世纪哲学概论》，天津人民出版社 1982 年版。
56. 北京大学哲学系外国哲学史教研室编译：《西方哲学原著选读》（下册），商务印书馆 1982 年版。
57. 北京大学哲学系外国哲学史教研室编译：《十六—十八世纪西欧各国哲学》，商务印书馆 1975 年版。
58. 北京大学西语系资料组编：《从文艺复兴到十九世纪资产阶级文学家艺术家有关人道主义、人性论言论选辑》，商务印书馆 1971 年版。

59. 刘放桐：《现代西方哲学》，人民出版社 1990 年版。
60. 路淑英：《神话的启示——人本主义问题研究》，西南交通大学出版社 2004 年版。
61. 郭治安、沈小峰：《协同论》，山西经济出版社 1991 年版。
62. 郭治安：《协同学入门》，四川人民出版社 1988 年版。
63. 高占祥：《中国文化大百科全书》（教育卷），长春出版社 1994 年版。
64. 李淮春：《马克思主义哲学全书》，中国人民大学出版社 1996 年版。
65. 全国十二所重点师范大学联合编写：《教育学基础》，教育科学出版社 2002 年版。
66. 黄济、王策三：《现代教育论》，人民教育出版社 1996 年版。
67. 李浩吾：《新教育大纲》，南强书局 1930 年版。
68. 瞿葆奎：《教育学文集·教育与教育学》，人民教育出版社 1993 年版。
69. 胡德海：《教育学原理》，甘肃教育出版社 2006 年版。
70. 邓胥功：《教育学大纲》（下），华通书局 1933 年版。
71. 上海师范大学教育系编：《马克思恩格斯论教育》，人民教育出版社 1979 年版。
72. 赵祥麟、王承绪译：《杜威教育论著选》，华东师范大学出版社 1981 年版。
73. 张耀灿：《现代思想政治教育学》，人民出版社 2006 年版。
74. 陈万柏、张耀灿：《思想政治教育学原理》，高等教育出版社 2007 年版。
75. 张耀灿：《思想政治教育学前沿》，人民出版社 2006 年版。
76. 陈秉公：《思想政治教育学基础理论研究》，吉林大学出版社 2007 年版。
77. 冷浩然、唐志龙、罗剑明：《思想政治工作中的哲学问题》，上海人民出版社 1997 年版。
78. 吴潜涛、刘建军：《新时期思想政治教育史论》，安徽人民出版社 2004 年版。
79. 陈百君：《思想政治教育学》，大连工学院出版社 1988 年版。
80. 袁贵仁：《价值观的理论与实践》，北京师范大学出版社 2006 年版。
81. 沈宗灵：《法理学》，高等教育出版社 2009 年版。
82. 卓泽渊：《法理学》，法律出版社 2004 年版。
83. 张文显：《法哲学范畴研究》，中国政法大学出版社 2001 年版。
84. 谢晖：《法律信仰的理念与基础》，山东人民出版社 1997 年版。
85. 谢晖：《法学范畴的矛盾辨思》，山东人民出版社 1999 年版。
86. 李步云：《宪法比较研究》，法律出版社 1998 年版。

87. 季卫东：《宪政新论》，北京大学出版社 2002 年版。
88. 潘伟杰：《宪法的理念与制度》，上海人民出版社 2004 年版。
89. 吴忠希：《社会主义与人权》，学林出版社 2007 年版。
90. 高恒天：《道德与人的幸福》，中国社会科学出版社 2004 年版。
91. 苏国勋：《理性化及其限制——韦伯思想引论》，上海人民出版社 1998 年版。
92. 卓泽渊：《法的价值论》，法律出版社 2006 年版。
93. 严存生：《法的价值问题研究》，中国政法大学出版社 2011 年版。
94. 李瑜青：《人文精神与法治文明关系研究》，法律出版社 2007 年版。
95. 申群喜：《政治观念文明与人的发展研究》，黑龙江人民出版社 2010 年版。
96. 杨清望：《法律权威：来源与建构》，知识产权出版社 2010 年版。
97. 夏勇：《人权概念起源——权利的历史哲学》，中国政法大学出版社 2001 年版。
98. 陈传胜：《马克思恩格斯的公平正义观研究》，合肥工业大学出版社 2011 年版。
99. 中国社会科学院法学研究所资料室编：《论法律面前人人平等》，社会科学文献出版社 2003 年版。
100. 中国人民大学法律系国家与法权理论教研室编：《论人民民主专政和人民民主法制》，中国人民大学出版社 1958 年版。
101. 钟书樵：《社会主义初级阶段党的领导》，人民出版社 1991 年版。
102. 付子堂：《法律功能论》，中国政法大学出版社 1999 年版。
103. 傅维利：《教育功能论》，辽宁教育出版社 1990 年版。
104. 王仕民：《德育功能论》，中山大学出版社 2005 年版。
105. 黄藤：《学校教育基本功能研究》，陕西人民教育出版社 2006 年版。
106. 张云霞：《教育功能的社会学研究》，武汉大学出版社 2011 年版。
107. 谢立中：《西方社会学名著提要》，江西人民出版社 2001 年版。
108. 张人杰：《国外教育社会学基本文选》，华东师范大学出版社 1989 年版。
109. 王子琳：《法律社会学》，吉林大学出版社 1991 年版。
110. 赵震江：《法律社会学》，北京大学出版社 1998 年版。
111. 吴康宁：《教育社会学》，人民出版社 1998 年版。
112. 谢维和：《教育活动的社会学分析：一种教育社会学的研究》，教育科学出版社 2000 年版。
113. 马和民：《新编教育社会学》，华东师范大学出版社 2002 年版。

114. 鲁洁、王逢贤：《德育新论》，江苏教育出版社 1994 年版。
115. 韶刚：《道德教育心理学》，上海教育出版社 2007 年版。
116. 衣俊卿：《文化哲学》，云南人民出版社 2001 年版。
117. 邹进：《现代德国文化教育学》，山西教育出版社 1992 年版。
118. 吴东莞、沈国权：《思想政治工作机制论》，军事科学出版社 2008 年版。
119. 李敏：《义务教育非均衡发展动力机制研究》，中国社会科学出版社 2011 年版。
120. 邱吉：《道德内化论》，民族出版社 2004 年版。
121. 范树成：《德育过程论》，中国社会科学出版社 2004 年版。
122. 王汉澜：《教育评价学》，河南大学出版社 1995 年版。
123. 王茂胜：《思想政治教育评价论》，中国社会科学出版社 2006 年版。
124. 陈星波：《对大学生加强民族观、宗教观与法治观教育研究》，云南民族出版社 2007 年版。
125. 郑永流：《农民法律意识与农村法律发展——来自湖北农村的实证研究》，中国政法大学出版社 2004 年版。
126. 柯卫：《社会主义法治意识与人的现代化研究》，法律出版社 2010 年版。
127. 孙育玮：《都市法治文化与市民法律素质研究》，法律出版社 2007 年版。
128. 孙永芬：《中国社会各阶层政治心态研究——以广大调查为例》，中央编译出版社 2008 年版。
129. 邓世豹：《中国法治进程——以广大省法治环境调查为例》，法律出版社 2006 年版。
130. 徐显明：《以人为本与法律发展》，山东人民出版社 2008 年版。
131. 李龙：《人本法律观研究》，中国社会科学出版社 2006 年版。
132. 田建国：《以人为本与道德教育》，山东人民出版社 2005 年版。
133. 王东莉：《德育人文关怀论》，中国社会科学出版社 2005 年版。
134. 伍揆祁：《思想政治教育人文关怀论》，中国社会出版社 2005 年版。
135. 吕世伦：《法的真善美》，法律出版社 2007 年版。
136. 李庚香：《法美学》，大象出版社 2007 年版。
137. 张德、吴剑平：《校园文化与人才培养》，清华大学出版社 2001 年版。

期刊、学位论文和报纸

1. 韩庆祥、雷鸣：《能力建设与当代中国发展》，载《中国社会科学》2005 年第

1 期。
2. 袁贵仁:《人的全面发展学说的新境界》,载《中国高等教育(半月刊)》2001 年第 17 期。
3. 高放:《加强对马克思主义科学的整体研究》,载《马克思主义与现实》2005 年第 2 期。
4. 王友洛:《不能以“人的全面发展”替代“个人全面而自由的发展”》,载《哲学研究》1993 年第 8 期。
5. 亢安毅:《马克思人的全面发展思想及其当代意义》,载《中共杭州市委党校学报》2002 年第 4 期。
6. 王明东:《毛泽东、邓小平、江泽民人的全面发展思想之比较》,载《探索》2003 年第 5 期。
7. 张金虎:《对马克思“人的全面发展”思想的再认识》,载《中国青年政治学院学报》1994 年第 1 期。
8. 成长春:《人的全面发展是目标和过程的统一》,载《马克思主义与现实》2002 年第 3 期。
9. 叶汝贤:《每个人的自由发展是一切人的自由发展的条件》,载《中国社会科学》2006 年第 3 期。
10. 顾相伟:《论教育发展与人的全面发展》,载《教育探索》2010 年第 6 期。
11. 杨魁森:《论毛泽东哲学的主体性思想》,载《吉林大学社会科学学报》1993 年第 6 期。
12. 吴倬:《试论人本主义思潮的社会作用》,载《清华大学学报(哲学社会科学版)》1993 年第 1 期。
13. 骆郁廷:《马克思主义主体性理论的三个维度》,载《武汉大学学报(人文科学版)》2009 年第 1 期。
14. 韩庆祥、张健:《马克思的主体性理论及其当代意义》,载《天津行政学院学报》2002 年第 3 期。
15. 赵克荣:《论人的社会化的实质及其辩证特性》,载《社会科学研究》1993 年第 5 期。
16. 沈根华:《精神动力结构论纲》,载《福建师范大学学报年第哲学社会科学版)》2006 年第 3 期。
17. 李慧:《恩格斯晚年关于社会发展精神动力的思想》,载《理论月刊》2008 年第 6 期。

18. 付子堂：《马克思主义法律思想中国化的第三次创新》，载《法学家》2006年第5期。
19. 周永坤：《社会主义法治理念的几个元理论问题》，载《山东社会科学》2011年第2期。
20. 张文显：《社会主义法治理念导言》，载《法学家》2006年第5期。
21. 汪习根、桂晓伟：《论法治理念》，载《天津行政学院学》2006年第3期。
22. 孙笑侠：《论法律的外在权威与内在权威》，载《学习与探索》1996年第4期。
23. 葛洪义：《论法律权利的概念》，载《法律科学》1989年第1期。
24. 徐显明：《公平正义：当代中国社会主义法治的价值追求》，载《法学家》2006年第5期。
25. 陈瑞华：《程序正义的理论基础——评马修的“尊严价值理论”》，载《中国法学》2000年第3期。
26. 陈瑞华：《通过法律实现程序正义——萨默斯“程序价值”理论评析》，载《北大法律评论》1998年第1期。
27. 张文宽：《试论执法为民是社会主义法治理念的本质要求》，载《当代法学》2008年第S1期。
28. 朱景文：《服务大局与“法学家的幻想”》，载《法学家》2006年第5期。
29. 黄济：《关于教育功能的几个问题》，载《复印报刊资料（教育学）》1991年第12期。
30. 孙俊三、谢丽玲：《论教育理论的深化与教育两大功能的实现》，载《教育理论与实践》2003年第7期。
31. 项贤明：《教育与人的发展新论》，载《教育研究》2005年第5期。
32. 喻立森：《对教育与人的发展关系的历史考察》，载《教育评论》1956年第4期。
33. 杨宏云：《法律行为与个体社会化》，载《学海》2001年第4期。
34. 傅先庆：《论教育功能的焦点》，载《中国高教研究》1994年第6期。
35. 马奇柯：《思想政治教育机制相关概念辨析》，载《求实》2008年第4期。
36. 刘先进：《思想政治教育动力机制探析》，载《求实》2006年第7期。
37. 刘居安：《论思想政治教育动力机制》，载《马克思主义与现实》2005年第4期。
38. 张耀灿、马奇柯：《论思想政治教育的整合机制》，载《学校党建与思想教育》2005 年第 4 期。
39. 谢传仓．构建大学生思想政治教育整合机制的几点思考》，载《思想政治教育研究》2011 年第 2 期。
40. 杨鲜兰：《论思想政治教育的内化机制》，载《湖北大学学报（哲学社会科学版）》2004 年第 2 期。
41. 李春明、张玉梅：《当代中国的法治认同：意义、内容及形成机制》，载《山东大学学报（哲学社会科学版）》2007 年第 5 期。
42. 于沛霖：《关于人权的价值分折和评价标准》，载《辽宁师范大学学报（社科版）》1996 年第 3 期。
43. 江乐园、苏静：《近年来思想政治教育评估问题研究综述》，载《前沿》2005 年第 11 期。
44. 项久雨：《论思想道德教育价值评价标准的逻辑结构》，载《学校党建与思想教育》2002 年第 5 期。
45. 黄云霞：《大学法制教育存在的问题及对策研究》，载《教育理论与实践》2007 年第 3 期。
46. 郑文姬：《高校法制教育的改革探析》，载《前沿》2009 年第 7 期。
47. 王晓慧：《我国高校法制教育的现实困境与理性选择》，载《河南师范大学学报（哲学社会科学版）》2009 年第 4 期。
48. 张德广：《法治教育中法治型人格的培养》，载《广西社会科学》2001 年第 4 期。
49. 郭尚花：《谈加强大学生的法治教育》，载《中国高教研究》1999 年第 3 期。
50. 任学强：《论成人学生法治教育的侧重点》，载《成人教育》2006 年第 2 期。
51. 宋立娥、江淑丽：《浅谈加强大学生法治教育》，载《中国成人教育》2004 年第 11 期。
52. 王晓慧：《我国高校法制教育的现实困境与理性选择》，载《河南师范大学学报（哲学社会科学版）》2009 年第 4 期。
53. 陈大文：《课程整合背景下大学生法制教育实效性问题初探》，载《思想理论教育导刊》2007 年第 5 期。
54. 陈大文、刘一睿：《从普及法律常识到提升法律素质的教育：改革开放 30 年高校法制教育发展回眸》，载《思想理论教育导刊》2009 年第 4 期。
55. 郑敬斌、王立仁：《谈中小学法制教育内容的误区与完善：基于思想品德课教材内容梳理的视角》，载《教育探索》2011 年第 8 期。

56. 郑文姬：《高校法制教育的改革探析》，载《前沿》2009 年第 7 期。
57. 赵晓光：《中小学法制教育的目的与课程初探》，载《课程 · 教材 · 教法》1996 年第 5 期。
58. 包心鉴：《论民主政治建设中的人的全面发展》，载《社会主义研究》1990 年第 1 期。
59. 黄楠森：《论“以人为本”的思想渊源和科学内涵》，载《伦理学研究》2011 年第 3 期。
60. 王锐生：《“以人为本”：马克思社会发展观的一个根本原则》，载《哲学研究》2004 年第 2 期。
61. 吕世伦、张学超：《“以人为本”与社会主义法治：一种法哲学上的阐释》，载《法制与社会发展》2005 年第 1 期。
62. 虞崇胜：《树立“以人为本”的广义政治观》，载《武汉大学学报（哲学社会科学版）》2004 年第 4 期。
63. 王啸：《“人是价值的存在”及其教育学意蕴》，载《高等教育研究》2001 年第 5 期。
64. 王志坚：《高校学生社团与和谐校园文化建设》，载《教育探索》2008 年第 6 期。
65. 伍思文：《论校园文化思想政治教育功能及其实现路径》，载《广西民族大学学报（哲学社会科学版）》2010 年第 4 期。
66. 徐霞：《试析大学生党建工作在高校素质教育中的功能》，载《学校党建与思想教育》2006 年第 7 期。
67. 徐继敏：《二十年“普法”与宪法及其完善》，载《探索》2006 年第 1 期。
68. 秦志凯：《普法制度化的几个问题》，载《社会科学家》1998 年第 S2 期。
69. 彭拴莲：《法律教育还是法治教育》，载《思想理论教育》2004 年第 11 期。
70. 任月娥：《浅谈高校法制教育与思想政治教育的关系》，载《学术交流》1995 年第 2 期。
71. 李辽宁：《当代中国思想政治教育意识形态功能研究》，华中师范大学 2006 年博士学位论文。
72. 刘和清：《法与人类解放：马克思法制观与当代中国法制建设》，吉林大学 2009 年博士学位论文。
73. 李彦西：《欠发达省区高等教育资源整合机制研究》. 武汉理工大学 2010 年博士学位论文。

74. 胡锦涛:《在中共中央举办的省部级主要领导干部提高构建社会主义和谐社会能力专题研讨班上的讲话》,载《人民日报》2005 年 2 月 20 日。
75. 江泽民:《在纪念中国共产党成立 80 周年纪念大会上的讲话》,载《人民日报》2001 年 7 月 1 日。
76. 吴兢:《深入开展社会主义法治理念教育切实加强政法队伍思想政治建设》,载《人民日报》2006 年 4 月 14 日。
77. 卓泽渊:《法治精神是法的价值》,载《法制日报》2007 年 8 月 31 日。
78. 《人民日报》特约评论员:《民主与法制》,载《人民日报》1978 年 7 月 13 日。

英文参考文献

1. Robert K. Merton, *Social Theory and Social Structure* , The Free Press, 1968.
2. Hannah Arendt, *The Human Condition* , University of Chicago Press, 1958.
3. Erich Fromm, *Marx's Concept of Man*, Continuum International Publishing Group, 1961.
4. Philip Alston, Mary Robinson, *Human Rights and Development: Towards Mutual Reinforcement*, Oxford University Press, 2005.
5. Michael Oakeshott, *On Human Conduct* , Oxford University Press, 1975.
6. Corrliss Lamont, *Humanism As A Philosophy*, Philosophy Librarg, 1949.
7. James J. O'Rourke, *The Problem of Freedom in Marxist Thought*, Kluwer Academic Publishers, 1974.
8. Hugh Collins, *Marxism and Law*, Oxford University Press, 1982.
9. Geoffrey de Q. Walker, *The Rule of Law: Foundation of constitutional Democracy*, Melbourne University Press, 1988.
10. Allan C. Hutchinson, Patrick Monahan. , *The Rule of Law: Ideal or Ideology*, Garswell, 1987.
11. F. A. Hayek, *The constitution of Liberty*, University of Chicago Press, 1960.
12. G. Walker, *The Rule of Law*, Melbourne University Press, 1980.
13. Joseph Raz, *The Authority of Law*, Clarendon Press, 1979.
14. M. nakosteen, *The History and Philosophy of Education*, The Ronald Press Company, 1965